玩赚
信用卡与个人贷款

中国"卡王"教你玩活信用卡

梁禹 —— 编著

清华大学出版社

北京

内 容 简 介

拥有1580张信用卡的中国"卡王"梁禹，根据自己22年的用卡经验，以及单张信用卡的透支额度达到500万元的心得，分享如何玩透、玩活信用卡和个人贷款。

本书一能教你如何识卡、选卡、办卡、刷卡、用卡、管卡，二能教你如何提额、贷款、还款、积分、应用附加值、维护信用和安全用卡，三能教你如何利用信用卡恋爱、买车、买房、结婚，完成诸多人生大事，四能教你合理利用公积金、京东白条、苏宁分期以及阿里巴巴的花呗、借呗来融资借款。

本书适合各类信用卡用户，特别是想提升额度和融资借款的卡友阅读，还适合作为相关机构的培训教材。

本书封面贴有清华大学出版社防伪标签，无标签者不得销售。

版权所有，侵权必究。举报：010-62782989，beiqinquan@tup.tsinghua.edu.cn。

图书在版编目(CIP)数据

玩赚信用卡与个人贷款：中国"卡王"教你玩活信用卡 / 梁禹编著. —北京：清华大学出版社，2020.12（2025.7重印）
（新时代·投资新趋势）
ISBN 978-7-302-55666-4

Ⅰ.①玩… Ⅱ.①梁… Ⅲ.①信用卡－基本知识－中国②个人信用－贷款－基本知识－中国 Ⅳ.①F832.2②F832.479

中国版本图书馆CIP数据核字(2020)第100788号

责任编辑：刘　洋
封面设计：徐　超
版式设计：方加青
责任校对：宋玉莲
责任印制：杨　艳

出版发行：清华大学出版社
　　　　网　　址：https://www.tup.com.cn，https://www.wqxuetang.com
　　　　地　　址：北京清华大学学研大厦A座　　邮　编：100084
　　　　社 总 机：010-83470000　　邮　购：010-62786544
　　　　投稿与读者服务：010-62776969，c-service@tup.tsinghua.edu.cn
　　　　质 量 反 馈：010-62772015，zhiliang@tup.tsinghua.edu.cn
印 装 者：三河市人民印务有限公司
经　　销：全国新华书店
开　　本：170mm×240mm　　印　张：17.75　　字　数：290千字
版　　次：2020年12月第1版　　印　次：2025年7月第7次印刷
定　　价：69.00元

产品编号：087151-01

专家编委会

董晓敏 | 中国卡友协会张家口分会会长，赛博兄弟集团董事长

韩飞 | 中国卡友协会洛阳分会会长，洛阳泰和控股集团董事长

吕茂新 | 中国卡友协会上海分会会长

付荣坤 | 中国卡友协会卡王商学院课代表，南京福福智能科技总经理

徐明 | 中国卡友协会南京分会会长，南京妆丽美容用品总经理

谢萍 | 中国卡友协会外联部主任

学员推荐语

黄姿庆 | 中国银行新疆克拉玛依分行经理，卡王商学院学员

作为一名资深银行工作人员，我深知信用之可贵，为此两度跨越数千里，到北京、南京向"卡王"老师学习，梁老师的专业素养与人格魅力令人折服。现在我也成了半个信用卡的专家，待我退休之后，一定追随"卡王"继续为信用卡普及而努力！

谢俊东 | 中国平安人寿厦门分公司业务经理，卡王商学院学员

一次偶然机会认识了中国"卡王"梁禹先生，我惊讶于信用卡还有这么多玩法技巧，"卡王"对信用卡的认识与理解真的非常透彻，各种独到的用卡方法让我受益匪浅！本书一定可以给你带来惊喜！

朱荟羽 | 江苏苏盟培训有限公司主任，卡王商学院学员

大学期间进行社会实践时有幸认识了梁禹老师，在梁老师的影响下我更加深刻地认识到信用的价值，并申办了人生中的第一张信用卡。利用信用卡我已经轻松实现了买房、买车等人生目标。"卡王"出书，我很期盼！

唐敏 | 上海求果网络科技有限公司设计总监，卡王商学院学员

我曾多次参加各种财商培训机构，但均收效甚微。认识"卡王"梁禹老师之后才真正了解到信用卡的价值与意义所在，从最初恐惧信用卡到现在能游刃有余地玩转信用卡，我也成了信用卡的受益者之一。感谢"卡王"！

黄芝香 | 上海众道供应链管理有限公司财务总监，卡王商学院学员

我是一个信用卡"小白"，通过向中国"卡王"学习，深感梁禹老师为人谦逊亲和，教学认真细致。目前我已经致力于信用资产管理之路，愿意永远和"卡王"同行！

刘镇坪 | 上海松江明湖集团有限公司财务总监，卡王商学院学员

在一次上海的信用普及活动中认识了"卡王"梁禹老师，通过在卡王商学院的学习与落地实操，我收获了信用，提升了信用额度，更得到了财富，感谢梁老师把我带进了全新的信用生活！

序言
PREFACE

信用卡改变生活

"信用卡"这个在美国诞生并延续了35年的金融产品,承载了我国全面实现电子化货币的重要使命,在中国消费市场经济发展中发挥了不可替代的作用。

但是,任何事物都有其两面性,尤其是像信用卡这种比较严谨的金融类产品,其专业性也相对较强。因此,广大持卡人在享受信用卡带来的便捷的同时,也有一部分人被信用卡这把双刃剑所害变为"卡奴"。

我从1998年在机缘巧合之下申办了第一张信用卡——中国银行长城人民币信用卡,到现在成为一名持卡1580张专业的信用卡研究者与使用者,这22年间,我见过太多持卡人因为信用卡使用不当而深受其害的案例。

2019年6月,贵州某市年仅23岁的王某,在他结婚纪念日的当天,丢下妻子和尚在吃奶的孩子,服下剧毒农药撒手人寰,起因竟然是信用卡里欠了8万余元还不上,到期被催收,他扛不住压力而心灰意冷,酿成惨剧。

2011年,江苏扬州正处而立之年的企业老板黄某,申请并使用了4家银行共20余万元额度的信用卡,后公司经营困难,无力还款,在发卡银行多次催促下,因对银行政策与规则不了解,竟然关手机、换号码,玩起了躲猫猫,后银行报案,其被列为网上追逃人员,最终落网,获刑四年半,给自己的人生留下了污点。

在中国移动工作的小谢,因使用信用卡偿还不上欠款,被银行各种催收,结果丢了工作、失去了家庭，只能靠打零工为生；南京张先生因使用信用卡有3次逾期而影响了个人征信，导致买房贷款利率上调，为此多交付二三十万元的利息。

上述种种"卡灾"事件，举不胜举，究其原因，大多是持卡人对发卡银行的政策不了解，对信用卡使用规则知之甚少，甚至信用意识淡薄。而发卡银行只注重自身利益，发而不管，发而不教，严格意义上来讲，发卡银行成了"卡奴"的"加工厂"，而且还产量巨大！

作为了解并热爱信用卡的人，我对此深感忧虑。2014年12月，由我发起并携金融机构相关人士与持卡人代表，共同成立了中国卡友协会。该协会旨在向亿万持卡人普及信用卡知识，教授正确使用信用卡的方法，引导大家树立正确的信用观，力求让持卡人通过使用信用卡得到乐趣与收益。通过我们的不懈努力，中国卡友协会已服务数百万人次，专门成立的"12315用卡投诉举报站"帮助很多持卡人解决了重大的用卡疑难问题，广受好评！

作为信用卡的受益者，我在用卡、玩卡的数十年间，不仅自得其乐、名利双收，也影响了很多人。

一个身无分文的无业青年，通过合理利用信用卡，加上其自身的努力，在短短的四年时间内成了某个地级城市餐饮行业的大佬。某服装大市场里开夫妻店的个体户小老板在我的帮助下，他发挥了信用卡的杠杆作用，扩大了经营规模，并多元化经营，从服装生意延伸到了商贸服务、环保工程等，华丽变身为当地小有名气的企业家！成为信用卡的受益者！

综上所述，信用卡绝不是宴安鸩毒，也不是洪水猛兽，而是可以通过正确方法驾驭，并能够加以利用的"宝贵资源"。在信息时代，你的信息价值千万，你的人生也将因为善用信用而变得更加丰富多彩。

如何申请、使用、玩赚信用卡，如何在资金需求比较强烈的情况下进行个人融资贷款，这些是很多人关注的问题。笔者编写了本书，希望能给读到这本书的信用卡持卡人带来帮助，让更多卡友能够游刃有余地驾驭自己的信用卡，充分挖掘、并发挥自己的信用价值，成就更好的自己！

梁 禹

2020年8月

第 1 章 从0开始，到持有1580张信用卡

1.1 信用达标，方可持卡　/2
　1.1.1 中国"卡王"的由来　/3
　1.1.2 我拥有了信用卡"千卡馆"　/4

1.2 从 0 到 1，开启信用卡之旅　/6
　1.2.1 钱生钱式申请　/7
　1.2.2 保底额度申请　/8
　1.2.3 巧妙选择银行　/9
　1.2.4 选容易提额的　/9

1.3 成立中国卡友协会，帮助更多卡友　/10
　1.3.1 中国卡友协会是做什么的　/10
　1.3.2 中国卡友协会的职责　/11
　1.3.3 中国卡友协会取得的成绩　/11

第 2 章 信用为王，你的信用价值千万

2.1 有 1 才有 2，1 就是你的信用、你的根基　/14
　2.1.1 关于信用，我们首先要明白的 6 点　/14

2.1.2 6个额度告诉你什么是信用价值 /22
 2.1.3 你的信用需要用一生去守护 /25
2.2 你的信用价值是百万元、千万元，还是0或负数 /33
 2.2.1 资产增值：资产额度的提升 /33
 2.2.2 信用增值：信用分数的增加 /35
 2.2.3 消费增值：良好的消费习惯 /37

第 3 章
赢在起点，大额信用卡这样来办

3.1 站在银行的角度，什么样的申请更容易通过 /40
 3.1.1 个人信用，从一点一滴开始积累 /40
 3.1.2 职业信用，稳定工作是基本保障 /42
3.2 站在对接的角度，填出一份完美的申请表 /43
 3.2.1 财力证明，最有力的申请武器 /43
 3.2.2 家庭状况，稳定还款的大前提 /44
 3.3.3 住宅地址，详细填写一丝不苟 /46
 3.3.4 单位电话，暗中透露职业性质 /46
 3.2.5 联系好友，信用记录好的基础 /48
3.3 要想开始额度高，这些高招你需要提前知晓 /49
 3.3.1 定存办卡，瞄准目标主动出击 /49
 3.3.2 保险办卡，高额保险带动申卡 /50
 3.3.3 头等舱办卡，尊贵身份赢得好感 /53
3.4 3大办卡渠道，要知道哪种最快最好 /54
 3.4.1 使用网上银行快速办卡 /54
 3.4.2 使用手机银行随时随地申办信用卡 /59
 3.4.3 使用微信银行申办信用卡 /62
3.5 如何避免申请失败？这些误区你要躲开 /63
 3.5.1 不可控因素，职业不对口 /63
 3.5.2 不良个人征信，坏了大事 /66

3.5.3 不要忽视银行诚信调查 /66

3.5.4 了解其他被拒原因，对症下药 /67

第4章
卡有优劣，如何找到理想中的Ta

4.1 申卡之前，你要先了解清楚这些事 /70

  4.1.1 大额信用卡，各家银行大不同 /70

  4.1.2 申请条件，门槛不同按需选择 /74

  4.1.3 注意事项，针对人群大有区别 /76

4.2 怎样选卡？几十家银行上千种信用卡 /78

  4.2.1 中国银行信用卡 /78

  4.2.2 中国工商银行信用卡 /79

  4.2.3 中国农业银行信用卡 /81

  4.2.4 中国建设银行信用卡 /83

  4.2.5 招商银行信用卡 /85

  4.2.6 交通银行信用卡 /87

  4.2.7 中信银行信用卡 /89

  4.2.8 兴业银行信用卡 /91

  4.2.9 中国民生银行信用卡 /92

  4.2.10 中国光大银行信用卡 /94

4.3 列出需求，去寻找理想中的Ta /96

  4.3.1 有原则地选，才能选到合适的 /97

  4.3.2 按难易程度选，才是明智之选 /102

  4.3.3 根据大方向选，就能选出好的 /104

4.4 普卡、金卡、白卡、黑卡，你都可以拥有Ta /107

  4.4.1 普卡，额度在3000元到12000元之间 /107

  4.4.2 金卡，8000元到10万元额度自由使用 /108

  4.4.3 白金卡，畅享10万元到100万元的额度 /109

  4.4.4 钻石卡，10万元到100万元至尊大咖 /110

  4.4.5 黑卡（无限卡），百万额度轻松掌控 /111

第5章
如何提额？我的单张额度最高是500万元

5.1 从单卡额度1000元，我是如何做到额度500万元的？　/114
  5.1.1 提升额度，用卡好处多多　/115
  5.1.2 申请提额，7大重要条件　/116
  5.1.3 避免失信，牢记用卡细节　/119

5.2 天天刷卡，你刷的不是金额，而是信用的累积　/127
  5.2.1 临时提高信用卡额度很简单　/127
  5.2.2 永久提高信用卡额度的捷径　/128

5.3 善于借力积累信用，获取人品信用价值　/131
  5.3.1 一诺千金，信用＝财富　/131
  5.3.2 什么是人品信用价值　/131
  5.3.3 跟亲戚、朋友能借到多少钱　/132
  5.3.4 跟同学、同事能借到多少钱　/132

5.4 百万额度，只要你做好了这8点，便能得偿所愿　/133
  5.4.1 信用要凭记录来考察　/133
  5.4.2 针对性培养信用分值　/134
  5.4.3 申办时提供充分资料　/135
  5.4.4 选择高额度的信用卡　/135
  5.4.5 持续频繁地刷卡消费　/135
  5.4.6 偶尔刷爆一下信用卡　/136
  5.4.7 销卡威胁或休眠暂停　/137
  5.4.8 曲线提额可能会更快　/137

5.5 临时额度，需要用钱的一条超车弯道，快狠准　/139
  5.5.1 临时额度，提升额度有妙招　/139
  5.5.2 资金紧缺，临时额度来救场　/140
  5.5.3 申请临时额度，三大法则要记牢　/142
  5.5.4 注意事项，临时额度真的万无一失吗　/145

第 6 章
如何用卡,才能将性价比发挥到最大

- 6.1 这样刷卡,还能省钱　　/150
  - 6.1.1 通过刷卡轻松节省年费　/150
  - 6.1.2 异地存取款省掉手续费　/150
  - 6.1.3 分期大额消费节省利息　/151
- 6.2 这样用卡,还能赚钱　　/151
  - 6.2.1 特惠商户刷卡消费折扣　/151
  - 6.2.2 享受各种刷卡特惠活动　/152
- 6.3 赚取积分,增加信用卡附加值　/152
  - 6.3.1 3大标准,考察信用卡积分含金量　/152
  - 6.3.2 了解信用卡积分累计方式　/153
  - 6.3.3 7大要点玩转信用卡积分　/154
  - 6.3.4 特色信用卡赢积分方式　/157
  - 6.3.5 选择最实惠的积分兑换　/158
  - 6.3.6 提升信用卡积分的分量　/159
- 6.4 巧用积分,其实都是钱,不用白不用　/159
  - 6.4.1 信用卡积分兑换的操作方法　/160
  - 6.4.2 不同信用卡可兑换不同礼品　/160
  - 6.4.3 参与各种活动享受更多优惠　/160
- 6.5 不要浪费增值服务　/160
  - 6.5.1 信用卡的专项服务　/161
  - 6.5.2 特殊的增值服务　/163

第 7 章
重中之重,保证按时还款的7种方式

- 7.1 关联卡自动还款,最省时省力的还款方式　/170
- 7.2 柜台现金还款,如果你常去银行可以选择　/170
- 7.3 ATM 转账还款,随时随地的 ATM 属于你　/171
- 7.4 网上银行自助还款,在家鼠标一键来搞定　/172
  - 7.4.1 网上银行查询账户信息　/172
  - 7.4.2 网上银行动态管理信息　/175
  - 7.4.3 一键还款,快速归还所有信用卡欠款　/181
- 7.5 电话还款业务,自由度更大　/183
- 7.6 便捷的支付宝还款　/184
- 7.7 微信钱包在线还款　/185
  - 7.7.1 关注银行微信公众号　/185
  - 7.7.2 微信银行轻松管理信用卡　/186

第 8 章
大额贷款,恋爱、买车、买房、结婚全搞定

- 8.1 恋爱缺钱?信用卡可以这样帮你　/192
  - 8.1.1 利用消费折扣为谈恋爱省钱　/192
  - 8.1.2 谈恋爱吃喝玩乐即刷即惠　/193
- 8.2 买车缺钱?信用卡分期贷款,轻松将爱车开回家　/194
  - 8.2.1 信用卡贷款,一次性付清车款　/195
  - 8.2.2 信用卡分期,免息免手续费　/196
  - 8.2.3 京东汽车白条,共享白条额度　/197
- 8.3 买房缺钱?求人不如求信用卡,而且不用欠人情　/198
  - 8.3.1 选对银行,根据申请难易程度选择　/199

8.3.2 银行贷款，3大方式即可凑足额度 /201

8.3.3 信用卡买房，巧妙解决首付问题 /204

8.3.4 信用记录，贷款买房不能这样做 /205

8.4 结婚缺钱？你的信用贷也可以帮到你 /205

8.4.1 个人信用贷款，保持良好征信记录 /205

8.4.2 个人消费贷款，主动申请提供证明 /206

8.4.3 信用卡家装分期，操作简单额度可观 /207

8.4.4 京东家装白条，便捷的免息分期服务 /208

8.4.5 苏宁家装分期，一站式解决家装难题 /209

第9章
个人贷款，如果还缺钱，这些方式可以帮到你

9.1 买房的商业贷款：价比三家，选择利率最低的 /212

9.1.1 中国工商银行的住房贷款 /213

9.1.2 中国银行的住房贷款 /213

9.1.3 中国农业银行的住房贷款 /214

9.1.4 中国建设银行的住房贷款 /214

9.1.5 交通银行的住房贷款 /215

9.1.6 招商银行的住房贷款 /215

9.1.7 兴业银行的住房贷款 /215

9.1.8 中国民生银行的住房贷款 /216

9.1.9 浦发银行的住房贷款 /216

9.2 公积金贷款：如果允许，应用最大化 /216

9.2.1 住房公积金贷款的好处 /217

9.2.2 住房公积金贷款和商业贷款的区别 /217

9.2.3 各地公积金的额度 /218

9.2.4 公积金贷款需要的费用 /219

9.2.5 新房办理公积金贷款的流程 /220

9.3 个人信用贷款：试试你的信用值多少钱 /220
    9.3.1 了解这些，玩转花呗不在话下 /221
    9.3.2 花呗的提额技巧 /225
    9.3.3 借呗与花呗有异曲同工之妙 /226

第10章
善用征信，你会越来越值钱，也会越来越有钱

10.1 真相抵达，有关个人征信的那些秘密 /232
    10.1.1 首先了解个人征信的基本信息 /232
    10.1.2 优质信用，为贷款做好铺垫 /234
    10.1.3 征信查询，支撑信用的审查 /235

10.2 不良记录，让你的信用价值从100万元跌至0 /238
    10.2.1 频繁查询征信，引起银行怀疑 /238
    10.2.2 不当使用信用卡，留下信用污点 /241
    10.2.3 盲目套现，征信的最大禁忌 /250

10.3 万一失信，这些方法可以补救 /251
    10.3.1 "卡王"教你如何规避征信中的污点 /251
    10.3.2 不良信用记录如何消除 /258

10.4 金科铁律，避免这些伤害自己的行为 /261
    10.4.1 避免信贷逾期，为信用留下良好记录 /262
    10.4.2 不随意做担保，避免意外发生留瑕疵 /263
    10.4.3 及时还信用卡，为提额度打下好基础 /264
    10.4.4 不忽视睡眠卡，让个人征信更加完善 /265
    10.4.5 严控透支额度，避免个人信用度降低 /266
    10.4.6 善用提醒功能，及时还清各种款项 /267

第1章
从0开始,到持有1580张信用卡

学前提示　随着人们对便利生活的追求,信用卡出现了。信用卡的普及让人们的消费理念和支付方式发生了前所未有的改变,使用信用卡的人越来越离不开信用卡。我本人也是使用信用卡的受益者之一,本章将为大家介绍我是如何受益于信用卡的,希望能给你一些启发。

要点展示
- 信用达标,方可持卡
- 从0到1,开启信用卡之旅
- 成立中国卡友协会,帮助更多卡友

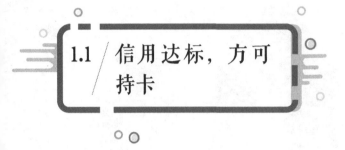
1.1 信用达标，方可持卡

如今消费场景多元化，不仅可以刷卡支付，甚至还可以手机扫码支付、刷脸支付。信用卡"先消费再还款"的产品特性，无疑给便捷的支付方式锦上添花。

办理信用卡的基本前提是必须要有信用和稳定的收入，也就是说，要满足一定的条件才有资格申请到信用卡。我最初的认识就是"信用卡、信用卡，你有了信用才能持有的卡片，如果一个人能有很多信用卡，有很高的授信额度，不就能证明你是一个有信用的人了吗？"基于此，我不停地申请各家银行的信用卡，到后来逐步喜欢上了信用卡，爱刷信用卡，并刻意收集各家银行的信用卡。

在爱卡的同时，卡也爱我。截至目前，我已经拥有了1580张信用卡，单卡额度最高500万元。如图1-1所示，这就是我的"千卡墙"。

图1-1 "卡王"梁禹的信用卡"千卡墙"

我确立了两大目标：第一，在短期内要达到持有2000张本人名下的信用卡活卡，挑战吉尼斯世界纪录；第二，争取将个人授信额度冲刺到9位数，挑战个人信用卡授信额度的"天花板"。

1.1.1 中国"卡王"的由来

2008年我已持有信用卡196张，后被领导兼好友的某银行行长知悉此事，该行长惊讶于一个人居然能申请这么多信用卡，而且还能管理得井井有条、游刃有余，他向他的记者朋友讲述了此事，说者无心听者有意，《金陵晚报》的记者朋友一听此事也觉得新奇，出于职业的敏感性，她认为这条新闻线索价值不低，于是就频繁地让行长约见我，但我认为这只是个人的兴趣与爱好而已，没什么大不了的，数次拒绝了记者的采访要求。

但最后我还是禁不住多次邀约，接受了报社和电视台多名记者的联合采访。当天的采访一结束，翌日凌晨报纸就面世了，头版头条刊登了《中国"卡王"：玩转196张信用卡》文章，下转A2版，整版都写了我玩卡的事情，随后国内多家刊物转载了这条报道，尤其网络上的转载更是铺天盖地，连那个年代主流的网站MSN和腾讯头条新闻都上了，如图1-2所示为2008年《金陵晚报》报道中国"卡王"的报纸截图。

图1-2 2008年《金陵晚报》报道中国"卡王"的报纸截图

很快，中国"卡王"这个名号就轰轰烈烈，人尽皆知了，大有能和现在的网红相媲美的味道。

当年，为了管理并使用好这些信用卡，我坚持每天刷卡，并养成了习惯。之所以这样做，是因为我认为信用卡就像一个有水的小池塘，如果池塘里的水不流动，就会慢慢成为死水。信用卡是银行发放给我们，并希望我们能够充分使用起来的信用的"小水塘"，而就在我们一次次刷卡和还款之间，我们的信用之水越发充满活力，而反之，如果怠慢或不怎么去使用它，我们的信用之水就会成为死水。

强烈的个人信用意识和对信用卡的专注与执着，也让我获得了一些荣誉：

2005 年，荣获第二届扬州市十佳青年创业先锋；

2005 年，获中国银行信用卡"最佳推荐奖"；

2013 年，"新浪微博名人影响力榜"财经类序列排名第 48 位；

2013 年，再次被第十届中国创意策划年会授予中国"卡王"称号；

2015 年，获得"中国信用第一人"称号等。

或许有读者会感到疑惑，手持这么多张卡，究竟是如何管理的呢？答案就是在用卡初期，我从来没有过一笔不良信用记录。我当时会随身携带一个自制的信用卡管理表，用来记录每张卡的相关信息与数据，这样不但不会忘记哪张卡要还款，还能够最优化地知道哪一天该刷哪张卡才是最合理的，非常实用。我不但给所有的卡开通了网银和手机银行，还将每张信用卡都绑定在对应的银行借记卡上，并且定期带着身份证去中国人民银行查询自己的信用记录，以掌握信用卡数据是否有异动。

信用对于每个人来说都是极为重要的，我能拥有 1580 张信用卡，守信是前提，其次才是方法与技巧。关于用卡、养卡的方法技巧，我会在后面的章节详细介绍。

1.1.2 我拥有了信用卡"千卡馆"

因为爱信用卡，所以我成立了信用卡"千卡馆"。"千卡馆"中展览了我拥有的第一张信用卡以及迄今为止的上千张信用卡。

图 1-3 所示为千卡墙，以及各地的卡友在信用卡展览馆中参观时的留影。大家可以看到，在我身后有一面墙，墙上贴有 800 多张各式各样、五彩缤纷的信用卡，而这只是我名下的部分信用卡。

图1-3　各地的卡友围观千卡墙

在"千卡馆"中,除了这面墙,还有其他展览区。比如"中国'卡王'信用卡展览墙",陈列了各大银行中以套为系列的信用卡,比如中国工商银行发行的星座信用卡,这套卡一共有24张,按币种分为人民币卡和外币卡各一张,分别为12个星座的对应名称。

除此之外,还有白金钻石高端卡专区,陈列的这些高端信用卡的起步额度就高达30万元、50万元,甚至更高,如图1-4所示。

图1-4　白金钻石高端卡专区

1.2 从0到1,开启信用卡之旅

1.1节向大家介绍了"千卡馆",相信读者朋友们对我也有了一些了解,同时一定也很想知道为什么我能拥有那么多张信用卡。因为对于很多普通人来说,拥有5张以上信用卡就比较难得了。

即使我如今已经拥有了1580张信用卡,在未来也可能会拥有更多,但我仍是一个普通人。1998年6月26日,我申请了人生中的第一张信用卡,当时是因为买平安保险可以办信用卡,那张卡是中国银行的"长城人民币信用卡",一张绿颜色的普卡,额度仅1000元,如图1-5所示。

图1-5 我人生中的第一张信用卡

迄今为止已然过去20余年,和如今的千万额度相比,可谓翻天覆地的变化。

我当时每天都坚持刷卡,慢慢地将使用信用卡变成了自己的兴趣和爱好。信用卡,为我的生活增添了无限乐趣,同时也给予我诸多回馈。6个月后,我的第一张信用卡获得第一次提额,自此之后,这张卡的额度由一开始的1000元,提升至3000元,6000元,1.5万元,3万元,5万元。

以上，只是我用卡的一个经历，那么作为普通人，如何才能走好第一步，开启信用卡之旅呢？对于大多数人而言，想要拥有上百万的信用额度是比较难的，如果只是盲目地申卡、用卡，没有合理规划，即使你拥有了不少信用卡，总额度也很可能才十几二十万元。

拥有百万额度的信用卡，其实最大的成本是时间成本。也就是说，开头的第一步是极为重要的，因此，我们一定要走好第一步。信用卡是很好的融资工具，特别是对于个人资质较好的人而言，申卡的顺序决定了你的起步额度是1万元还是5万元。现如今银行批卡，是会参考其他银行的额度来进行审核的。

因此，我将在本节为大家分享拥有百万信用额度的技巧，那么这第一步就是确定好申卡顺序，以下4个申卡顺序是一定不能错的。

1.2.1 钱生钱式申请

你越是有钱，越容易得到高额度的信用卡。因此，要借助有财务往来的银行办卡。下面为大家介绍5种做法。

（1）**选择代发工资或者养老金的银行**。如果你所在公司在某家银行刚好有代发工资业务，那么该银行就对公司员工的收入情况有一定了解，同时也能从侧面推断该公司的真实情况以及规模大小。这类客户是很受银行欢迎的，因为对于银行来说，了解你的收入情况就如同是吃了一颗定心丸。在这种情况下，批卡率就会提高很多。

（2）**选择开设了公司结算账户和一般账户的银行**。如果法人在银行开设了结算账户，那么这类法人客户在银行也是很受欢迎的，因为这就代表着会有大量的大额存款进出银行。银行很喜欢与有大额流水的客户来往。

（3）**选择做房贷的银行**。在银行的眼里，你如果有房贷，为你批卡的风险就要小很多。因为房贷的月供是一种侧面的收入证明，你有房产，并能按时缴纳房贷，便可说明你的收入很稳定并且不低。

车贷虽然没有房贷有效，但在没有房贷却有车贷的情况下，也可以优先试试做车贷的银行，在一定程度上也可以为你加分。

（4）**主动向银行存钱**。如果我们想申请办理的信用卡门槛很高，那么有一个很简单但是很有效的办法：用钱砸它。怎么砸呢？就是将你的存款存进你想申请信用卡的那家银行，只要余额足够多，银行就会打开大门欢迎你。对大部分银行而言，申卡之前3个月将钱存入即可。

（5）**选择社保公积金托管银行**。有些城市的社保卡和公积金卡都与储蓄卡合二为一了，如果银行掌握着你的社保公积金信息，也是有助于你在该行办理信用卡的。

1.2.2　保底额度申请

每一家银行都有其特色，所以我们在申卡的时候，可以选择先申请有保底额度的卡种。起步额度高的话，在提额的时候可以事半功倍。以下，"卡王"就以自己的经验总结了各大银行的卡种额度。

（1）**中国建设银行**。航空白和热购白金卡2万元起；尊姓白金卡8万元起；钻石卡50万元起。

（2）**中国农业银行**。悠然白金卡和漂亮妈妈白金卡1万元起；尊然白金卡和航空白金卡5万元起；绿钻卡100万元起。

（3）**中国工商银行**。奋斗白金卡2万元起。

（4）**交通银行**。优逸白金卡1万元起，中铁白、东航白、国航白、麒麟白和苏宁白等3万元起。

（5）**招商银行**。银联白、经典白、钻石卡和AE白6万元起；无限卡30万元起；黑金50万元起。

（6）**平安银行**。银联精英白、汽车白2万元起；旅游白3万元起（停发）；银联标准白5万元起；钻石卡30万元起。

（7）**中信银行**。额度可能无下限，但总体下卡额度还可以。世界卡8万元起；无限卡30万元起。

（8）**华夏银行**。银联白金卡1.5万元起；尊尚白金卡3万元起；海航钻10万元起。

（9）**浦发银行**。AE白10万元起；超级白金卡30万元起。

（10）**中国民生银行**。标准白1万元起；精英白金卡5万元起；豪华白10万元起；钻石卡30万元起；黑金卡50万元起。

（11）广发银行。臻尚白、臻享白 2 万元起；增值白 5 万元起；无限卡 30 万元起。

（12）中国光大银行。龙腾白、福卡白、高尔夫白、商旅白、栋梁白 3 万元起，也有可能 2 万元起；无限卡和钻石卡 30 万元起。

（13）兴业银行。睿白金、兴动力、各种精英白 1.5 万元起；悠白系列 1.5 万元起；标准白 3 万元起。

1.2.3 巧妙选择银行

以银行的规模大小为标准来确定银行的申请顺序是有一定道理的，因为大银行不缺客户，网点也多，不会为业绩发愁。通常来说，规模越大的银行越介意持卡人手上的卡较多，而规模小的银行反之。如果先申请小银行的卡，手上已经持有一大堆卡，再去申请规模大的银行，难度就会大很多。

（1）**介意卡多的银行**。中国建设银行、招商银行、中国银行、花旗银行、渣打银行等。

（2）**不太介意卡多的银行**。中国工商银行、交通银行、中国农业银行、浦发银行、中信银行、平安银行、广发银行、中国民生银行、华夏银行、中国光大银行、兴业银行等。

（3）**不介意卡多的银行**。中国邮政储蓄银行、浙商银行、包商银行、汇丰银行、渤海银行、北京银行、广州银行、南京银行、地方性银行、当地农商行等。

当然，以上内容都是我自己多年的经验总结，而非铁律，仅供参考。

1.2.4 选容易提额的

目前，各家银行都对提额有所收紧，如果非要挑出相对容易提额的，大概有以下几家：招商银行、广发银行、中国农业银行、花旗银行、中信银行、中国民生银行、中国光大银行、平安银行等。

不存在放之四海皆准的申卡顺序，但可以肯定的是，大家一定要结合自己的实际情况，扬长避短，才能更快地提升自己的信用卡总额度，走好第一步。

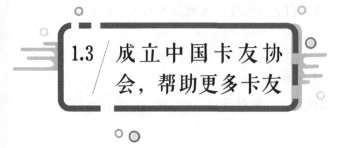

1.3 成立中国卡友协会，帮助更多卡友

2014年12月，我发起并成立了卡友社群组织——中国卡友协会。通过社群运营，目前已在全国近500个城市设立了分会，仅分会会长和秘书长等分会负责人就有近600名，拥有4000多个微信群，协会会员100多万人，成为中国最大的信用卡粉丝社群。

这个社群是由我携相关金融行业资深人士以及持卡人代表共同成立的。大家基于对信用文化与信用卡的兴趣与爱好，自愿组织在一起。我在钻研信用卡的过程中，发现虽然目前在中国持有信用卡的人已有3亿多，但很多人对信用卡知识了解甚少，对银行政策认识模糊，自身信用观念也很弱，在使用信用卡过程中走了很多弯路，甚至还触犯了法律。

因此我萌发了成立信用卡相关社群的想法，希望能为广大持卡人和卡友提供学习和交流的平台。

1.3.1 中国卡友协会是做什么的

中国卡友协会到底是干什么的？该社群秉持"一切为了持卡人"的理念，在发卡行与持卡人之间架起一座桥梁，义务向亿万持卡人普及信用卡知识，教授用卡方法与技巧，帮助他们树立正确信用观，同时还给大家提供专业的咨询辅导，包括受理、调解用卡纠纷等，让广大持卡人通过使用信用卡得到无限的乐趣与相应的收益。和社会上以办卡、提额、套现养卡为生的"非法中介"完全是两个概念。

中国卡友协会不以盈利为目的，但在运作过程中，难免会涉及相关费用，比如中国卡友协会在全国各地组织信用卡普及活动时，就会涉及场地、会务以及食宿等各种费用。因此，我们围绕信用卡推出了若干落地项目，以筹措相关活动费用。

1.3.2 中国卡友协会的职责

组织一个社群，那么必定要让它有存在的意义，中国卡友协会也一样，作为中国最大的百万信用卡粉丝社群，其主要职责有以下7点。

（1）代表。代表所有持卡人的共同利益。

（2）沟通。作为持卡人与银行之间的桥梁，向银行传达持卡人的意见与需求，同时协助制定和实施行业发展规划、产业政策和行政法规。

（3）协调。制定并执行各类标准，协调持卡人与银行之间的矛盾。

（4）监督。对信用卡业务的服务质量、竞争手段、经营作风进行监督，维护行业信誉，鼓励公平竞争，打击违规违法行为。

（5）统计。对信用卡市场的基本情况进行统计、分析，并发布结果。

（6）调查。开展对我国信用卡使用情况和国内外信用卡行业发展情况的基础调查，研究信用卡行业面临的问题，提出建议、出版刊物，供持卡人和发卡行以及政府相关机构参考。

（7）服务。如信息服务、教育与培训服务、咨询服务，以及举办展览、组织其他相关活动等。

1.3.3 中国卡友协会取得的成绩

对于全国百万会员，中国卡友协会一直用心服务，不仅有线上的新浪官方微博、中国"卡王"微信公众号、微信群等推送各种有用的信用卡知识，还推出诸多的信用卡相关工具，成立了"卡王商学院"，定期举办信用卡及财商类培训活动。

如图1-6所示，在"中国'卡王'持卡20周年庆典暨全国卡友联谊会"上，我们还推出了"卡王全球购"境外消费项目、"卡王商户通"支付等高端创新产品，帮助广大卡友更好地玩赚信用卡！

图1-6　中国"卡王"持卡20周年庆典暨全国卡友联谊会合影

以下具体列举中国卡友协会的几项工作成绩。

（1）**日常活动**。信用卡相关的线下活动与会议，几乎每天都会在全国各地开展，信用卡知识普及、正确用卡方法与技巧的宣传，正确信用观的培养与树立，有效弥补、延续了相关职能机构与发卡银行对持卡人群体的日常教育工作，社会效益显著。

（2）**投诉举报站**。该协会成立的12315用卡投诉举报站，接受持卡人涉卡事宜投诉。年受理并解决持卡人投诉数百起。中国卡友协会敢于向不合理的霸王条款宣战，有效维护了持卡人的合法权益，广受持卡人的拥戴。

（3）**银协活动**。与相关银行等金融机构合作，开展业务知识普及会、产品推介会等各类主题与形式的活动，帮持卡人对接合适的银行，帮银行完成小指标，受到银行与持卡人的一致褒赞。

（4）**卡王商学院**。中国卡友协会成立的"卡王商学院"为有效做好持卡人"扫盲普及"工作奠定了良好的基础。"卡王商学院"负责制定信用卡知识及正确用卡知识宣传普及方法与教案，为协会及社会培养、输送更多高信用观的金融人才，助力中小企业主摆脱资金困境，通过财商培养、信用观提升等，让更多的人的信用价值被充分挖掘并利用起来。

第2章
信用为王,你的信用价值千万

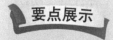

学前提示

在信用卡使用过程中,一部分卡友会因为个人不良信用记录导致信用卡申请难度增加,严重者甚至会遭遇拒贷。因此,卡友要掌握查询征信记录的方法和学习维护自己的信用记录。如何查询个人的征信记录?如何规避信用卡带来的信用污点?

本章将给你带来解答。

要点展示

- 有1才有2,1就是你的信用、你的根基
- 你的信用价值是百万元、千万元,还是0或负数

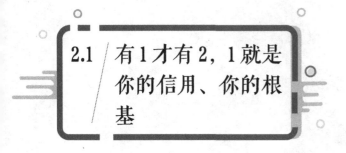

2.1 有1才有2,1就是你的信用、你的根基

古语云:"人无信而不立。"信用从古至今一直都在人类社会中占据举足轻重的地位,人们的交往依赖信用,而信用也决定了一个人的信用额度。

信用价值的作用越来越重要,每个人都需要利用信用的力量来获得帮助,在本节中,我将从信用的含义、类别、层次以及额度等多个方面向大家介绍信用价值。

2.1.1 关于信用,我们首先要明白的6点

随着人类历史的不断发展,"信用"一词涵盖了越来越丰富的含义,它复杂而且捉摸不定,在人类生活,特别是经济生活中扮演着不可取代的角色。为了有效实现信用的价值,我们至少要了解以下几点关于信用的知识。

1. 信用的含义

"一千个读者就有一千个哈姆雷特",人们对信用,也有各自不同的看法。总的来说,我们至少可以从4个角度来理解"信用"。

(1)**经济学角度**。从经济学层面来理解,"信用"是一种价值运动,也是一种借贷关系。其含义大致有3点,即:

时间:限定范围内;

得到:一定数量的钱;

实质:信用额度。

之所以能够凭借"信用"获得一笔钱或者一批有价值的货物,是因为"信

用"的价值发挥了作用,一方面可能是对方对你比较信任,另一方面也可能是出于某些战略因素的考虑。

总之,从经济学层面来理解信用,不仅包含单一的个人层次,而且涵盖了国家、银行、企业等多层次。

国家层次的信用主要包括两方面的含义,即不同国家之间的借贷关系,国家与本国企业、居民之间的借贷关系。

不同国家之间的借贷关系主要存在于国际信用范围,一般而言是国家作为债务人从国外企业、团体、个人以及政府取得信用,比较著名的国际信用案例有日本的海外协力基金贷款、布雷迪债券、世界银行贷款。而政府发行的国债则是国家与本国企业、居民之间借贷关系的具体表现形式,其相关内容如图 2-1 所示。

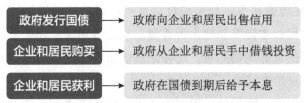

图 2-1　国家与本国企业、居民之间借贷关系的相关内容

国债是由国家政府发行的,因此被认为是一种信用度高、安全可靠的投资对象。它的购买方式主要有无记名式、凭证式、记账式三种,而偿还方法则包括分期逐步偿还法、抽签轮次偿还法、市场购销偿还法、以新替旧偿还法、到期一次偿还法。

银行与企业、个人之间的信用关系是相辅相成、互相影响的,其相关内容分析如图 2-2 所示。

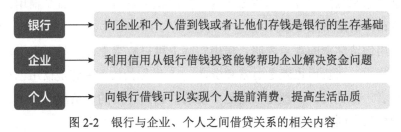

图 2-2　银行与企业、个人之间借贷关系的相关内容

因此,银行与企业、个人三者之间的信用是密不可分、息息相关的,在经济生活中三者各司其职,互相联系。

最后是企业与企业、个人之间的信用，这个层面的信用又可以细分为企业与企业、企业与个人两种表现形式。

企业与企业之间的信用关系又叫"交易信用"，这里的信用主要包含的不是现金交易，而是一种赊销行为，这种赊销行为的具体内容有3点，即：

具体有形的商品，如汽车配件；

无形的服务资产，如咨询服务等；

工程中的材料、资金和劳务等。

而企业与个人之间的信用在日常生活中时有出现，比如手机话费的缴纳就属于信用消费的一种。在欠费的情况下，运营商让你的手机继续保持可以使用的状态，是因为你此前积累了信用，所以企业根据你的信用情况为你提供了相应的透支服务。

（2）伦理道德角度。 墨子说过"言不信者，行不果"，一个人的言语和行为要讲信用，才能得到他人的尊重。从伦理道德层面来看，"信用"是指人信守承诺的良好道德品质，这种品质值得每个人学习和欣赏，同时也能够为守信者自身带来好处。

在日常生活中，我们经常提到的"讲信用""说到做到""君子一言，驷马难追""靠谱""诚实"，其实就是伦理道德角度的"信用"。无论是个人、团体，还是社会、民族、国家，都需要依靠信用来实现相互间各种关系的运转，其具体作用为：保证社会的正常发展，营造良好的社会氛围。

（3）货币角度。 罗宾逊夫人曾明确指出："货币实际上就是信用问题。"从货币的角度来看，信用与货币是等同的，两者互相作用，彼此联系。

货币金融学中有这样一个重要的流派——"信用创造学派"，其观点主要围绕货币和信用展开，具体内容为：信用就是货币，货币就是信用；信用创造货币；信用形成资本。

信用创造学派的观点表明，信用实际上可以称得上是一种无形资产，信用创造货币，而货币也就是财富和资产。18世纪的约翰·劳是信用创造理论的奠基者，他认为，"理论信用是必要的，也是有用的，信用量的增加与货币量的增加有同样效果，即它们同样能产生财富、兴盛商业"。

除此之外，还有许许多多信用创造学派的代表人物讲述了关于信用与货币的观点，但总的来说，都离不开"货币就是信用，信用就是货币"这个中心论点。借用瑞典学派代表人物维克塞尔的话说，就是"一切货币——包括金属货币——都是信用货币"。

（4）法律角度。法律层面的信用含义虽然不是很复杂，但理论性较强，与前几个角度相比，可能较难理解。它主要是从两个层面来诠释"信用"，具体内容如图 2-3 所示。

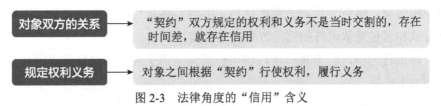

图 2-3 法律角度的"信用"含义

这样说可能有些晦涩难懂，我们可以通过例子使其简单化，同时讲述从这个角度来理解"信用"含义的注意事项。首先来看"契约"的定义，我们可以从两个方面对其进行诠释。广义的"契约"指社会契约，比如子女与父母之间的契约关系；狭义的"契约"指经济合同，比如企业之间的商业合作。

信用是一种无形的财富，经济社会发展到现在，信用也正在逐渐转变为一种有形的资产。它需要长时间的信用积累，同时还需要谨慎的管理。如果对信用掉以轻心，就会很容易失去信用，从而失去来之不易的财富。从某种程度来说，信用主要依靠自我管理，所以我们在积累信用的过程中可以对自我进行一些约束。

2. 信用的类别

信用的类别可以根据信用的受众来划分，而受众主要包括国家、企业、个人 3 个方面。

（1）国家信用。国家信用又称政府信用、公共信用，其主要含义为以下 4 点。

实质：各级政府的筹资能力；

目的：弥补财政赤字；

方法：发行出售信用工具；

途径：信用工具代表政府承诺。

（2）企业信用。企业信用主要指一个企业法人给予另一个企业法人的信用，其主要内容有以下 4 点。

实质：卖方企业借贷买方企业的资金；

涵盖：产品信用出售；

作用：体现企业本身的价值；

目的：与他人达成长期合作。

企业信用除了产品信用的出售，还涉及其他很多方面，比如商业银行对企业的信贷、财务公司对企业的信贷、其他金融机构对企业的信贷（即期汇款付款和预付货款以外的贸易方式产生的信用）。

以银行为例，它也是一种以信用经营为主的企业，经营信用的方式具体如图2-4所示。

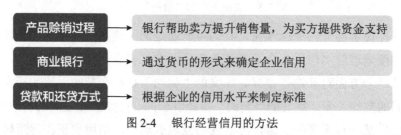

图2-4 银行经营信用的方法

（3）**个人信用**。个人信用也就是普通消费者的个人信用，它的出现对社会和消费者自身都有好处，具体表现在如图2-5所示的两个方面。

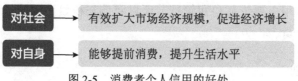

图2-5 消费者个人信用的好处

而个人信用主要又是针对个体而言，因此其定义要点需要注意以下3个方面。

前提：未来的偿付承诺；

工具：商品或劳务；

性质：交易关系。

此外，个人信用如果从"为什么使用"角度来看，又可以划分为零售信用和现金信用两种。首先来看零售信用，其含义主要为以下内容。

方式：赊销；

提供：商品或服务；

目的：消费者购买产品和服务。

在市场经济发展得如火如荼的今天，零售信用早已成为各大商家互相竞争的工具,为了扩大销售规模,获取更多消费者,零售信用被广泛运用。值得注意的是,在零售信用之下,还可以细分出如图 2-6 所示的几种信用类型。

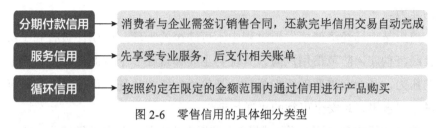

图 2-6　零售信用的具体细分类型

循环信用与服务信用几乎完全相同,比较显著的不同点在于循环信用购买的是实际商品,而服务信用则是购买专业服务。

再来看现金信用,它的用途比零售信用更加广泛,可以说是零售信用的升级版。零售信用与现金信用的区别主要体现为:零售信用只能购买指定的商品或服务,而现金信用可以购买任意的商品或服务。

实际上,现金信用就是现金贷款,当消费者出于某些原因急需现金时,就可以向银行等金融机构提出相关的贷款申请。

只要消费者平时积累了足够多的信用,就可以将这些信用转化为信用额度,从而获得满意的贷款金额。

(4)国际信用。除了以上提到的几种信用类别之外,还有一种信用——国际信用,主要是指国与国之间的借贷关系,其涵盖了 4 种形式,即政府间信用、国际商业信用、国际金融机构信用、国际银行信用。

(5)网络信用。网络信用是专门为网站设计的,它对于电子商务的发展有着不可或缺的作用。网络信用主要以网络亮证为保障,很多人对网站了如指掌,但对网络亮证这个名词很陌生,实际上它的定义十分简单:

地位:电子商务的核心环节;

方法:把证书摆在官网显眼的位置;

目的:明确网站官方认定资质。

信用可以根据不同的标准划分为不同的类别,但离不开国家、企业、个人三大主体,而且随着市场经济的不断深入发展,信用还会衍生出更多的表现形式。

3. 信用评级

信用评级诞生于 20 世纪的美国,一开始适用于铁路债券评级,后来拓展到各种金融产品和评估对象，其具体内容有 3 点：专家意见，仅代表第三方参考建议；目的在于展示被评者的信用等级；评级目标为被评估者履行责任的能力。

信用是市场经济健康发展过程中不可缺少的一环，信用评级有利于维护社会经济秩序，防范信用风险，其优势主要体现在 5 个方面，即减轻企业筹资的压力，是企业重要的无形资产，是信用的权威认证，可促进企业管理者改进信用水平，是安全可靠的"通行证"。

信用评级的分类不是单一划分的，它可以从不同角度进行划分，主要有 4 种评级分类角度：评估对象，评估内容，评估方式，以及评估收费与否。

值得注意的是，由于信用评级的评估对象和要求不尽相同，因此评估内容和标准也是不一样的，这就让信用评级的程序变得有些复杂。不过，只要厘清信用评级的类别，这些问题也就迎刃而解了。

按照评估对象划分的信用评级类别，主要是 3 个方面，即证券、企业、国家主权。

了解了信用评级的类别，还应该认识信用评级的常用方法，信用评级的方法在信用评级过程中有着举足轻重的地位，有利于信用的分析、研究和评价。下面介绍几种典型的信用评级方法。

（1）5C 要素分析法。 这种信用评级方法主要包括 5 个分析要点，即 Capacity：经营能力；Capital：资本；Condition：经济环境；Character：贷款人品质；Collateral：资产抵押。

从这 5 个方面对信用进行评估，是要素分析法的一种，由于信用评级方法的选取角度不同，因此对要素含义的理解也有所区别，但总的来说，都离不开企业信用的影响因素。

（2）5P 要素分析法。 5P 要素分析法与 5C 要素分析法其实大同小异，只是个别要素不一样，具体有 Perspective：企业前景因素；Purpose：资金用途因素；Protection：债权保障因素；Personal：个人因素；Payment：还款财源因素。

（3）加权评分法。 加权评分法是综合分析法的一种，考虑得更为全面和细致，而且也应用得比较多，其优点在于简单便捷，容易计算，缺点则体现为：忽视了权数的作用区间，容易导致结果偏差；未对指标的性质进行区分，得出结果不准确；无法以动态的形式反映企业的发展趋势。

信用评级是一个比较严肃、公正的过程，同时也具有综合性、公正性、复杂性、时效性、分析性等主要特征,国际上公认的信用评级机构有穆迪、标准普尔和惠誉国际。

4. 信用价值

信用是无形的财富,当然也可以转变为有形的资产,信用价值的含义要点主要有3个方面,即:

途径:以物抵物;

实质:抵押物的实际价值;

地位:经济管理行为的基础。

信用是价值运动的特殊表现形式,其代价是偿还本金和利息,价值则是商品的重要构成要素,凝结着人类的劳动。

对于个人来说,信用价值的作用能够给自己带来诸多好处,比如实现个人人生价值,提升自身道德修养,有效改善生活品质。

芝麻信用就是一个很好的例子。如图2-7所示为芝麻信用的页面,图2-7(左)展示的是信用分,图2-7(右)展示的是信用等级评分标准,主要包括身份特质、人脉关系、履约能力、行为偏好、信用历史5个方面。

图2-7 芝麻信用的页面

此外,还可以通过完善个人信息提升信用积分,如学历、企业邮箱、车辆信息、职业信息以及公积金等。

个人的信用价值可以转化为实际的便利,为生活工作带来不少的好处,这就是"信用变现",也就是信用价值的体现。信用不再局限于无形的资产,而转化为实实在在的可以即刻享受的服务和商品。

对于企业而言，信用价值的重要性也是不言而喻的，具体体现在4个方面，即影响企业的市场地位、竞争能力；决定企业的经营模式；是企业重要的无形资产；有利于企业的生存和发展。

总而言之，信用价值是当今个人和企业都应该好好把握的财富，因为无论是在生活工作中，还是在与其他机构组织打交道的过程中，信用的作用都不可忽视。

5. 信用产物

在信用诞生成长过程中，它孕育出了一系列产物，其中比较常见的就是信用卡。除此之外，随着信用的不断发展，还衍生了一些新的产物。总的来说，信用的产物主要包括银行实体信用卡、银行虚拟信用卡、网络虚拟信用卡。

银行实体信用卡是最常见的一种信用产物，也是较早出现的，它是一种非现金交易，也是简单的信贷服务。银行实体信用卡的主要特点：提前消费稍后还款，有免息还款期限，可采用分期还款方式。银行虚拟信用卡是银行实体卡的电子形式，以银联账号为基础，主要在网上支付。网络虚拟信用卡更加便捷，其优点体现在审批速度快、授信额度小、无需抵押担保。

6. 信用发展趋势

信用的发展趋势也是信用表现形式的演进，从古至今，信用的发展经历了不少风雨，其表现形式也发生了巨大变化，其演进历程为：①简单的信用：原始形式的商品交换→②商业信用：提供相互信任的关系→③银行信用：实质是在经营信用本身→④虚拟资本：未来经济发展是基础。

从这一演变历程可以看出，信用的表现方式随着时代的发展而不断改变，其大致趋势为由易到难、由实到虚、由小到大。

信用的发展趋势既是市场经济的反映，也是人们渴求提高生活质量的体现，未来还可能会出现更多不同的信用形式。

2.1.2　6个额度告诉你什么是信用价值

我们可以没有高贵的出身、富足的生活、很高的学历……但是，我们不能没有信用！

有了信用，枯枝可以发芽；有了信用，铁树可以开花；有了信用，咸鱼可以翻身；有了信用，失败可以重来；有了信用，可以助你申请信用卡！

信用价值从信用卡中"信用额度"这个角度如何诠释呢？主要是根据透支额度、日常借贷、资产抵押、信用资产等方面来衡量的，要想了解信用价值的全面知识，我们还应该先了解以下6个额度的概念。

1. 办卡额度

首先来看办卡额度。以蚂蚁借呗为例，用户开通账户后，它就会根据用户的信用价值设定一定的额度，比如有的是1000元，有的则是5000元。

一般而言，用户消费越多，信用状况越好，其蚂蚁借呗额度就相应越高。

不管是银行实体信用卡，还是银行虚拟信用卡，都和网络虚拟信用卡类似，办卡额度都是用户信用价值的具体体现。因此，平时注重信用的积累是很重要的，有助于额度的增加。

2. 透支额度

透支额度通常指的是信用卡可以使用的最高额度，透支额度的高低与持有信用卡者的信用息息相关，还款能力强→信用价值高→透支额度高。

值得注意的是，信用卡的透支额度与持卡者各方面经济能力也是相关的，主要是收入证明和资产担保两方面。资产担保的具体内容有固定资产，如房屋、汽车等；其次还有移动资产，如储蓄、债券等。

一般而言，透支额度也就是消费额度，如果想要提升透支额度，可以多使用信用卡消费，及时还款，不逾期。

3. 临时额度

临时额度很好理解，就是指临时调整的信用额度，这也是信用价值的体现。通常在以下两种情况下银行会给持卡者调整临时额度。

（1）持卡者申请调整。在持卡者需要提升信用额度，即原有信用额度不够用的时候，比如房子要装修，想出去旅游等，就可以向银行提出调整额度的请求。持卡者可给银行打电话提出调整信用额度的请求，银行客服人员根据持卡者的信用记录考虑是否给其一定期限的额度调整。到了规定时间之后，信用额度会调回原来的数值。

临时信用额度的提升范围一般控制在固定额度的20%～50%，当然，提升临时信用额度的基本前提是持卡者信用记录保持良好，不能出现逾期或者其他不良行为，不然就无法成功申请临时信用额度的调整。

（2）银行主动调整。在节假日来临之际，为了鼓励持卡者通过信用卡进行消费，银行会主动对持卡者的信用额度进行临时调整，这样不仅能促进节假日消费，还利于持卡者提升假期生活质量。

银行主动调整的临时额度一般是固定额度的20%，而且在节假日结束后的一个月内就会调整回原有的固定额度。临时额度主要是为了促进消费，也是持卡者解燃眉之急的一种有效途径。

4.贷款额度

贷款额度指的是信用卡现金分期的额度，很多人只知道信用卡可以刷卡消费、取现，但却不知道信用卡还可以用来贷款。

事实上，信用卡贷款就是信用卡现金分期。那么，现金分期到底是什么意思呢？"卡王"将其定义要点总结为以下3点。

（1）持卡者主动申请或者发卡方邀请。
（2）信用卡额度转换为现金，转账到借记卡中。
（3）选择在指定月份归还借款的分期方式。

贷款额度根据信用额度而定，一般不会超过信用额度。银行不同，贷款额度也不尽相同。绝大部分银行都提供了现金分期业务，如广发银行的"财智金"、交通银行的"好享贷"、中信银行的"圆梦金"。

大部分银行的贷款额度在信用额度范围内，但也有较为特殊的情况，如中信银行的"圆梦金"，贷款额度就可以达到信用额度的3倍。贷款额度的多少与持卡者的信用是分不开的，无论什么额度，都是信用在为其做支撑，也体现了信用的具体价值。

5.资产抵押额度

资产抵押额度指的是借款人将房屋、汽车等自有资产作为抵押获得的贷款额度，要了解资产抵押额度，首先要弄清楚资产抵押银行的程序，房产抵押银行贷款的具体步骤为：在银行办理活期存款账户→按照银行指示填写相关信息表格→银行指派人员对情况进行调查、核实→银行审批通过后双方签订借款合同→根据情况办理保险、公证等相关手续→银行将贷款发放至借款人账户中→借款人按照合同规定还款。

资产抵押贷款适用于工作收入相对而言不太稳定的借款者，或者是借贷额度高的借款者。一般而言，银行可以接受的抵押物包括抵押人的所有房产，抵押人所有的交通工具、机器等，抵押人依法有权处理的土地使用权、房屋，抵押人依法有权处理的交通运输工具，抵押人依法可以抵押的其他财产，抵押人依法承包的荒地使用权。

资产抵押额度与信用价值也是分不开的，良好的信用记录是抵押贷款的敲门砖。同时，资产抵押额度的高低还取决于借款人资产的多少，这也是显而易见的。

6. 信用资产额度

信用资产额度是信用价值的集中体现，同时也证明了良好的信用为什么会赢得财富。信用资产额度的多少主要取决于5个因素，即综合工资水平、储蓄资产情况、房产的数量、交通工具的数量，以及名气、地位、影响力。

信用资产额度也就是信用能带来的价值，这个价值既是抽象的，又是具体的，信用对我们的生活产生了巨大的影响，颠覆了以往对于信用价值的认知。我们必须认识到，只要懂得利用和掌握信用，它的价值可能远远不止百万。

2.1.3 你的信用需要用一生去守护

随着社会信用体系日渐完善，人们对个人信用越来越看重，而个人信用也逐渐向终生可用的方向发展。在这种大形势下，个人信用已然成为社会大众必须用一生去守护的财富之一。

1. 个人信用终生可用

"个人信用"是"个人信用的历史记录"的简称，主要记录用户与银行往来时，在银行贷款、还款、逾期等方面的内容。

对于银行而言，这份个人信用报告直接决定其是否愿意向用户借钱，以及借多少钱和借多久等问题。

个人信用记录是终生可用的。在发达国家中，个人信用记录已经成为每个人经济生活中都不可缺少的一部分，国内的个人信用记录出现较晚，但发展速度很快。

持卡人在进行信用卡消费时，要格外注意维护良好记录。如图2-8所示为维护个人信用的5个基本技巧。

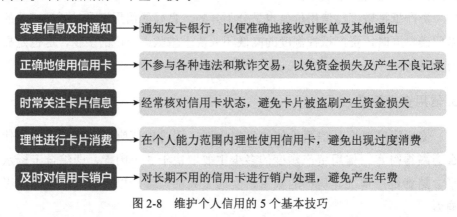

图2-8 维护个人信用的5个基本技巧

无论用户是向银行贷款买房、买车，或者只是申请信用卡，银行都会连接中国银行的征信中心，查看用户信用档案。

从发达国家的个人信用系统成长经历来看，未来国内的个人信用报告应用领域也会逐渐扩展，比如求职、租房等都会需要用户提供个人信用记录。

2. 优质信用的好处

优质的个人信用能够对个人生活产生多方面影响，下面对个人信用的好处进行分析。

（1）**提升家庭信用度**。银行调查用户的征信记录，一般是以用户所在家庭为单位的，尤其是遇到已婚人士需要贷款买房、买车等情况，夫妻任何一方有不良信用记录，银行都会拒贷。

良好的信用度不仅能够帮助自己，也能够帮助家庭获得更优质的银行服务。对于个人而言，与银行打交道都是不可避免的。维持优质个人信用的好处，会在未来的长期生活中逐步体现。

（2）获得更好的待遇。 如果持卡人拥有良好的信用记录，那么可能不需要提供物质抵押品，就能够获得银行的贷款。良好的信用记录就如同"信誉抵押品"，不同信用度的用户可以获得的资源是不同的。

信用度不同的差别待遇，表现最明显的就是银行贷款。如果用户有不良记录，那么即使银行同意贷款，也会调高贷款利率。可以说，一份良好的信用报告就是个人的一笔无形资产。

（3）累积成信用财富。 信用积累是一个长期的过程，用户越早建立良好的信用记录越能够对以后的生活产生帮助，最简单的方法是与银行发生借贷关系，比如在银行申请办理一张信用卡或一笔贷款。

用户还需要注意了解信用记录。由于一些无法避免的原因，信用报告中的信息可能会出错，用户要及时发现并修正错误信息。

用户不向银行借钱，或者没有历史信用记录并不是一件好事。因为没有信用记录，银行就失去了一个判断客户信用状况的凭证。在这种情况下，银行对用户提供的服务会非常有限，因为没有信用记录的用户往往对于资金的需求较低。

3. 不良信用的产生

很少有用户会有意产生不良信用记录，比如欠债跑路，但是由于疏忽而产生的不良信用记录却很常见，这种不良信用记录不仅不光彩，而且会给用户申请贷款带来麻烦，所以持卡人在使用信用卡时需要注意一些细节，以避免因自己的疏忽而产生不良的信用记录。

日常生活中因疏忽而产生不良信用的情况有很多，接下来，选择其中常见的4种情况进行简单说明。

（1）还款留有零头。 用户在还款时一定要注意余额的零头，最好不要和还款数额有不一致的情况，由此产生的利息会非常高。

（2）不重视睡眠卡。 银行为了推广信用卡，常向用户推出办信用卡送礼品的活动，而部分用户就是为了得到赠品而申请信用卡，当信用卡审批完成之后，却不去激活信用卡，这样的信用卡就是睡眠卡。

大部分银行的睡眠卡都是不需要缴纳年费的，但少部分银行的普卡或者高端卡片是收取年费的，用户如果不缴纳年费就会产生不良信用记录。一旦出现这种情况，用户就需要及时与银行交涉。

因为喜欢赠品而去办理多张信用卡的用户，在获得银行下发的信用卡之后要记得及时销卡。这不仅仅是为了避免缴纳年费，更主要的是降低产生不良信用的可能性，维护良好的个人信用记录。

（3）**联系方式变更未通知**。因为联系方式变更而产生不良信用记录，是最为常见的情况之一。无论是家庭住址变动，还是手机号码变更，都要及时去银行修改信息。

（4）**遗失导致的个人资料盗用情况**。信用卡只是一张小卡片，尤其当用户拥有很多张卡时，出现信用卡遗失的情况并不少见，而由于信用卡遗失导致的用户身份信息被盗用的情况也越来越多，一旦个人资料被盗用，那么不良信用记录出现的概率就会直线提升。

4. 个人信用的打造

个人信用记录就是个人的"第二身份证"，打造不亮红灯的个人信用记录非常重要。

下面针对信用报告中经常出现的5种负面记录（如图2-9所示）进行分析，以帮助持卡人了解不良记录产生的原因及方式。

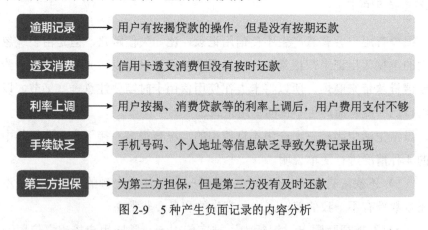

图2-9　5种产生负面记录的内容分析

及时地全额还贷，可以提高持卡人的信用记录和信用额度。

即使出现了不良信用记录，也是可以按照正确的方法去消除的，只是短时间内会有影响。

部分因为不慎而导致信用卡有不良记录的用户，会采用一种自以为是的方式进行处理，首先是还款，然后是销卡，希望这个不良记录也会随着卡片的注销而消失，这其实并不是最佳选择。

用户虽然销了卡，但不良信用记录会保持相当长的一段时间，国内为5年，国外为7年，在这个不良记录存在的时间段内，用户很难申请到新的信用卡，或者成功向银行贷款。

根据国家银行信用记录的规则，用户消除不良信用记录的更好方式是在还清信用卡欠款之后继续使用信用卡，用新的良好信用记录覆盖原有记录。

下面，针对用户杜绝出现个人信用污点的4个技巧进行分析。

（1）使用信用卡短时间多次提现。 信用卡提现与刷卡消费不是同一种功能，但是大部分信用卡都支持用户取现，取现额度一般为信用卡可用额度的一半。

用户如果长期使用信用卡提现，并且次数过于频繁，是有可能出现个人信用污点的，主要原因在于用户持有的是信用卡，而非储蓄卡，信用卡的主要功能是帮助用户进行预先消费。

信用卡取现不仅需要收取利息，而且利率还不低。用户取现的资金是没有免息期的，银行除了要收取手续费，还要收取每天万分之五的利息。因此建议大家，不到紧急用钱的关卡不要用信用卡取现。

（2）通过POS机大额套现。 POS机已经成为大众生活中常见的工具，不少持卡人利用各种办法通过POS机进行信用卡套现。

用户通过POS机大额套现会出现很多问题，比如个人信息泄露，出现盗刷风险，还有就是多次大额套现会引起银行系统的关注，进而对持卡人进行分析，一旦发现用户有大额套现行为，就会记录到其个人信用报告中。

信用卡套现属于违法行为，只要被发现就会进入银行"黑名单"，用户不仅需要承担个人信用缺失的风险，而且向银行借款将再无可能。提供POS机套现服务的商户，也会被要求承担一定的法律风险。

（3）销卡未定时检查。 销卡是指用户不需要信用卡时将卡片销毁，需要注意的是，并不是用户不用卡片或者将卡片剪断就是销毁。没有银行的认可，个人主动销毁信用卡是无效的。

如果用户销卡没有得到银行认可，那么信用卡上的逾期费用将持续累积。用户在2019年5月欠款0.01元人民币，那么到2029年5月，用户需要支付的累计利息就可能超过500元，而且还需要支付信用卡年费。最重要的是，这个逾期记录还会进入用户的个人信用报告。

个人信用记录非常重要，用户可以每年检查一次个人征信情况，以免出现意外的不良记录。如果用户发现征信记录中的信息与事实不符，应当马上向征信机构和相应银行提出，并查实信息来源，及时修正。

（4）出现过度透支情况。用户刷信用卡过度就会导致透支情况，尤其是不能及时还款时会产生滞纳金。在这种情况下，用户连最低还款都无法支付，银行就会持续收取利息，而且利率还会非常高。

用户长时间过度透支，会进入银行"黑名单"，严重逾期或者违约，就会产生不良信用记录。

5. 信用报告内容简析

信用报告是针对用户个人信息的客观记录，需要获得用户认可才能够被提取。个人信用报告包括6类内容，如图2-10所示。

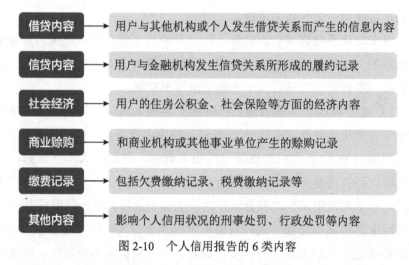

图2-10　个人信用报告的6类内容

用户在查询个人信用报告时，不一定会在报告中看到以上所有的内容类型，因为用户没有发生这方面的关系就不会产生相应类型的记录。

用户如果没有特殊要求，那么只需要在个人信用报告中查看是否存在不良信用记录即可。

用户如果对信用体系没有深入认识，可以先了解征信的基本知识，下面，根据中国人民银行征信中心官网对征信相关知识点的说明概述征信相关基础知识。

（1）认识信用。信用指在交易的一方承诺未来偿还的前提下，另一方为其提供商品或服务的行为，其是随着商品流转与货币流转相分离，商品运动与货币运动产生时空分离而产生的。信用既是社会经济主体的一种理性行为，也是一种能力体现。

（2）**浅谈征信业务。** 对企业、事业单位等组织的信用信息和个人的信用信息进行采集、整理、保存、加工，并向信息使用者提供的活动。

（3）**概说信用报告。** 信用报告是征信机构提供的关于企业或个人信用记录的文件。它是征信基础产品，系统记录企业或个人的信用活动，全面反映信息主体的信用状况。

（4）**了解征信机构。** 征信机构指依法设立，主要经营征信业务的机构。

（5）**看懂信用评分。** 信用评分是在信息主体信息的基础上，运用统计方法，对消费者或中小企业未来信用风险的一个综合评估。

（6）**初识征信体系。** 征信体系指采集、加工、分析和对外提供信用信息服务的相关制度和措施的总称，包括征信制度、信息采集、征信机构和信息市场、征信产品和服务、征信监管等方面，其目的是在保护信息主体权益的基础上，构建完善的制度与安排，促进征信业健康发展。

（7）**何为社会信用体系。** 社会信用体系指为促进社会各方信用承诺而进行的一系列安排的总称，包括制度安排，信用信息的记录、采集和披露机制，采集和发布信用信息的机构和市场安排，以及监管体制等各个方面或各个小体系，其最终目标是形成良好的社会信用环境。

用户想要在银行营业厅查询个人信用报告，可以直接到中国银行办理。用户在填好个人信用查询申请表、复印完身份证后，由工作人员进行查询操作，很快就能拿到个人信用报告。

个人信用报告主要分为5个部分的内容，即报告开头，信贷记录，公共记录，查询记录，报告说明。

6. 信用信息保存期

根据先前国务院法制办就《征信管理条例（征求意见稿）》（以下简称《条例》）公开征求意见，《条例》首度提及个人负面信用记录最长保留7年，其中个人不良信用记录保存5年。

目前，信用记录也只是供银行参考的一个因素而已，不同的商业银行有不同的标准，不会因为有不良信用记录而"一棒子打死"。

业内人士表示，不少人对征信体系不了解，产生了信用污点之后，希望能尽快将其消除，这样的心理很容易被不法分子利用，受骗上当。银行人士提醒，个人信用需要在生活中好好维护，如果先前出现了逾期污点，没有办法消除，只能不断修正，也就是从即刻起多加注意，重新建立起自己的良好信用记录，毕竟信用污点不会伴随终生。

7. 你的信用由你做主

对于个人信用由谁做主这个问题，比较消极的观点是：个人信用并非由自己做主。支持这种观点的理由主要有以下两个。

（1）**不同平台的信用状况不统一**。很多人都有这样的体验：在一个平台上的信用状况显示为"极好"，而在另一个平台上却可能显示为"一般，低于60%的用户"。正是因为不同平台之间的信用结果呈现较大的差异，部分悲观者认为，平台对个人信用结果的影响较大，即便自己做得足够好，某些平台的信用结果也会很不好看。

（2）**个人信用受到他人行为的影响**。除了自身信用状况不佳之外，他人冒用或盗用个人身份进行的活动也可能会给个人信用记录加上污点。因此，有的人认为要想个人信用好看，自己能做的就只是希望冒用或盗用个人身份的情况不要发生。

在我看来，我们的信用终究还是由我们自己做主的。诚然，不同平台的信用由于评价标准不同，难免会有所差异，但是，只要我们在日常活动中讲信用，信用状况就不会差。而他人之所以能够对我们的信用产生不利影响，主要原因在于我们对个人信息保护不利。如果我们能在日常生活中时刻小心地保护个人信息，那么，他人就是想冒用或盗用，也是没有机会的。

另外，个人信息最多保存5年，因此，即便一时出现了信用污点，只要在接下来的时间积极修正，便可以重新建立良好的信用记录，而不用担心污点会伴随自己一生。

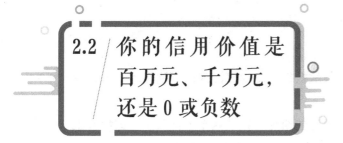

2.2 你的信用价值是百万元、千万元，还是0或负数

信用既是一种财富，也是资本的表现形式，要想将信用转换为资产，就需要学会为信用增值。

值得注意的是，信用虽然本身就是一种资本，但如果不懂得利用，就无法展示其较好的效果。信用增值可以从资产、人品、消费等角度来进行探索。

2.2.1 资产增值：资产额度的提升

从资产角度让信用增值，实际上就是研究各种额度的提升方法。信用的价值前面已经提到过，那么具体怎样做才能使资产增值呢？本节将从可用额度、抵押额度、贷款额度这三个方面来讲述让资产增值的具体方法。

1. 可用额度的增加

首先来看可用额度。可用额度是指还没有被使用的额度，一般来说，可用额度会因为消费的增加而减少。普通信用卡的可用额度计算方式如下：

可用额度＝银行核定的信用额度－尚未交还的账单金额－未入账但已发生的交易金额－其他相关利息、费用。

蚂蚁花呗的可用额度可能会稍有不同，但总体是一致的，其可用额度也会随着每一次消费而相应地减少。

占用蚂蚁花呗可用额度的包括已出账但未还清的金额、未还清的分期账单金额、未确认收货的交易金额。要提升蚂蚁花呗的可用额度，就可以从这几个方面入手。

总之，可用额度的增加需要根据对象的不同而设计不同的方案，围绕信用的培育进行即可。

2. 抵押额度的增加

一般而言，个人抵押类消费贷款抵押额度的算法为：贷款额度 = 抵押物价值 × 抵押率（即贷款成数）。

从这个公式可以看出，抵押额度的增加可以从两个方向入手，即提升抵押物价值和提高抵押率。提升抵押物价值的方法通常有 3 种，具体内容如图 2-11 所示。

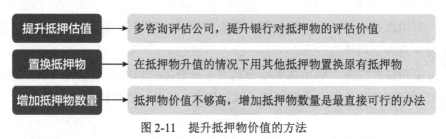

图 2-11　提升抵押物价值的方法

一般而言，银行会根据抵押物的评估价值来确定贷款抵押率，通常范围在抵押物价值的 50% ～ 70%。当然，具体抵押率还是要对贷款人各方面情况和抵押物评估价值进行调查后才能确定，这个工作由银行的信贷人员来完成。想要提高抵押率，可与银行信贷人员沟通，提供与抵押物类似的产权售价信息，或者考虑更换信贷机构。

当然，个人信用也是提升抵押额度的有力保障，如果你的工资、储蓄、家庭等都比较稳定，那么银行也会相应地增加抵押额度。

3. 贷款额度的增加

贷款额度的增加可以从个人和企业两方面入手。由于贷款额度也与信用额度密切相关，因此个人和企业都要重视信用价值的作用。

（1）个人贷款额度的增加。 对于个人而言，银行之所以会贷款给你，是因为你基本具备了能够抵押的财产和还款的能力两个条件。

这很好理解。举个例子，你是愿意将钱借给一个百万富翁，还是借给一个身无分文的乞丐？显而易见，乞丐没有资产，也不具备还款能力，因此你不会选择借钱给他。银行也是如此，如果一个人想要从银行获得高额的贷款，就需要出示自己资产与能力的相关证明，这样才能获得银行的信任。因此，个人想要提升贷款额度，就应该从以下 3 个方面做起：出示资产证明，如房产证、车辆证明；利用担保公司为自己进行担保；提供工资证明、住房公积金缴费单。

此外,如果是企业管理者个人申请银行贷款,可以通过信用卡消费记录、还款记录展示自己的良好信用,同时学历证明、专利证明以及获奖证明等都可以帮助提升个人贷款的额度。

(2)企业贷款额度的增加。企业贷款额度的增加,大致方向与个人相同,但在细节上有些许差别。因为企业是比个人更大更复杂的组织结构,所以提升贷款额度的方法有所不同,具体方法有:出示经营收入和纳税证明,联系担保公司进行担保,出示专利、知识产权证明等。

此外,企业想要提升贷款额度,还可以对各大银行进行调查和比较,不急于一时,看准了额度和贷款利率再贷款,这样也有利于贷款额度的增加。

2.2.2 信用增值:信用分数的增加

信用增值是本章的核心,提升信用分数是信用增值的关键。要想让亲朋好友以及银行信任你,愿意借钱给你,就要证明你拥有良好的信用记录和稳定的职业。随着信用地位的逐渐上升,以及社会对信用重视程度的提升,信用增值便越来越不可忽视。

1. 确保你的职业正当且稳定

要想取得银行和他人的信任,正当稳定的职业是较好的保障。举个简单的例子,当一个月收入 3000 元的公务员和一个月收入 4000 元的私营企业员工同时向银行申请大额贷款时,银行更愿意将钱借贷给公务员。这是为什么呢?无疑是因为前者工作稳定、收入固定、消费力强。

可以看出,职业稳定对于信用增值的作用是不言而喻的,而且银行会依据职业的稳定性来确定贷款人的信用额度,因为职业稳定的人消费能力较强,还款能力也较强。稳定的职业有利于信用的增值,同时还能借贷到更高额度的资金,对贷款人十分有利。

2. 证明你有足够的资产

仅有稳定的职业还不够,如果贷款人能够通过相关资料证明自己有足够的资产,则更容易使得信用增值。证明资产充足的方法通常有固定资产证明、银行大额储蓄、其他理财产品。

这些证明可以让银行觉得你有足够的还款能力，因此这也是信用增值的良好方法。需要注意的是，资产证明仅仅是一种形式，不能作为抵押物进行抵押，它本身不存在价值，是体现信用的方式。

3. 减少所欠的债务金额

增加信用分数还有一大技巧就是减少所欠的债务金额，欠债金额会影响借贷人的信用。如果一个欠了很多债务的人向你借钱，你是否会对他的还款能力产生质疑呢？答案是肯定的。与一个没有债务问题的人相比，欠债金额较大的人再次借贷会比较困难。

因此，信用增值的较好办法就是尽量减少所欠的债务金额，增加他人对自己的信任感，当然也需要注意一些误区，比如借钱还贷、东拼西凑、谎报债务等。

4. 没有不良贷款记录

不良贷款记录是信用增值的较大阻碍，因为信用问题比较特殊，很小的污点都有可能被看作大问题。保持良好的贷款记录是增加信用分数的前提，从贷款记录中可以看出一个人的信用情况，同时也可以了解一个人的偿还能力，信用记录良好的人会得到更高额度的贷款。

值得注意的是，不是说有过不良贷款记录就无法再次贷款了，但相对来说，信用价值会有所降低。当然，你也可以对以前的不良贷款记录做出弥补，但效果不如一直保持良好信用记录那么好。

5. 各种信用积分要保持好

保持信用积分也是信用增值的良好途径，很多人使用信用卡就是因为信用积分可以兑换礼物，那么，应该如何提升信用积分呢？具体方法有：在活动时兑换商品，根据消费习惯挑选信用卡，留心信用积分兑换方法。

对于信用积分我们不仅要懂得积累，还要知道使用技巧，这样才能既增加信用分数，又收获实际利益。

如图 2-12 所示为影响芝麻信用积分的因素。

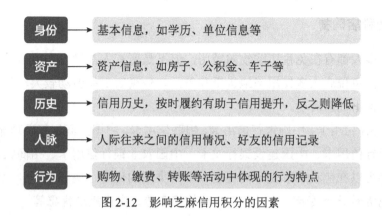

图 2-12 影响芝麻信用积分的因素

总而言之,无论是实体信用卡,还是虚拟信用卡,只要保持良好的信用积分,就能有效提升信用价值。

2.2.3 消费增值:良好的消费习惯

消费增值主要是从消费的角度来提升信用价值,因为就信用卡而言,良好的消费习惯是提升信用价值的较好渠道。想要通过消费行为让信用增值,就应该全面掌握消费的技巧。

1. 用积分消费

积分消费是一种常见的消费方式,其定义要点为以下 3 点。

(1)形式:积分代替人民币;

(2)目的:购物和消费;

(3)性质:虚拟的消费模式。

这种消费方式不仅出现在信用卡中,还出现在各种电商网站上,通过信用积分的方式可以带来诸多好处,具体表现为:给消费者带来优惠,增加消费者好感度,提供良好的消费体验。

从对积分消费的定义和优势分析可以看出,积分消费有利于信用的积累。值得注意的是,各大银行的积分用途是不一样的,而且不是每一笔消费都有积分。因此要先了解哪种消费会产生积分,然后通过消费积分来积累信用。

当然,利用积分进行消费有很多选择,比如汽车可以直接利用积分加油、兑换礼品等。

2. 在免税店购物

很多人都有在免税店购物的经历，但不是所有人都懂得利用信用卡的优势，比如免税店大多使用当地货币和美元，免税店汇率波动较大，免税店联合银行推出优惠活动。

VISA 信用卡、中国银行信用卡、银联信用卡、中国工商银行环球旅行卡、交通银行信用卡、中国建设银行龙卡、中国农业银行信用卡、招商银行信用卡等都可以在免税店享受不同程度、不同类型的优惠，例如有不同程度的折扣、免费赠送会员卡、赠送不同金额的代金券、提供满减优惠等。

总的来说，在免税店购物是消费增值的良好渠道，一方面持卡者可以获得相应的优惠，另一方面还可以提升信用价值。

3. 频繁刷卡购物

频繁消费能够积累更多的信用价值，从而转换为额度和资本。

频繁刷卡消费也称为"超额消费"，具体操作方法：无论金额大小都刷卡支付，每月账单占额度的 80%，随时随地刷卡消费。频繁刷卡购物是消费增值的主要方法，也是比较简单可行的方法，很多持卡者会这样操作。

第3章
赢在起点,大额信用卡这样来办

学前提示

如今,各大银行都推出了独具特色的信用卡,而随着信用卡用户群体越来越大,柜台办卡方式已经不能满足人们的需求。那么,还有哪些渠道可以申请、领取和激活信用卡呢?急需信用卡的用户如何能够快速申请到信用卡呢?

要点展示

- 站在银行的角度,什么样的申请更容易通过
- 站在对接的角度,填出一份完美的申请表
- 要想开始额度高,这些高招你需要提前知晓
- 3大办卡渠道,要知道哪种最快最好
- 如何避免申请失败?这些误区你要躲开

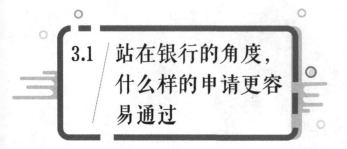

3.1 站在银行的角度,什么样的申请更容易通过

信用卡又称贷记卡,从这个名称便可以看出信用卡的信贷属性。信贷公司在发放信贷额度时,很重要的一个参考指标便是贷款申请人的个人信用记录。对于个人信用记录优秀的贷款申请人,信贷公司就会比较放心,即使是额度比较高的信贷申请也会审批通过。

如果贷款申请人的个人信用记录较为一般或是有过不良记录,那只能申请额度较低的贷款,甚至被拒贷。

信用卡也是如此。个人信用记录对信用卡的申请和额度都会有影响,银行认为信用优秀的客户,往往在信用卡的申办和提额方面都会更加轻松。因此在申请信用卡时,特别是申请额度比较大的信用卡时,首先要对自己的信用有所了解,这样才能在申办的时候更有把握。下面从两个方面为大家介绍,站在银行的角度,怎样申请更容易审批通过。

3.1.1 个人信用,从一点一滴开始积累

个人信用是指个人在从事社会经济活动时产生的交易记录,个人信用记录是组成社会信用体系的重要部分。在经济学概念中,信用是指交易双方之间对交易契约履行遵守的约定,履行契约能力的高低即可反映一个人信用的高低。

市场经济是以契约为主要形式的经济,任何经济实体,不管是大型公司,还是个人,在进行交易时都会签订交易契约,这个契约可能是一份商业投资计划书,也可能是一页合同,甚至可以是一张欠条,总之任何能被记录下的

交易行为都能成为契约，而人们对这些大大小小契约的履行能力，即构成了经济意义上的个人信用。

银行在审查信用卡申请时，首先会查询申请人在经济意义上的个人信用，而这种个人信用以中国人民银行征信中心发布的个人征信报告最为权威，各发卡银行在查询信用卡申请用户的个人信用时也是以个人征信报告为主要参考标准。

因此，大额信用卡申请者首先要保证自己的征信报告信用记录良好，即没有不良信用记录。一般信用卡申请者的以下几类行为，将会被纳入个人征信失信行为，造成个人征信报告中的不良信用记录。

1. 银行交易失信行为

这类失信行为很好理解，就是指信用卡申请者在银行中有过不良记录，如逾期还款、恶意透支、信贷未偿还等，信用卡申请者一旦有过这些不良记录，银行会明确拒绝其信用卡申请。

这类失信行为是由于没能良好履行与银行的契约而造成的，是银行重点审查的部分，信用卡申请者的个人征信报告中一定不能有该类失信行为的记录。

2. 公共规范失信行为

恶意破坏损毁公共设施、乱涂乱画、不遵守交通规则等都属于这类失信行为。

这类失信行为是由于没能忠实履行社会公共管理契约而造成的，根据所在城市的不同，纳入失信行为的规范也会不同：在山东，非法倾倒废弃物、破坏树木等行为也被纳入个人征信；在苏州，被抓拍到的机动车辆不礼让斑马线上行人的行为也将纳入个人征信。

3. 非法经营失信行为

包括占道经营、跨门经营或露天烧烤经营等行为。这类失信行为是由于没能忠实履行社会行政管理契约而造成的。人们一般只知道这些行为违反了行政管理办法，以为交了罚款就完事了，却不知道其也会被纳入个人征信之中。

4. 经济生活失信行为

简单说就是欠钱，不管是欠个人的，还是欠组织机构的。通常表现为欠税及偷税、拖欠水电费、拖欠个人及组织借款，拖欠严重的，还会被法院判为"老赖"，受到行政处罚。

3.1.2 职业信用，稳定工作是基本保障

职业信用是指信用卡申请者在履行职业规范过程中所表现的一系列行为，重点考察申请者对工作承诺的遵守。信用卡申请者的职业信用主要收录本人基本情况、教育经历、家庭构成、工作履历、资格证书等相关信息。

信用卡申请者的职业情况也是发卡银行重点审查的一项内容，并不是说你的信用良好就可以获得发卡审批，还要看你的物质条件是否能承担起信用卡使用过程中可能出现的还款责任。考察一个人的物质条件，很重要的一项就是看被考察者的收入情况，而大多数人的第一收入来源是工资，因此考察信用卡申请者的职业信用就十分必要了。

通常职业信用优秀的信用卡申请者工作更加稳定，也更容易获得升职机会，提高收入的可能性也就更大。而信用卡对于发卡银行来说不是一次性出售的商品，而是一项长久持续的服务，所以能够稳定获得较高收入的客户显然更加符合发卡银行的利益。

国务院于2013年1月29日颁布了《征信业管理条例》，该条例明确规定了职业信用管理产业的准入条件，职业信用管理行业得到了管理规范，也越来越被社会认可，职业信用管理相关组织和企业也已经有了不少，其中"中国职业信用管理平台"就比较有名。信用卡申请者在申办信用卡前不妨进行相关查询，让自己的信用卡申请更有底气和把握。

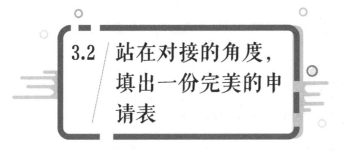

3.2 站在对接的角度，填出一份完美的申请表

信用卡申请者在申请信用卡时通常会以表格形式提交相关的个人申请资料，不管是在发卡银行网上信用卡中心进行线上申办，还是在发卡银行营业厅网点进行线下申办，填写申请表格都是必不可少的一环。

填写信用卡申请表格也是有大学问的。不同发卡银行的信用卡申请表格形式不同，内容也有差别。信用卡申请者要充分了解和把握这些差异，在基本符合实际情况的条件下，让自己的信用卡申办资料最大限度地展现自身优势，提高自己申请大额信用卡的成功率。

下面就以所有发卡银行的信用卡申请表格上都涉及的 5 项基本个人信息为对象，介绍一些填写信用卡申请资料的知识和技巧，让大家填出一份完美的申请表。

3.2.1 财力证明，最有力的申请武器

财力证明即信用卡申请者的个人资产或收入证明。银行是不会将信用卡发给没有还款能力的申请人的，因此发卡银行需要了解信用卡申请者是否具有稳定使用信用卡的能力。

财力证明在发卡银行的信用卡申办表格上通常表现为年收入一项。而有的信用卡申请条件中规定申请人必须是发卡银行的用户，需要有发卡银行的工资代发卡，比如第 1 章中提到的招商银行经典白金卡。而多数银行在推出大额信用卡时都会给自己的老客户，或者已有信用卡的客户提供或多或少的便利。

银行在接受信用卡申请，特别是大额信用卡申请时，往往更青睐那些已有信用卡的申请人，所以很多信用卡申办表格上并没有年收入这一项，而是直接让申请者填写自己已经持有的信用卡信息。

填写已经持有的信用卡信息时，如果掌握了以下 3 点技巧，会更容易获得发卡批准，具体如图 3-1 所示。

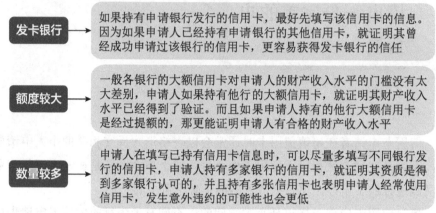

图 3-1　填写已持有信用卡的技巧

此外，还有一些大额信用卡对于申请人的财力证明会有部分特别要求，比如需要申请人提供房产证明，或是要求申请人在发卡银行有一定数额的存款。遇到此类情况时，申请人最好携带相关财产证明前往发卡银行的线下营业网点进行申办，这样成功率会大大得到提升。

信用卡申请在填写个人收入状况时可以多做加法，不做减法，以申请者自身的工资收入为基础，加上其他额外收入。如某个信用卡申请者的纯工资收入每月 8000 元，但加上每月额外的绩效奖金和理财投资分红，其月收入可达 9000 多元，就可以月收入为 10000 元为标准填写个人收入。

3.2.2　家庭状况，稳定还款的大前提

申请人的家庭状况也是发卡银行需要审查的因素。一般发卡银行在审批大额信用卡申请的时候，会更加青睐具有稳定家庭的申请人。因为比起未婚者或离异者，具有稳定家庭状况的申请人的收入情况通常会更为稳定，还款违约的风险自然也会更低。

家庭状况稳定的信用卡申请者在大额信用卡申请上更具优势，其原因如下。

（1）**家庭状况稳定的申请人比较成熟。** 一般家庭状况稳定的大额信用卡申请人多为中年人，心智比较成熟，对生活消费有合理的规划，很少会有

不理智的消费行为，因此很少会出现信用卡还款逾期的情况。

（2）家庭状况稳定的申请人消费潜力大。 家庭状况稳定的大额信用卡申请人，其日常消费不仅包括自身支出，也包括家庭消费支出，因此家庭情况稳定的申请人不仅会频繁使用信用卡，还可能需要更多的银行金融服务，比如购买房子和车子的银行信贷服务，而发卡银行就可以通过信用卡进行自身金融服务的延伸，让更多金融服务轻松触达用户。

除了常见的用于购买房子和车子的信贷服务外，稳定的家庭可能还会需要家庭理财服务或者家庭保险服务。

（3）家庭状况稳定的申请人重视信用。 家庭状况稳定的大额信用卡申请人通常很重视个人信用记录的维护，因为目前买房买车是普遍家庭的一致需求，而一般家庭很少选择以全款方式购买房子和车子，往往需要银行提供房贷和车贷服务，而要向银行申请这些信贷服务，就需要有良好的个人信用记录，家庭状况稳定的大额信用卡申请人的违约风险通常很低，更容易得到批准。

（4）家庭状况稳定的申请人收入稳定。 部分家庭状况稳定的大额信用卡申请人已经贷款购买了房子和车子，他们不仅有还贷的需要，还有抚养和教育子女的需要，因此必须保持自身有稳定的收入，所以这类申请人不会频繁更换工作和住所，收入比较稳定，有能力完成信用卡还款义务。在信用卡申请表中，银行对申请人的家庭状况查询会表现为对其婚姻状况的了解。

一般来说，婚姻状况为已婚的信用卡申请者更加容易通过发卡审批，原因如图 3-2 所示。

已婚申请人消费需求更多	已婚人士通常有更多刚需消费项目，刚结婚的年轻夫妻需要购买婚房，或者为新家购置必需的生活用品；结婚有一定时间的夫妻，需要为抚养和教育孩子进行必要支出
已婚申请人财产基础更好	按照我国目前的基本国情来看，已婚人士名下通常会有一套房产，根据我国《婚姻法》及相关法律规定，夫妻双方的一部分财产属于共同财产，所以已婚者还款能力更强
已婚申请人抗风险能力更强	我国不仅有夫妻财产共有的相关法律条文，还有夫妻债务共同承担的相关法律条款，并且在我国，一对夫妻是维系着两个家庭的，夫妻双方的父母也会提供经济帮助。所以即使是已婚申请人出现了失业、疾病等意外风险，也不至于立即失去信用卡还款能力

图 3-2 已婚申请人的优势

3.3.3 住宅地址，详细填写一丝不苟

银行的主要业务不是风险投资，其在进行任何金融服务的申请审批时，首先考虑的一定是申请人的稳定性，而住宅地址就可以很好地体现申请人的稳定性。如果申请人居无定所，银行怎么可能相信申请人有足够的能力使用信用卡？所以在信用卡申请表格中，住宅地址是必填项，并且有的还需填写住宅类型。

住宅地址自然是越稳定越好，信用卡申请者如果有属于自己名下的房产，住宅地址便可以填写为该房产。如果没有个人房产，那可以填写老家的地址，这样在住宅类型一项中就可以填写为"家庭住宅"了。虽然老家的住宅可能是申请者父母名下的财产，但申请者至少有继承权。并且居住时间较长的住宅地址也会让发卡银行认为申请人稳定性更高。

如果信用卡申请者的工作是教师或公务员等稳定性较高的行业，那也可以将住宅地址填写为单位的员工宿舍，这样也能提升发卡银行对申请人稳定性的评判程度。

3.3.4 单位电话，暗中透露职业性质

信用卡申请者所在单位的联系方式也是银行需要了解的内容，因为发卡银行需要通过申请人的单位电话进行回访，所以单位电话也是信用卡申请表格之中的必填项。

工作单位可以透露出申请人的职业情况，虽然说职业没有高低贵贱之分，但实际上，发卡银行在审批信用卡申请时，显然是有着职业偏好的，以下几类职业在申请信用卡时更容易获得批准。

1. 教育工作者

教师等教育工作者一般学历都比较高，银行认为学历高的人群一般个人素质也高，很少会出现恶意的不良用卡行为，同时学历高的人群未来可能获得更多社会资源，是值得培养的用户群体。

近年来国家大力开展教育改革，不断提升教育工作者待遇，因此以教师

为主的教育工作者不仅学历高，收入还稳定，颇受发卡银行青睐。

2. 公务员

公务员是高稳定性职业，被称为"铁饭碗"。公务员有稳定收入，信用价值较高，因此一直被发卡银行当作优质客户来对待，其在申办信用卡和申请信贷服务时往往能享受到隐藏的优先权。

3. 国企员工

国有企业规模大，在社会主义市场经济体系中有着重要地位，一般是不会轻易破产和裁员的，因此国有企业员工的工作也是很稳定的，加之国有企业多有政策扶持，赢利情况比较好，员工待遇不错，其消费能力和还款能力都有保证。因此国有企业员工也被各发卡银行看作优质客户，有这类工作背景的信用卡申请者的申请也会更容易获得通过。

4. 知名大企员工

社会知名的大型企业，如腾讯、美的、小米等都具有不小的影响力，社会认可度很高。这些企业盈收情况良好，很少会裁员，因此其员工工作也比较稳定，发卡银行比较喜欢这类企业的申请人。

5. 企业管理层

不管是不是国企、名企，信用卡申请者的工作职位如果处于公司管理层，一样可以比较轻松地成功申请到信用卡，因为一个公司的管理层员工相对普通员工来说，对公司的作用更为重要，一般公司的人事变动很少波及管理层员工，其工作相对稳定。并且企业管理层员工收入较高，一般不会出现还不起信用卡欠款的情况，所以银行对这类申请人也是比较放心的。

6. 银行内部员工

银行内部正式员工在同等条件下，要比普通人更容易通过信用卡申请审批，这也是发卡银行给其正式员工的福利。并且银行本身就是一个比较稳定的单位，银行员工一般不会还不起信用卡欠款。

3.2.5 联系好友，信用记录好的基础

联系人也是信用卡申请表中的必填项，这是发卡银行为应对出现无法与信用卡申请者直接联系的意外情况而特意设置的。联系人不是信用卡申请者的担保者，对申请者的信用卡事故或意外不负有连带责任，因此信用卡申请表中的联系人不一定非是申请者的家人或者配偶，与申请者关系比较好的朋友或同事，甚至经常往来的邻居，也是联系人的不错选择。

很多发卡银行为了保险起见，都会在其信用卡申请表中设置两个联系人选项，一个是直系亲属联系人，另一个是其他紧急联系人。

直系亲属联系人信息栏中申请者可以填写自己的家人、配偶以及子女，亲戚虽然从血缘上不算直系亲属，但从伦理上说也属于和申请者关系比较密切的一类人，因此申请者如果寄住在某个亲戚家中，也可以填写该亲戚。

一般情况下，年轻且没有成家的信用卡申请者，可填写父母为直系亲属联系人；已经成家独立的申请者，可填写配偶为直系亲属联系人；年龄比较大的申请人，可填写子女为直系亲属联系人。

其他紧急联系人也是以能尽快联系到信用卡申请者为优先填写，多是选择身边的朋友或同事。

现在很多人是离开家乡外出打工的，身边并没有什么直系亲属，相比之下往往与朋友同事联系更多，但为什么直系亲属联系人在信用卡申请表上的优先级往往要高于其他紧急联系人呢？这是因为信用卡申请者获得信用卡之后可能会换工作，或者被填写为联系人的同事换了工作。并且很多人只身在外地工作，身边没有什么朋友，与同事也没有太深交往，甚至不知道同事的电话号码也是常有的事。

由此看来，比起其他联系人信息，直系亲属联系人信息往往更加可靠。

部分发卡银行的信用卡申请表格中还有推荐人一项，可以将这一项填写为发卡银行的信用卡客户经理，因为这一项可能与发卡银行信用卡客户经理的业绩挂钩，如此填写便能在一定程度上增加申请成功的可能性。

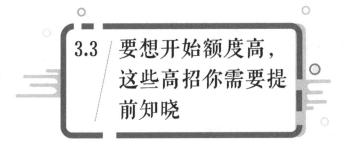

3.3 要想开始额度高，这些高招你需要提前知晓

很多人对大额信用卡有着独特的偏爱，的确，大额信用卡的功能和权益确实要比一般信用卡更丰富。另外，也由于各银行间的信用卡业务竞争激烈，不少银行推出了一些大额信用卡免年费的活动，大额信用卡的性价比高了，更多人对大额信用卡产生兴趣。

虽然大额信用卡的性价比高了，但其申请难度并没有降低，大额信用卡的申请对于大部分人来说还是比较困难的。银行对大额信用卡的审批也是比较谨慎的，不少人明明满足了申请条件，却还是不能成功通过审批。下面为大家介绍几个申请大额信用卡的技巧。

3.3.1 定存办卡，瞄准目标主动出击

很多银行大额信用卡的申请条件中有银行定存的相关要求，比如中国农业银行尊然白金卡（精粹版），就需要申请者在中国农业银行中有30万元3个月的定存。

对于大额信用卡审批来说，申请者的资产是一个硬性指标，想要申办大额信用卡的申请人首先要证明其具有能维持大额信用卡长期使用的资产，而不仅仅只是支付得起年费，因为对发卡银行来说，信用卡用户频繁使用信用卡才是重点，所以发卡银行会推出免除年费的活动，也会主动为频繁刷卡消费的信用卡用户提额。

申请人在发卡银行中的定存可以直接反映其部分个人资产，证明申请人是有维持大额信用卡长期使用能力的，而发卡银行也能以此增加自身的定存业务，所以在各银行中比较热门的大额信用卡申请条件中，经常可以看到与定存相关的条件或要求。

即使所申请的信用卡没有明确的定存门槛，信用卡申请者在申办大额信用卡时也可以先办理发卡银行的定存业务，然后在提供财产证明时，将发卡银行的定存存单作为财产证明出示，以便能更容易通过审批。

定存办卡的具体操作流程如图3-3所示。

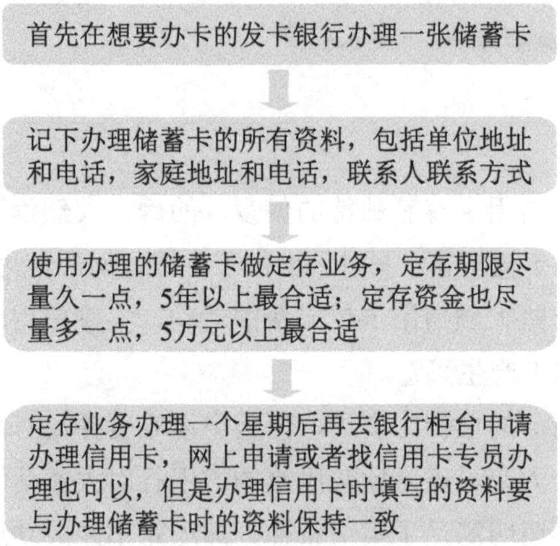

```
首先在想要办卡的发卡银行办理一张储蓄卡
          ↓
记下办理储蓄卡的所有资料，包括单位地址和电话，家庭地址和电话，联系人联系方式
          ↓
使用办理的储蓄卡做定存业务，定存期限尽量久一点，5年以上最合适；定存资金也尽量多一点，5万元以上最合适
          ↓
定存业务办理一个星期后再去银行柜台申请办理信用卡，网上申请或者找信用卡专员办理也可以，但是办理信用卡时填写的资料要与办理储蓄卡时的资料保持一致
```

图3-3　定存办卡流程

通过定存办卡的方式，信用卡申请者可以快速与目标信用卡发卡银行建立联系，使自身资料进入发卡银行客户管理体系中，银行对于与自己有过金融服务往来的客户，往往是比较放心的。

定存办卡非常适合三无人员或自由职业者等既难以提供稳定收入来源，职业性质又不太稳定的人群，这些人通常是不符合银行信用卡申办资质的，如果用一般的流程来申请信用卡，很可能连预审都过不了，定存办卡则可以帮助这些人快速培养出符合银行金融业务的资质。在信用卡审批通过，获得信用卡后，申请者如果不再需要定存业务，可以将定期转为活期，然后再将资金取出。

3.3.2　保险办卡，高额保险带动申卡

以保险申办信用卡是平安银行的一项特色业务，平安银行是由平安保险公司控股的商业银行，而平安保险作为国内最大的保险品牌，想利用其在保险业务上的优势带动其信用卡业务的发展，因此推出了"保险办卡"特色业务。

信用卡申请者在申办平安银行信用卡时，不仅可以在其银行柜台或官方网站上操作，还可以找平安保险业务员办理。

保险办卡的方式十分适合有车一族，现在越来越多的人买得起车了，甚至在诸如北京等一线大城市买车还得摇号。有了车之后，与之配套的消费也是必不可少的，其中车险便是重要的一项，并且我国的交通法规强制要求所有车辆必须配备车险，也就是说买车必然要买车险。

一般人都是通过两种方式买车，一次性全款购买或用车贷分期购买，无论是哪种购买方式，都能证明购车者是有足够资质申请信用卡的，具体分析如图 3-4 所示。

全款购车	能够一次性全款购买一辆车，证明购车者具有不错的资金实力，可以用得起大额信用卡，还款违约风险也比较低
分期购车	能够用信用贷款分期购车，证明购车者已经经过银行或信贷公司的相关考核，是信用良好且具有还款能力的人

图 3-4 购车者符合信用卡资质

平安公司针对有车一族，重点打造了一款车险信用卡产品，即平安车主卡，其卡面如图 3-5 所示。

图 3-5 平安车主卡

该信用卡针对有车一族，推出了多项特色功能和权益，具体如图 3-6 所示。

除了平安车主卡外，中国民生银行的车车信用卡也是比较经典的一款车主卡，但与平安车主卡相比，民生车车卡加油返现优惠力度更小，每月最高只返现 50 元。

加油返现	持有该卡,可享受全国48个城市超过8000家加油站的加油返现优惠,加油返现金按月结算,每月最高可获得80元加油返现金,白金车主卡每月最高可获得120元加油返现金
加油折扣	首次办理平安银行指定信用卡的用户,发卡当月即可无条件享受指定加油站指定信用卡加油88折;已持有平安银行信用卡的用户,当月累计消费满2000元,当月也可享受指定加油站加油消费88折
道路救援	首刷第二天起即可申请30千米以内的免费道路救援服务,无论是事故原因还是非事故原因,一天一次,全年不限天数
保险赠送	首刷第二天起即可获赠最高110万元全车人员意外保障(仅限持卡人本人驾驶车辆),包括最高50万元的驾驶员意外保障,同车人员最高每人10万元的乘车意外保障,乘车所有人员最高每人4000元的驾乘意外医疗保障
积分换险	消费积分可按照500积分=1元折抵平安车险保费

图 3-6 平安车主卡特色功能和权益

民生车车卡的道路救援服务也有诸多限制,只有开卡首年可以享受免费道路救援服务,次年便需要用每年 80 元的价格购买这项服务,或者以每年 4800 的积分兑换这项服务。并且民生车车卡提供的道路救援服务只包括 15 千米以内的拖车服务,超出 15 千米,就要按每千米 10 元的价格收取服务费。

保险赠送和积分换险权益民生车车卡也没有,只有 1 元洗车权益,而且这个权益也是有条件的,只有金卡车车卡才有此权益,还需要持卡人每月消费满 1500 元才可享受每月两次的 1 元洗车服务。

平安车主卡有金卡和白金卡两个版本,民生车车卡最高只有金卡版本,从这两种车主卡的对比中就可以看出,大额信用卡的优势所在。

平安银行的信用卡大多可以凭保险办理,因此,有购车计划的信用卡申请者不妨申办一张性价比较高的平安车主卡。

除了车险外,还有一种比较火热的商业保险,那便是人寿保险,但是购买人寿保险的都是中年人群,而各银行的大额信用卡申请门槛中,一般都将申请人年龄限定在 18～40 周岁,所以寿险业务中的信用卡推广市场没有想象中那么大。

现在很多年轻人也开始关注自身健康问题,有意愿购买寿险产品,针对此,平安银行充分发挥其保险和信用卡两种业务相结合的优势,推出了保险系列信用卡，办理该系列信用卡可获赠保险，购买了保险也可以更容易申请到该种信用卡。有保险需求的信用卡申请者选择用保险办卡的方式办理一张保险信用卡，此卡具有丰富而全面的保险权益。

3.3.3 头等舱办卡，尊贵身份赢得好感

在我国高铁初发展时期，速度较快的国内区域间交通工具就是飞机了，但在我国高铁大发展的今天，只要不是偏远省份的城市，或者是高铁网络未覆盖的地区，高铁无疑是比飞机性价比更高的交通工具。

现在飞机主要是一些高收入人群的首选交通工具，而飞机头等舱的乘客其收入水平更高，因为比起其他交通工具，飞机头等舱与经济舱的价格差距是十分大的，一般头等舱机票的价格是经济舱机票价格的 3 倍以上。

有能力经常乘坐飞机头等舱的人，通常会有比较多的金融服务需求，因此对银行来说，这些人就是优质客户，银行自然不会放过吸纳这些人成为用户的机会。

头等舱乘客不仅在飞机上能享受到特殊的乘机服务，在机场大厅也能享受到特别的候机服务，通常各大机场都会有头等舱乘客专用候机室。

乘客持有头等舱机票或者是航空公司的白金 VIP 便可以进入头等舱候机室，登机时也可以走专用通道登机。

很多银行与机场合作，设置了专门的贵宾候机室或休息区。这两个候机场所的准入条件虽然不同，但用的却是同一条登机快速通道，头等舱乘客直接在机场通道申办大额信用卡，不仅比银行柜台申办程序要简单，而且发卡也会更加快速。

通过头等舱的机场通道申办信用卡要注意以下两点。

（1）资产证明。乘坐飞机头等舱的申请者虽然显得很尊贵，但发卡银行还是要审查申请人的资产状况，在机场通道申请时申请人可以用自己持有的其他大额信用卡，或者航空公司的 VIP 金卡作为自己拥有足够资产，符合大额信用卡申请资质的证明。

（2）信用证明。个人征信审查是信用卡审核中必不可少的一环，虽然这里不需要申请者提供证明材料，银行会自己去查询，但申请者需要注意

不只是欠款、逾期等行为才会被纳入个人征信报告，大闹机场、阻拦航班、刁难辱骂空乘人员等不良行为也是会被纳入个人征信报告，影响信用卡申请的。

3.4 3大办卡渠道，要知道哪种最快最好

如今，各大银行都推出了独具特色的信用卡，而随着信用卡用户群越来越大，柜台办卡方式已经不能满足需求，那么，还有哪些渠道可以申请、领取和激活信用卡呢？急需办理信用卡的用户如何能快速申请到呢？

3.4.1 使用网上银行快速办卡

网上银行是指银行向客户提供开户、查询、对账、转账、证券、投资理财等服务项目的网络银行，属于银行在互联网上开设的虚拟柜台。

需要注意的是，网上银行并不是银行的互联网官网，两者在功能的全面性和专业性上有所不同，官网平台是任何用户都可以进入的平台，而网上银行则是用户私有的银行卡管理平台。

下面以信用卡发行量相对较大的中国建设银行为例，讲解信用卡在网上银行的相关操作方法和使用技巧。

1. 无卡客户如何申请？

信用卡并非只是一个可有可无的"先消费后还款"工具，对于信用卡高手而言，一张信用卡可以帮助其获得更优质的生活体验，当然你首先需要申办一张信用卡。

【实战】：下面以中国建设银行网上银行为例，介绍在线申请信用卡的

操作方法。

步骤01 进入中国建设银行的官网（http://www.ccb.com），选择个人网上银行业务后单击"登录"按钮，如图3-7所示。

图3-7 单击"登录"按钮

步骤02 进入个人网上银行主页，在"登录个人网上银行"选项区中依次输入用户名和登录密码，如图3-8所示。

图3-8 输入用户名和登录密码

步骤03 单击"登录"按钮，即可登录个人网上银行，如图3-9所示。

步骤04 在导航栏中，依次单击"信用卡""信用卡申请"选项，如图3-10所示。

图 3-9　登录个人网上银行

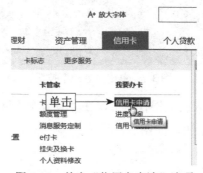

图 3-10　单击"信用卡申请"选项

步骤 05　执行操作后,进入"信用卡申请"页面,可以看到"普通申请"和"便捷申请"两种方式,如图 3-11 所示。

图 3-11　"信用卡申请"页面

普通申请无需验证客户网银盾，客户的信用卡申请按常规方式处理。便捷申请需要验证客户网银盾，通过验证后不需要再去网点面签。

步骤 06 例如，选择普通申请方式，单击"立即申请"按钮进入申请流程，用户需要选择卡片以及填写相关的申请详细信息，如图3-12所示，然后根据提示完成申请操作即可。

图3-12 填写详细信息

你拥有的信用卡种类越多，就越会发现信用卡的功能基本一致，只是不同的信用卡各有各的特点。申请者可以在各家银行的信用卡官网上了解该银行主推的信用卡类型，以及不同信用卡的优势与缺点，然后结合个人需求，确定最适合自己的银行。

2. 有卡客户如何申请？

【实战】：对于那些已经办理过银行信用卡的用户，申办新信用卡时会更加方便，下面介绍其操作方法。

步骤 01 首先登录中国建设银行信用卡官方网站，找到"信用卡在线申请"，单击"马上申请"按钮，如图3-13所示。

图3-13 单击"马上申请"按钮

步骤02 输入个人的中文姓名、姓名拼音、身份证号后,系统会自动判断用户为中国建设银行已有卡用户,如图3-14所示。

图3-14 输入个人的中文姓名、姓名拼音、身份证号

步骤03 在下方选择所在省市、申请卡种,阅读领用协议后单击"下一步"按钮,如图3-15所示。

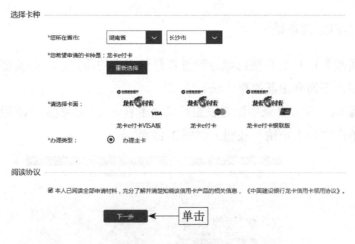

图3-15 选择申请卡种

步骤04 之后,用户只需填写已有卡号等信息,输入手机验证码,并点击"提交申请"按钮即可。

3. 优质客户申请卡片更简单

优质客户是银行的重点服务对象,他们信用记录良好,不但可以获得大幅的利率折扣,而且还可以申请高级别的信用卡。

4. 使用网上银行查询申办进度

在网站信用卡首页中,还有一个功能就是信用卡申请进度查询,主要是针对用户拥有信用卡之后申请的本银行的其他信用卡主卡或附属卡的情况,便于用户了解申请进度。

5. 使用网上银行快速激活信用卡

当用户收到银行邮寄过来的信用卡后,首先需要激活信用卡。通过网上银行激活信用卡十分方便快捷,而且对用户来说,最大的好处便是节省时间。

3.4.2 使用手机银行随时随地申办信用卡

很多初次办卡者不知道应该在哪个银行办卡,在此,为大家提供3个选择办卡银行的方向。

(1)嵌套设计:嵌套设计是用户确定办卡银行的一个重要因素。

(2)工资卡类型:工资卡属于哪个银行,就办哪个银行的信用卡,这样还款最便捷。

(3)特色功能:寻找办卡银行,还需要考虑该行信用卡提供的功能是否刚好满足自身需求。

在选择好信用卡后,用户还需要办理信用卡,这本是一个比较复杂的过程,但手机银行的出现,使复杂操作变得更加简单快捷。

1. 通过手机银行申请信用卡

【实战】:下面以中国建设银行手机银行为例,介绍通过手机银行申办信用卡的操作方法。

步骤01 进入"信用卡"界面,点击"信用卡申请"按钮,如图3-16所示。

步骤02 进入"信用卡列表"界面,选好信用卡,点击"在线申请"按钮,如图3-17所示。

图3-16　点击"信用卡申请"按钮　　　图3-17　进入"信用卡列表"页面

步骤03　填写身份信息并确认无误后,点击"下一步"按钮,如图3-18所示。

步骤04　跳转到下一个"信用卡申请"界面,用户根据要求填写基本资料,然后点击"下一步"按钮,如图3-19所示。

图3-18　填写身份信息页面　　　图3-19　填写基本资料页面

步骤05 接下来根据提示一步步照做，填写相应资料即可申请。

除了自己办卡之外，还可以推荐朋友办卡，推荐人也可以得到不同的回馈。比如，招商银行给推荐人赠送1000点永久积分作为奖励；交通银行信用卡用户推荐其他用户办卡，推荐人可以获得刷卡金补贴奖励，最低50元。

2. 通过手机银行查询申请进度

根据用户和银行的不同情况，申办信用卡的审核过程也不尽相同。

此时，手机银行会自动更新信用卡申请编号，最新的申请列在最前面，点击相应编号就可查询。

办卡进度查询是用户在申请信用卡时尤其需要注意的，银行会及时在平台上公布信用卡审核进展情况，是否已经寄出信用卡也会在平台上显示。

如果用户没有及时查询信用卡办卡进度，可能导致信用卡被别人冒领。

如果用户较为急切，那么在申请时还要注意不同申请渠道的区别。一般情况下，通过线下营业厅申请，时间相对较长，通过银行的网络平台或者手机银行申请，时间则相对较短。某些银行会推出新卡即日享活动，活动期间办卡速度会非常快，但这种活动相对较少，需要用户留意。

3. 通过手机银行查询邮寄进度

通常情况下，对于申办信用卡时没有特殊要求的用户来说，审核通过的信用卡会在3个工作日内用挂号信或通过快递寄送。

同时，银行会发一条信用卡寄出短信到用户登记的手机上，通知用户卡片已经寄出，并会在短信中说明卡片邮寄的挂号信或特快专递编号，以方便用户查询。用户可以通过网站、电话以及手机银行等多种方式进行查询。

通常情况下，用户收到通知短信后10天左右能够收到信用卡。如果信用卡寄出一段时间内（如中国建设银行为20天）无人签收，则会退回到发卡银行。卡片退回后，银行会再次通过短信或电话通知用户，用户可要求银行重新邮寄。

4. 通过手机银行快速激活信用卡

很多用户收到银行邮寄过来的信用卡后，不知道如何激活（即开卡）。其实，通过手机银行激活信用卡非常简单。

在激活界面，用户需要填写证件号码、信用卡卡号、安全码（信用卡背面签名栏的末 3 位数字）、手机号码以及手机收到的验证码。

3.4.3 使用微信银行申办信用卡

微信用户不用登录网上银行，也不用下载手机银行 APP，直接利用微信平台上的微信银行也可申请办卡、查询进度以及开卡激活，操作方式更为方便快捷。

1. 微信也可以申办信用卡

在各家微信银行的功能中，必然有一个功能是在线办理信用卡。为了让用户获得最适合的信用卡，微信银行一般都会向用户展示所有可办的信用卡。

【实战】：下面以中国建设银行的微信银行为例，介绍申请办卡与进度查询的具体操作方法。

步骤 01 进入中国建设银行微信公众平台，选择"信用卡""申办 / 进度 / 权益"选项，如图 3-20 所示。

步骤 02 执行操作后，出现操作提示，点击"点击这里，立即申请"链接，如图 3-21 所示。

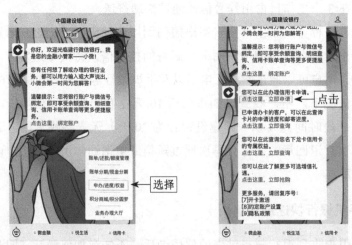

图 3-20 选择"申办 / 进度 / 权益"选项　　图 3-21 点击"点击这里，立即申请"链接

步骤 03 执行操作后，进入"信用卡申请"界面，输入中文姓名、中文拼音、身份证号等信息，并按照步骤一步步填写、执行即可等待审批结果。

2. 通过微信银行激活信用卡

微信用户不用登录网上银行，也不用下载手机银行 APP，直接利用微信平台上的微信银行就可以开卡激活，操作方式更加方便快捷。

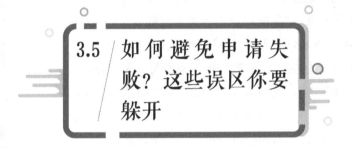

3.5 如何避免申请失败？这些误区你要躲开

明明符合申请条件，申请信用卡却被拒绝的情况时有发生，这常常让很多信用卡申请者感到沮丧，也感到委屈。申请被拒绝往往是有原因的，因为信用卡业务是银行发展用户的重点业务，并且也能为银行带来不错的盈利，银行是没理由放着钱不赚的。

近年来各银行在信用卡业务上的竞争越发激烈，在银行门口或者银行附近的天桥或地下通道中，经常可以看见办信用卡的小摊子，有的为了吸引客户，还会用实物礼品来作为办卡的奖励。许多银行为了扩展业务，发展用户，往往还会主动邀请用户开办信用卡。

银行对信用卡业务推广的需求是十分迫切的，只要信用卡申请者不进入申请信用卡的误区，申办信用卡还是比较容易的。

下面介绍一些常见的信用卡申请误区，说明信用卡申请被拒的具体原因。

3.5.1 不可控因素，职业不对口

前面介绍填写信用卡申请表格相关知识时，提到了容易申办信用卡的职

业，相对的也会有比较难通过信用卡发卡审批的职业。这些职业或多或少具有3个特点——高风险、低收入、不稳定。

1. 高危职业

高危职业指的是那些工作场所很容易发生事故，或者工作内容很容易产生危险的职业。根据财政部、安全监管总局印发的《企业安全生产费用提取和使用管理办法》，高危行业一共有9个，具体介绍如下。

（1）**煤炭行业**。煤炭行业包括煤炭生产和煤炭加工两部分，煤炭生产相关职业又分为勘探和开采两部分，煤矿勘探职业相对来说比较安全，发生意外的风险比较小，但煤矿勘探工作者常年要在人迹罕至的深山中活动，消费机会很少，所以即使这些人收入比较高，发卡银行也不能获得太多利益。

而煤炭开采的主要职业就是煤矿工，这些人长时间在矿井中工作，外出消费、使用信用卡的机会比较少不说，工作中还很容易遇到意外，一旦发生矿难，矿井中的开采工人是很难生还的，那银行也会因此多一笔坏账。

煤炭加工相关职业也不安全，煤炭的加工主要通过化学方法来完成，在化学反应时极易产生有毒气体。并且由于安全原因，煤炭加工企业一般都远离大城市中心，煤炭加工从业者几乎没有刷卡消费的机会。

（2）**非煤矿矿山开采**。矿物开采相关的职业同样是分为勘探和开采。矿产勘探虽然比较安全，发生意外的风险比较小，但需要长时间在野外工作，没有使用信用卡消费的机会。

而与矿山开采相关的职业，安全系数就比较低了，具有相当高的安全风险，不仅需要下矿，还需要爆破。并且矿山远离城市，矿工也没有太多刷卡消费的机会。

（3）**建筑工程施工**。建筑工程施工相关的职业虽然工作场所多在城市，但从业者很大一部分是低收入的农民工，消费能力有限。并且建筑工程施工从业者工作地点不稳定，经常需要跟着工程跑。所以建筑工程施工相关职业不仅仅是因为其安全风险性高，而且还有多方面原因导致比较难申请到大额信用卡。

（4）**危险品生产与储存**。农药是常见的危险品，其生产和储存场所都需要远离人群，所以农药生产和储存工作者没有太多刷卡消费的机会。并且在农药生产和储存过程中也很容易发生意外事故，发卡银行要承担很大的坏账风险。

(5) **交通运输**。我国每年有将近10万人死于交通事故,交通运输相关职业可以说是安全风险最高的职业之一了,发卡银行对这种职业申请人的大额信用卡申请都会谨慎审查,特别是长途交通工具从业者,不仅安全风险高,也没有太多刷卡消费的机会。

(6) **烟花爆竹生产**。烟花爆竹生产与危险品生产相同,其生产场所都需要远离人群,并且生产过程中也很容易发生意外事故,所以与之相关工作者的办卡申请也很容易被发卡银行拒绝。

(7) **冶金**。冶金业对场所的要求很高,因为冶金生产会产生大量废气,所以生产地点需处于远离城市的下风口;冶金生产需要大量的水,所以还要处于河流下游。受工作场所限制,冶金从业者没有太多刷卡消费的机会。

冶金业经过长时间发展,虽然已经有了规范的生产流程和先进的生产技术,发生安全事故的风险降低了,但由于冶金行业工作环境不良,所以从业者容易患病,这是申请者被银行拒绝的主因。

(8) **机械制造**。机械制造行业虽然不经常出现重大安全事故,但一线机械制造工人很容易因公伤残,从而失去劳动能力,失去收入来源,因此对发卡银行来说,这类职业的大额信用卡申请人也是有很大坏账风险的。

(9) **武器装备**。武器装备行业性质比较特殊,其不好申请大额信用卡的原因是多方面的。

首先,从业者个人信息有一定的保密要求,而大额信用卡又要求申请人提供详细的个人信息。

其次,先进的武器装备高度涉密,其生产场所要在远离人群的地方;而一般的武器装备为了防止被不法分子偷盗,流入市场造成社会安全风险,也要远离城市。所以武器装备从业者也没有太多刷卡消费的机会。

最后,一线的武器装备生产者容易在生产过程中被意外事故所伤,失去劳动能力,严重的甚至会被夺去生命;而高端设计研发人员又很容易因工作压力患病,或者在实验中死于意外。

所以对发卡银行来说,这类职业也不适合申请大额信用卡。

2. 不稳定的职业

银行发行信用卡等信贷服务时十分注重客户的稳定性,不仅包括收入的稳定性，还有住所和工作单位的稳定性。收入不稳定的职业以自由职业为代表，通常是一些还没有受到劳动法保护的新兴互联网职业，比如网游代练。工作单位不稳定的职业最有代表性的就是临时工了，还有各种短工。

没有稳定的收入，发卡银行会担心申请人没有按时还款的能力；没有稳定的工作单位，收入就可能不稳定；如果经常更换工作地点，发卡银行有紧急情况需联系持卡人时，也很难联系上。

3. 低收入职业

低收入职业的申请人没有维持大额信用卡长期使用的能力，发卡银行在大额信用卡申请审批的预审阶段就会将这部分人排除。

3.5.2 不良个人征信，坏了大事

个人征信存在问题是多数人信用卡申请被拒的主要原因，因为对于申请人填写的其他资料，发卡银行需要通过电话核实或者根据申请人提供的证明材料来审查，而申请人的个人征信报告，发卡银行可以直接通过全国征信中心查询，所以保持良好的个人征信，是信用卡申请者不可忽视的工作。

3.5.3 不要忽视银行诚信调查

发卡银行在审批大众化的信用卡时，通常只会用到个人征信报告，但在审查授信额度比较大的信用卡时，可能还会委托社会上的信用机构对申请人进行诚信调查。

社会信用机构的诚信调查往往更加专业化，更具针对性。除了诚信调查外，还会提供分析、顾问等服务。因此大额信用卡申请者不能只关注个人征信报告，不仅不能让个人征信报告出现不良信用记录，还需全方面维护自身信用，在社会中树立诚信的形象。

建议大额信用卡申请者在向发卡银行提交申请之前，先请社会信用机构对自己做一个信用评估，做一些个人信用咨询，及时将可能影响到大额信用卡申请的不利因素排除。随着我国加快推进社会信用体系建设，一些专业信

用评估机构纷纷出现。而除了专业信用评估机构，一些涉及金融服务的互联网企业也开始建立自身的用户信用评估体系，量化用户的个人诚信度，为其金融服务提供更为精准的指导。阿里旗下的芝麻信用便是这类网络信用评估机构的代表。

3.5.4 了解其他被拒原因，对症下药

信用卡申请被拒除了上述 3 种常见的原因外，还有以下几种需要申请者注意的情况。

1. 业务不支持

银行的信用卡业务各不相同，同一级别的信用卡申请条件有差异，同一家银行的信用卡业务也不一样，如有的发卡银行推出的某种信用卡有地区限制，不支持某些地区的用户申请；还有的信用卡在申请方式上有限制，例如不支持某一地区的网上申请。

2. 征信白户

"征信白户"就是指信用记录一片空白，个人征信报告中没有任何历史记录的人，这类人没有办理过任何金融服务。虽然个人征信没有不良信用记录，但因银行难以判断"征信白户"的具体信用状况，所以这类人在申请大额信用卡时，即使达到了条件，出于谨慎考虑的原因发卡银行也可能会拒绝他们的申请。

建议"征信白户"先申请一张门槛较低且容易通过审批的普卡，先培养出良好的个人信用记录，然后再去申请大额信用卡。

3. 重复申请

一些信用卡申请者比较心急，看到自己的信用卡申请迟迟没有得到银行答复，便再次申请，或者信用卡申请还没有通过，便在短时间内重复申请。这样的行为不仅对申请信用卡没有帮助，还极易让申请者的个人征信报告出现多次硬查询记录，让发卡银行认为申请者很缺钱，急需资金，存在很大违约风险，因此也容易被发卡银行拒绝申请。

建议迟迟没有收到发卡银行答复的申请者主动去查询信用卡申请进度,与发卡银行客服进行沟通。申请被拒者可以等 3～6 个月后再次进行新一轮的申请。

4. 电话核实错误

审核比较严格的银行,其审核人员会谨慎地核实每一个电话信息,如果出现电话错误或呼叫不通,银行就会认为申请人有一定的信用问题,从而拒绝其办卡申请。

建议申请人在填写信息时不是必填的电话信息可以不填,填写时要仔细检查,不要填错,出现问题时应与发卡银行及时沟通,解释清楚。

第4章
卡有优劣，如何找到理想中的Ta

学前提示　　各大银行在持续不断地新增信用卡，让越来越多人迷失在信用卡的选择上，有些人能通过其中的一张或几张信用卡满足自己的需求，可有些人却深受一张信用卡之害。因此，选择适合自己的信用卡是非常关键的。

要点展示
- 申卡之前，你要先了解清楚这些事
- 怎样选卡？几十家银行上千种信用卡
- 列出需求，去寻找理想中的Ta
- 普卡、金卡、白卡、黑卡，你都可以拥有Ta

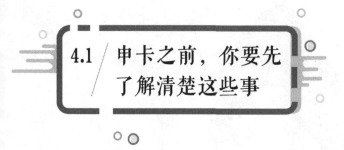

4.1 申卡之前,你要先了解清楚这些事

信用卡的额度自然是越高越好,不少有心的信用卡用户在拿到信用卡时不仅会去查看优惠特权,同时还会去查看提额规则,为信用卡提额做准备。但如果能成功申请到一张大额信用卡,那就不用这么麻烦了,并且今后提额的起点也会更高。

下面为大家介绍选择大额信用卡的相关知识。

4.1.1 大额信用卡,各家银行大不同

大额信用卡一般指授信额度在 5 万元以上的信用卡,通常是各银行发行的白金卡。但即使同为白金卡,不同银行也有一定的区别和差异。

下面为大家介绍几款有代表性的白金信用卡,带大家看看各家银行间大额信用卡的不同之处。

1. 浦发银行

浦发银行是一家与国际金融机构多有合作的商业银行。由浦发银行发行的美国运通白金信用卡在 2016 年时十分火热,被卡友称为"航空里程收割机"。

该卡之所以如此受欢迎,是因为其与美国运通公司这家全球顶尖的金融公司有着密切联系,可以成为一些商务精英接触美国运通公司的第一步,并且也能彰显持卡人的社会地位。同时,该卡当时的办卡活动和功能权益优惠力度很大,性价比十分高,主要表现在以下几方面。

(1)**年费价格**。多数白金信用卡年费较高,通常都在 3000 元以上,而

且一般白金信用卡没有减免年费的优惠政策。浦发美运白金卡的年费价格为每年3600元,但当时浦发银行推出了优惠办卡活动,用户只要在2017年3月31日前办理该卡,便可免除首年年费,次年的年费可以用20万积分来兑换,并且这20万积分是极易获取的,可以说这几乎就是一张无年费的白金信用卡。

(2)**功能权益**。除了可以免除年费外,浦发美运白金卡的基本功能权益也十分不错,其具体功能权益如图4-1所示。

机场服务——每年3次境内接送机服务,无限次机场贵宾休息室尊享权,并且持卡人每年可携带6人次进入贵宾休息室

附赠保险——1500万元的航空意外险,每小时400元的航班延误险,以及10万元的盗刷险

酒店权益——每年两次,可用5万积分兑换一晚酒店住宿。此外,在国内部分雅高酒店还可享受住一送一优惠

积分兑换——可以用积分兑换国航、海航、南航、东航这四大航空公司的里程,兑换比例为12∶1,相当于每8元兑换1里程

图4-1 浦发美运白金卡的基本功能权益

(3)**5倍积分**。浦发美运白金卡还有一项颇具特色的付费5倍积分权益,持卡人可在浦发银行官网付费订购5倍积分权益,可选项目有6类,分别是微信、支付宝、餐饮、百货、娱乐、酒店,每类消费项目的订购价格为3元/月,订购后,用浦发美运白金卡对这6类项目刷卡消费时可获得5倍积分,持卡人可选购两类,每类每月最多可获得5万积分。

2. 招商银行

招商银行是国内的老牌商业银行,其在信用卡圈内口碑不错,"因您而变"的服务理念深入人心。招商银行经典白金卡于2005年推出,是招商银行白金卡主打产品之一,招商银行的许多信用卡活动这张卡都可以参加。

招商银行经典白金卡也是一张性价比较高的大额信用卡,主要表现在以下几点。

（1）年费价格。 招商银行经典白金卡分为主卡和附属卡，其主卡年费3600元，附属卡年费2000元，看上去价格不菲，但其实持卡人可以分别用1万积分和5000积分来抵扣主卡和附属卡的年费，所以其也可以被看作一张免年费的白金信用卡。

（2）功能权益。 除了可以免除年费外，招商银行经典白金卡的基本功能权益也十分不错，具体如图4-2所示。

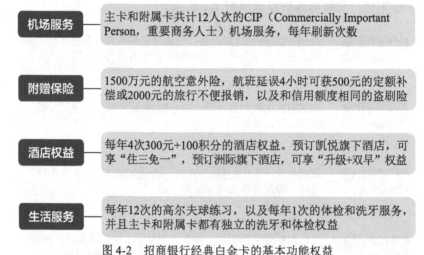

图4-2 招商银行经典白金卡的基本功能权益

（3）积分权益。 消费20元获得1积分，1500积分可兑换2000公里国航、东航、南航航空里程数，1800积分可兑换2000公里亚洲万里通航空里程数。该卡还有生日积分特权，持卡人在生日当天可获得10倍积分。

3. 广发银行

广发银行是一家从地方上发展起来的商业银行，其发行的广发银行臻尚白金卡属于小白金卡，相较于其他白金信用卡主要提供机场贵宾服务，其主打高铁贵宾服务，所以也被称为"高铁卡"，比较适合一般的商务人士。

广发银行臻尚白金卡用户定位不是那么高，所以其很多功能权益对普通大众来说比较实惠。相较于其他银行的白金信用卡，广发银行臻尚白金卡有以下不同之处。

（1）年费价格。 因为是小白金卡，广发银行臻尚白金卡的年费价格比较低，只要480元，并且还有十分不错的免年费优惠政策。持卡人领卡后，前3次刷卡消费，单笔满88元即可免首年年费，刷卡12次（包含前面的3次）即可免次年年费。可以说基本上就是一张免年费的白金卡了。

（2）功能权益。 广发银行臻尚白金卡是一款小白金卡，其功能权益虽然不多，但十分实用，具体如图4-3所示。

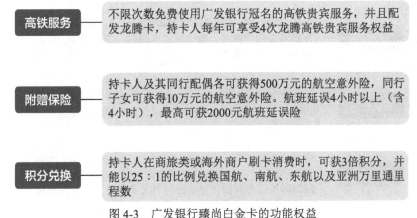

图4-3　广发银行臻尚白金卡的功能权益

4. 中国农业银行尊然白金卡（精粹版）

中国农业银行不仅是四大国行之一，还是中国银行排行榜上的第三名，实力雄厚。虽然与其他三家国行相比，中国农业银行的信用卡业务一直不温不火，但其拿得出手的大额信用卡不是一般银行可比的。

中国农业银行尊然白金卡（精粹版）是一张在卡友圈子中广受推崇的白金卡，被很多老卡友誉为"最后的大白金"。中国农业银行尊然白金卡（精粹版）具体丰富的权益，相较于其他银行的白金信用卡，有以下不同之处。

（1）年费价格。 中国农业银行尊然白金卡（精粹版）也分主卡和附属卡，主卡年费为880元，附属卡年费为500元，在白金信用卡中，这算是一个比较低的价格了。并且该卡还是少数可以通过刷卡来免除年费的白金卡，持卡人只要刷卡消费满30次就可以免除次年年费，附属卡权益等同于主卡。

（2）功能权益。 除了可以刷卡免除年费外，中国农业银行尊然白金卡（精粹版）的功能权益也十分丰富，具体如图4-4所示。

机场服务	持卡人可无限次免费享用全国近50个机场贵宾服务
附赠保险	1000万元的公共交通工具意外险,72小时最高可获5万元的信用卡盗刷险
医疗服务	全年3次专家挂号预约服务和专人陪同就诊服务,提供专家推荐及预约挂号,就诊时专人陪同,帮助取号、取药、划价,协助交费等
酒店权益	五星级酒店自助餐"两人同行,一人免费"特权,全球30多家奢华酒店"住3付2""住4付3"等特殊权益
全球购物	持有该卡相当于持有欧洲9大Chic Outlet Shopping购物村的VIP贵宾卡,在任意购物村购物消费时可享9折优惠,网上海淘时不仅有折扣优惠,还可享受免费退货保障等权益
留学服务	持有该卡即可享受新东方教育公司提供的考试指导、留学规划、学校申请、文书指导、签证服务等"一站式"留学服务优惠。还有报名海外雅思托福课程立减2000元等权益

图 4-4 中国农业银行尊然白金卡(精粹版)的功能权益

4.1.2 申请条件,门槛不同按需选择

虽然同为大额信用卡,但可能会因为功能权益的差别导致申请条件的差别,也可能因为发卡银行的不同而形成不同的申请门槛。

下面就以上一节介绍的4种信用卡为对象,带大家看看不同大额信用卡的申请条件。

1. 浦发美运白金卡

想要申请浦发美运白金卡,申请人需持有招商银行、中国银行、交通银行、中信银行等银行的白金卡,并且授信额度要在6万元以上,或者申请人的税后年收入要达到25万元以上,而这些还只是必要条件之一,并不一定达到了就能获得批准。

从上述条件来看，浦发美运白金卡的申请条件比较严格，首先要求申请人必须持有多家大银行的白金卡，这就要求申请人不能是一个信用卡新手；然后要求申请人持有的他行白金卡授信额度要在 6 万元以上，而白金信用卡的初始授信额度一般是 5 万元，这就要求申请人在其他银行至少已经成功进行了一次白金信用卡提额，申请人十分清楚银行的信用卡制度。

如此高的申请门槛，必然会将很大一部分人挡在门外。而且这张卡还有税后年收入达到 25 万元以上这一额外申请条件，一般税后年收入能达到这个数字的人大都是社会精英，违约的风险也比较低。

2. 招商银行经典白金卡

想要申请招商银行经典白金卡，申请人需持有招商银行的代发工资卡，代发工资卡上每月的税后工资需在 15000 元以上。或者申请人已有的招商银行信用卡固定额度满 5 万元，也可以网上申请。

从上述条件来看，招商银行经典白金卡的申请条件不是太严格，毕竟该卡是招商银行主打的大额信用卡产品之一。但从其申请条件中不难看出，招商银行经典白金卡的申请人在很大程度上被限定为本行的老客户群体。

3. 广发银行臻尚白金卡

想要申请广发银行臻尚白金卡，申请人需有大学本科以上学历，并且有一份收入稳定的工作，许多刚参加工作的白领就申请此卡了。

可以看出，广发银行臻尚白金卡的申请条件较其他白金卡要低得多，不过其毕竟是小白金卡，功能权益比较简单。需要注意的是，如果申请人持有其他银行的大额信用卡，到广发银行网点去填表申请会非常容易成功。

4. 中国农业银行尊然白金卡（精粹版）

想要申请中国农业银行尊然白金卡（精粹版），申请人需满足以下条件中的至少一项：

（1）中国农业银行账户中至少有 30 万元的存期为 3 个月的定存；

（2）中国农业银行账户中日均存款 30 万元；

（3）政府机构、事业单位、国有企业科级或科级以上干部；

（4）有一定正面社会影响力的社会精英；

（5）其他金融机构的管理人员；

（6）中国农业银行贷款100万元以上的客户。

中国农业银行尊然白金卡（精粹版）的申请条件和其功能权益一样丰富，也和其功能权益一样实在，该卡有很明确的客户群体，总结起来就是三种人：一是有钱的；二是有权的；三是有名的。

满足条件的申请人如果准备好资料前往中国农业银行网点填表申请该卡，成功率会高很多。

4.1.3 注意事项，针对人群大有区别

银行在设计大额信用卡产品时，都会有相应的目标客户，申请者在申办信用卡时要考虑自身是否属于目标客户群体。即使是相似目标客户的信用卡，根据其发卡银行的业务重心或策略的不同，申请条件和功能权益也会有不同程度的差异，这也是信用卡申请者需要注意的一点。

下面依然以上一节介绍的4种信用卡为对象，结合其发卡银行，为大家介绍不同信用卡的针对人群。

1. 浦发美运白金卡

从功能权益和申请条件中很容易看出，浦发美运白金卡针对的用户主要有两类，一是成熟的商业精英；二是新晋中产者或年轻富二代。

一般成熟的商业精英都有理财思维，并且为了提高自身信用价值，都会持有多张大型银行的信用卡。这些商务精英也经常需要跨区域进行商业活动，信用卡的航空权益和酒店权益对他们来说很有用。

而对于新晋中产者或年轻富二代来说，信用卡还要起到彰显身份的作用，挂有美国运通公司名号的信用卡对其吸引力自然是有的，而中产者或年轻富二代多有旅游的爱好，航空权益和酒店权益对他们来说也非常有用。

上海是我国的经济中心，也是世界的一大金融中心，浦发银行的总部也位于上海。浦发银行有着天然的国际金融优势，其大额信用卡业务重心和策略自然也是为了吸引有国际金融服务需求且经济实力较强的客户，所以其推出的浦发美运白金卡针对的也多是高端客户群体。

2. 招商银行经典白金卡

招商银行是国内的老牌商业银行，其客户群体庞大，所以招商银行大额信用卡业务重心和策略是维护老客户，转化忠实客户。

从申请条件上就可以看出招商银行经典白金卡针对的主要是老客户，该卡涉及多个方面的功能权益也是为了满足招商银行庞大客户群体的多方面需求。

3. 广发银行臻尚白金卡

广发银行大额信用卡业务重心和策略是发展新用户，对客户要求不是太高，并没有如浦发银行一样将重点放在高端客户上，而是针对收入还不错的普通大众申请门槛比较低，提供的功能权益也比较实用。

4. 中国农业银行尊然白金卡（精粹版）

中国农业银行作为四大国有银行之一，又是十分老牌的银行，自然有着充足的客户群体，并且其与政府机构、事业单位和国有企业多有合作，不担心客户来源，所以该行在大额信用卡上的业务重心和策略是以满足其高端老客户，或者说忠实优质客户需求为先。

中国农业银行尊然白金卡（精粹版）有很明确的客户群体，其功能权益也很有针对性，比如全球酒店和境外购物权益就是为了休闲度假的优质客户打造的。而政府机构、事业单位和国有企业科级或科级以上干部多是中老年人，工作也不清闲，时常有医疗方面的需求，中国农业银行尊然白金卡（精粹版）的医疗权益正是为此量身定制。

信用卡申请者在申请大额信用卡之前，最好先考虑清楚自己属于哪类客户，哪家银行的大额信用卡政策比较适合自己，然后再去选择申办，这样往往更容易成功。

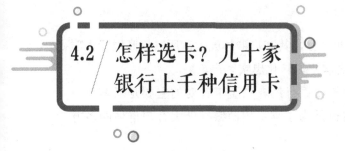

4.2 怎样选卡？几十家银行上千种信用卡

对于大多数刚接触信用卡的读者，面对几十家银行的上千种信用卡，往往不知道如何选择，也不知道什么样的信用卡适合自己。本节以各大银行为例，为大家总结一些用卡建议。

4.2.1 中国银行信用卡

中国银行全称是中国银行股份有限公司，总行位于北京复兴门内大街1号，是五大国有商业银行之一。中国银行的业务范围涵盖商业银行、投资银行、保险和航空租赁，旗下有中银香港、中银国际、中银保险等控股金融机构，在全球范围内为个人和公司客户提供金融服务。

中国银行于1985年开始发卡，是中国最早的信用卡发卡行。中国银行信用卡是一张国际标准信用卡，一卡双币，全球通用。另外，中银信用卡挂失服务可以保障持卡人的权益；众多特约优惠商户和丰富多彩的积分回报计划让持卡人在刷卡消费时尽享欢乐；遍布全球20个国家和地区的中国银行海外分支机构也为持卡人提供了四海如一的中文服务。

在中国银行办理信用卡最重要的是准备完整的个人资料，再按照申请流程办理就行，具体流程一般可以借助我爱卡等信用卡网站查询。

中国银行的信用卡卡种超过100个，提供给大家的可选择性非常大。但是中国银行如同"霸道总裁"一般，始终保持"高冷"气质，跟客户总有一定的距离。即使你有稳定的工作，自身资质不错，也不一定能获得中国银行的青睐。

中国银行的信用卡提额不容易，免息期50天，还有超长宽限期。其中，白金卡的还款宽限期为8天；普卡和金卡的宽限期为3天；经常有临时额度，且使用临时额度不影响固定额度,临时额度到期之后可以续用,并且提额的幅度很大。

中国银行的下卡额度偏低,办卡技巧是多存钱,尽量体现出自己的经济实力,这样额度才会高。下卡额度是比较重要的,因为提额的时间太长。所以在申卡之前的3～6个月,可以多存钱、理财,购买外汇、基金等,多多益善。

中国银行不会打电话推销,额度没有下限,最好的办法是多存钱,这样它才会给你提高额度。

1. 值得申请的卡

推荐航空白金卡。航空白金卡可以换免费机票,其中12∶1兑换国航和南航里程,15∶1兑换东航里程,14∶1兑换南航里程。境外均可积累两倍里程,年费可免。

2. 降额封卡原因

中国银行降额封卡的原因主要是两个。

(1)**不在网点存钱**。如前文所述,在中国银行存入一笔钱后能够增加一定的信用卡额度;反之,如果你在增加额度之后,将存在中国银行的现金款转出来,有可能会遭遇降额的情况。

(2)**过度刷卡**。有个朋友贷款购买了一套房之后,资金跟不上,只好利用信用卡周转,中国银行将这位朋友的额度从6万元降到了3000元。

3. 提额技巧

等中国银行主动提额是很难的,建议大家主动出击,到网点通过其他证件提额,提交的资料包括但不限于收入证明、工资流水、大额存单、公积金流水、社保流水、房本等。

4.2.2 中国工商银行信用卡

中国工商银行信用卡在国内发行量最大。目前主要有牡丹国际信用卡、牡丹贷记卡、牡丹信用卡。按照品牌可分为牡丹威士卡、牡丹万事达卡和牡丹运通卡；按照信用等级可分为白金卡、金卡和普通卡；按照发行对象可分为商务卡和个人卡，其中个人卡又分主卡和副卡。

牡丹国际信用卡是由中国工商银行发行的，给予持卡人一定的信用额度，持卡人可在信用额度内先消费后还款，境内外通用的贷记卡。个人卡最高授信5万元。对于信用额度内的消费透支，持卡人在对账单规定的还款日期前全部还款，即可享受最短25天、最长56天的免息还款期。

牡丹主题信用卡有很多种，如牡丹美食卡是以"爱美食，爱生活"为内涵的主题信用卡。持卡人既可享受中国工商银行牡丹信用卡的基本金融功能与服务，又能体验中国工商银行遍布全国的餐饮特惠商户的优惠礼遇，在享用美食之余，感受银行提供的温馨服务。

其次，关于中国工商银行的核卡政策，各地分行，甚至各地的市级分行都可以制定信用卡的审批政策。比如深圳分行，不会给网申下白金卡，但广东分行就有很多申请白金卡的机会；而在东莞分行，如果你有很多张信用卡并且在中国工商银行没有资产，那么即使你所在的单位资质过硬也有可能申卡失败。中国工商银行的额度下无保底，上不封顶，无论是普卡还是金卡，额度都可能很高。

1. 值得申请的卡

（1）**香格里拉白金卡**。首年免年费，最少用1000个香格里拉积分兑换酒店睡一晚的权益；年费减免；送贵宾金环会积分，核卡3个月内消费满3万元人民币即可获赠1000贵宾金环会积分（限前10000名）；入住香格里拉酒店房费打9折，吃饭打85折；尊享3天还款宽限期。

（2）**WeHotel白金卡**。拥有长达10年的超长有效期；消费满20万元兑换年费；开卡送320元礼券；订房赠一年V4高端会籍，尊享订房85折、延迟退房等会员权益；免费机场高铁贵宾服务；20积分兑换1个WeHotel积分，2000积分=1晚7天酒店。

2. 降额封卡原因

中国工商银行降额封卡的原因主要有4个。

（1）**刷卡一时爽，降额惨兮兮**。有些持卡人在使用信用卡的时候，会有不适当的刷卡操作，比如每个月都将信用卡刷爆，或是上午消费，下午就还款。这样很容易面临降额封卡危机。

（2）**信用卡炒股惨遭降额**。如果你在用卡期间利用信用卡炒股市，被银行发现，也是会被降额的。

（3）**长期空卡**。如今很多年轻人的消费支出比较大，月月将信用卡刷空，即使中国工商银行实力雄厚，也扛不住持卡人如此挥霍，只能进行降额警告。

（4）**信用卡闲置**。如果中国工商银行给了持卡人30万元的额度，而持卡人每月仅消费一两千，长期如此，浪费银行的额度资源，也是会被降额的。

3. 提额技巧

（1）**提额邀请**。中国工商银行做过几次"消费××万就提××万，上限提到5万"的活动，能收到短信邀请的都是幸运儿。

（2）**个税和公积金提额**。中国工商银行和不少省市的税务局、公积金管理局强强联手，推出了金闪借和税闪贷。通过授权中国工商银行查询你当地的个税和公积金缴纳情况，给予你相应额度的融e借额度，最终实现信用卡额度的提升。

（3）**e分期提额**。到网点申请e分期专项消费卡，可用于买车、旅游、结婚等，但是申请e分期看重公积金流水，额度能达到公积金月缴额的100倍。只要这张卡办理成功，你的信用卡额度也就可以提起来了。

（4）**优质单位提额**。如果你在优质的单位上班，比如国家行政单位（公务员）、事业单位、央企、国企或者知名度高的民营企业，正好你的工资又是中国工商银行代发，那么也会增加提额的概率。

（5）**行长推荐提额**。如果你能和网点的客户经理维护好关系，让他信任你，帮你填写提额推荐表，让行长签字，额度同样可以飙升。

4.2.3　中国农业银行信用卡

中国农业银行致力于建设"面向'三农'、城乡联动、融入国际、服务多元"的一流商业银行，通过23000多家境内机构、12家境外机构以及网上银行、电话银行、掌上银行等分销渠道，向广大客户提供优质的金融产品和服务。

中国农业银行推出的金穗信用卡以"享受信用　品味人生"为品牌服务

理念，立足为持卡人创造新生活新体验，并以成为持卡人最信赖的信用卡品牌为目标。

中国农业银行和其他银行相比较，是一个"老实"的银行。一直以来，中国农业银行的提额都很准时，也正是因为这样，其拥趸众多，网点仅次于中国邮政储蓄银行，全国排名第二。

中国农业银行信用卡提额比较容易，从理论上来说，每隔半年就可以提一次；免息期为56天，宽限期只有2天。中国农业银行的临时额度最好不要用，否则固定额度的提额时间会往后顺延半年。中国农业银行不仅比较"保守"，对客户的选择也比较谨慎，因此下卡的额度偏低。解决这一问题的技巧和中国银行差不多，多存钱、理财，购买外汇、基金等。

如果一直没有申请到中国农业银行的信用卡，但又实在想拥有一张，可以尝试申请ETC卡、新出卡种、冷僻卡种等。

关于二卡（即两张同行信用卡），建议不要随意调平，因为调平额度也算一次提额，下一次提额就要等半年，建议大家在提升固定额度的同时调平。中国农业银行的各地分行都有自己的政策，很多地区对申卡的要求也比较高，如果你没有在中国农业银行开储蓄卡并存钱，是很难申请到它的信用卡的。

中国农业银行不会特别介意多头授信，建议至少手持8张卡时再去中国农业银行申卡；中国农业银行的风控比较宽松，用户可以放心刷卡消费。

1. 值得申请的卡

（1）悠然白金卡。"1元"机场停车服务；新西兰便捷签证，环球旅行及医疗救援服务；凯悦酒店房价低至8折，万豪普吉度假村礼遇，六善酒店集团全球奢华礼遇，喜达屋酒店集团尊享礼遇；每年3次专家预约挂号及全程陪同就诊服务；信用卡72小时高达5万元的盗失险；免首年年费，刷卡满12次免次年年费。

（2）靓居白金卡。中国农业银行房贷客户专享信用卡，享有账单分期和现金分期费率专属优惠；网点贵宾插队通道；1000万元航空意外险；全年3次专家预约挂号和全程陪同就诊服务；56天免息期。

2. 降额封卡原因

中国农业银行降额封卡的原因归结起来主要有以下4个。

（1）暴力用卡，封卡没商量。中国农业银行素来给人以严谨、踏实的感觉，如果持卡人在使用信用卡时过于暴力，会面临直接封卡的处理。

（2）单笔大额消费被降额。

除了暴力用卡之外，单笔大额消费也是很容易被降额封卡的。

（3）代还遭降额。

持卡人如果长期用一张储蓄卡替多张中国农业银行信用卡还款，利用中间商赚差价，也是会被中国农业银行降额的。

（4）长期低费率消费。

有些持卡人在获得中国农业银行高额度信用卡后，长期在同一地方消费，用低费率来挑战银行的底线，这种不当的用卡行为也是很容易被中国农业银行给予降额处置的。

3. 提额技巧

以前中国农业银行每隔 3 个月就会提额一次，如今半年都不一定能提一次额度。提额方法总结如下：

（1）**自助提额**，即关注中国农业银行手机银行是否可以提额。

（2）**现金分期邀请提额**。某些优质客户会得到中国农业银行的青睐，分期利息低，如果有幸被选中，那就是大好事。

（3）**曲线救国**。申请高端白金卡，授信额度 5 万元起步。

4.2.4　中国建设银行信用卡

中国建设银行成立于 1954 年 10 月 1 日，是股份制商业银行，国有五大商业银行之一。中国建设银行主要经营领域包括公司银行业务、个人银行业务和资金业务，中国内地设有分支机构 14877 家，为客户提供全面的金融服务。中国建设银行拥有广泛的客户基础，与多个大型企业集团及中国经济战略性行业的主导企业保持业务联系，营销网络覆盖全国。2017 年 2 月，Brand Finance 发布 2017 年度全球 500 强品牌榜单，中国建设银行排名第 14。至 2018 年年末，累计发卡量达 1.2 亿张，居全国第二。

中国建设银行有一个 AUM 值，即资产管理规模（Asset Under Management），代表某个客户在中国建设银行托管的总资产。AUM 值和信用卡的额度成正比关系，很多卡友都选择在 AUM 值更新后再去中国建设银行申卡。

中国建设银行已经发行的信用卡都以"龙卡"冠名，同时它作为国内较早涉足信用卡发行的国有银行，目前已经有了不少信用卡种类，具体包括龙卡名校卡、龙卡商务卡、龙卡汽车卡、东航龙卡、上海大众龙卡、龙卡香港精彩旅游信用卡、中国建设银行 VISA 明卡、艺龙畅行龙卡、芒果旅行龙卡、龙卡（大师杯）网球卡。

中国建设银行信用卡的特点是提额难、忌卡多、忌多头授信（除银行外，网贷也算多头授信），比较谨慎，平均下卡额度较低。

1. 值得申请的卡

（1）**全球支付白金卡**。此卡有 500 万元航空意外险；尊享全球商旅特色服务，包括白金秘书、全球特惠商户、国际机票特惠、酒店预订特惠等，且每年消费 10 笔即可免年费。

（2）**航空联名白**。此卡适合需要经常坐飞机出行的人。其中航和东航 12∶1 兑换航空里程，南航和海航 14∶1 兑换航空里程；500 万元航空意外险；航班延误 4 小时，可获得最高 3000 元航班及行李延误险；享受 2 万元失卡保障服务；每年消费 10 笔免年费。

（3）**尊享白**。这个卡网申难度大，在中国建设银行持卡 8 万元起的二卡客户可以尝试；保底 8 万元起；首年年费 1800 元，次年 40 万积分兑换年费；消费双倍积分；尊享贵宾价入住 2 间指定酒店权益，高端星级酒店尊享"200 元 +1000 积分"入住，豪华星级酒店尊享贵宾价"800 元 +1000 积分"入住。VISA/ 万事达指定酒店尊享"住 3 付 2"或免费早餐礼遇；3 次境内机场 / 高铁接送服务；6 次境内单程 50 公里以内免费代驾服务；3 次境外机场贵宾服务，不限次数境内机场贵宾服务；不限次数三甲医院专家门诊预约服务，全年 3 次一对一全程导诊服务；航班延误 4 小时获赔偿 1000 元，年累计不超过 5000 元；最高 5 万元信用卡失卡保障。

2. 降额封卡原因

中国建设银行降额封卡的原因也有 4 个。

（1）"薅羊毛"致降低额度。持卡人如果每个月都热衷于"薅羊毛"，必定会被降额警告。

（2）**征信有不良记录**。如果持卡人在其他行逾期还款并上了征信，被中国建设银行查询到之后也会降额。因此，按时还款保持良好征信记录是每一个持卡人都要做好的。

（3）**司法冻结储蓄卡，信用卡也会降额**。持卡人的中国建设银行储蓄卡如果因为其他原因被冻结，会直接影响到信用卡，遭到降额处理。

（4）**借了小贷被降额**。如果你用了小贷，被中国建设银行查询到，也会被认为是多头授信，从而受到降额处理。

3. 提额技巧

中国建设银行的额度是比较难提的，甚至有可能一直得不到提额。并且，中国建设银行在下卡时额度偏低。但即使如此，还是有一定方法来提额的。

持卡人可以下载中国建设银行手机银行 APP 申请提升临时额度和固定额度。

4.2.5 招商银行信用卡

招商银行成立于 1987 年 4 月 8 日，是中国第一家完全由企业法人持股的股份制商业银行，也是中国第一家采用国际会计标准的上市公司，总行设在深圳。自成立以来，招商银行秉承"因您而变"的经营服务理念，不断创新产品与服务，如今已发展成为资本净额 1170.55 亿元人民币、机构网点 700 余家、员工 4.7 万余人的中国第六大商业银行，跻身全球前 100 家大银行之列，并逐渐形成了自己的经营特色和优势。

早在 2002 年，招商银行就实现了信用卡的一体化、专业化服务。自同年 12 月发行国内首张符合国际标准的"一卡双币"信用卡至今，招商银行信用卡业务取得了一系列令人瞩目的成绩。2006 年 4 月，招商银行发卡量占据行业最大市场份额，正式宣布以实际行动打造"五星级信用卡"。2007 年 9 月，招商银行率先提出了"五重安全"信用卡服务理念，巩固了在业内的品牌领导地位。

招商银行信用卡被业内专家誉为国际信用卡发展史上的一个奇迹，已被哈佛大学商学院编写成 MBA 教学案例。

招商银行和众多合作伙伴一起打造中国信用卡领先品牌，携手赢得广大用户的信任和喜爱，让持卡人第一时间分享全新的金融产品和服务。招商银行信用卡打造了百余项新的产品和服务，坚持推进企业合作模式，陆续与百货业、旅游业和体育消费业等不同生活领域的翘楚开展合作，为持卡人提供双重意义上的产品和功能服务。

招商银行有 200 多个卡种，其中包括 38 种学生卡。2007 年发卡量突破 1000 万张。招商银行通过贴心的服务策略，成为最具市场化和最接地气的银行。其服务好、服务多且无微不至的形象，赢得了很多用户的青睐。

招商银行信用卡的免息期为 48 天，几乎是免息期最短的。其临时额度可以用，不影响固定额度，在临时额度到期后还可以续用，并且幅度很大，甚至能达到固定额度的 2.5 倍。招商银行还有境外临时额度。总体来说，招商银行的下卡额度比较可观。

招商银行的还款宽限期为 3 天，在还款宽限期之后如果依然没有还钱，不会马上上征信，但是在下一次账单还款日期之前必须将欠款还清。

招商银行的白金卡额度 6 万元起，无限卡 30 万元起，黑金 50 万元起；消费 20 元获得一个积分，积分永久有效。

1. 降额封卡原因

主要有以下 6 个原因。

（1）**小贷一时爽，降额火葬场**。招商银行也是比较注重持卡人是否存在多头授信的，如果被降额，可以看一下自己是否有小贷。

（2）**客服来电，保留证据**。如果招商银行的客服给你打电话告知你近期的单笔大额消费过多，那么最好将发票保存好，因为日后有可能会被降额。

（3）**客服来电，分期付款**。持卡人如果长期在 POS 机上进行消费，拆西墙补东墙，便会接到客服的电话，让你优化消费账单结构（分期还款），如果你无视提醒，可能会被降额。

（4）**最低还款惨遭降额**。如果持卡人在招商银行账单上选择最低还款，也有可能面临降额的风险。

（5）**单笔大额消费遭降额**。持卡人如果突然进行了单笔大额消费，会导致直接降额。

（6）资料造假封卡。持卡人如果在办卡时谎报个人信息，会直接遭遇封卡。

2. 提额技巧

招商银行常见的提额方式为自助提额。

4.2.6　交通银行信用卡

交通银行始建于1908年，是中国近代以来历史最长的银行，也是近代中国的发钞行之一，现为中国五大国有大型商业银行之一。交通银行是中国境内主要的综合金融服务提供商之一，并正在成为一家以商业银行为主体，跨市场、国际化的大型银行集团，业务范围涵盖商业银行、投资银行、证券、信托、金融租赁、基金管理、保险、离岸金融业务等诸多领域。

交通银行信用卡是交通银行和汇丰银行共同合作推出的信用产品。其信用卡用户定位为："是一群对生活和事业有理想、有追求，懂得享受，更愿意奋斗，有时也有到国外求学、经商、调研或旅游需要的人，也是一群生活水准高、愿意尝试新的消费习惯的族群。"

交通银行信用卡产品均以"太平洋"冠名，常见卡种有太平洋双币信用卡、太平洋Y-POWER信用卡、交通银行太平洋沃尔玛信用卡、交通银行太平洋苏宁电器信用卡、太平洋航空秘书卡、交通银行香港新世界百货信用卡和太平洋公务卡、以上海世博会为主体的世博卡。

交通银行信用卡的卡种不到50种，目前没有建立特有的信用卡体系。主打的卡种有麒麟白、沃尔玛卡、苏宁白、青年卡等，大部分卡都属于低端平民卡。

如果说招商银行的卡是年轻人的第一张卡，那么交通银行的卡就是年轻人的第二张卡。因为交通银行也比较容易下卡。

交通银行信用卡提额较难，很多人无论怎么养卡，都不见提额，但也有部分人很快就提额60%，优质客户还有可能被邀请申请麒麟白，实现额度的提升。信用卡免息期为56天；临时额度不能碰；下卡额度偏低，且风控比较严格，忌大额消费，否则很容易被降额封卡，经常会给用户打电话询问用卡情况。

交通银行信用卡还款宽期限为 3 天，在宽期限之后还未还款就会上征信，所以一定要及时还款。

交通银行信用卡的活动多，比如"最红星期五"就非常成功，深得用户喜欢。交通银行也不太介意用户持卡多，奉行宽进严出原则，如果用户手上的信用卡太多，可以先在交通银行存一些钱，再申请心仪的卡。

1. 值得申请的卡

（1）**麒麟白金卡**。交通银行较为有名的信用卡，新客户可以轻松申请，老客户可以等升级邀请；新客户下卡首年年费可免，次年起 25 万分兑换年费；56 天免息期；每年享 6 次沃德境内机场贵宾服务和 6 次龙腾全球机场贵宾服务；网点享受 VIP 贵宾通道服务；每年 6 次酒后代驾服务；美元账户消费享 3 倍积分，生日当月人民币消费享双倍积分，生日当天消费享 5 倍积分；18∶1 兑换东航和国航里程，每年上限 30 万里程。

（2）**优逸白金卡**。网点享受 VIP 贵宾通道服务；56 天免息期，不要年费；1 万元起步，强势保底；5 万积分兑换境外龙腾机场贵宾服务；专属积分礼遇；18∶1 兑换东航和国航里程，每年上限 15 万里程。

2. 降额封卡原因

交通银行降额封卡的原因主要有以下 4 个。

（1）最低还款。

（2）他行有逾期记录。

（3）快进快出消费。

（4）单笔大额消费。

3. 提额技巧

交通银行的提额是比较慢的，且介意征信负债过高和多头授信。常见的提额方式有以下两个：

（1）自助提额；

（2）销卡重办。

4.2.7 中信银行信用卡

中信银行创立于 1987 年,原名中信实业银行,2005 年年底改名为中信银行。中信银行是全国性商业银行之一,总部在北京,主要股东是中国中信集团公司。中信银行为中国大陆第七大银行,其总资产 12000 多亿港元,共有 16000 多名员工及 540 余家分支机构。

2003 年 12 月 8 日,中信银行信用卡中心正式对外发行中信信用卡,其中中信白金信用卡的发卡量位居全国第一,初步树立了在中国信用卡市场的地位和品牌形象。

中信银行信用卡一直以服务大众为宗旨,不但可以在国内大商场、超市使用,甚至可以在一些国外的消费场所使用,大大方便了普通群众,也让银行从中获得了更多利润。

例如,中信淘宝联名卡除具有普通绿卡金融功能外,还具有在淘宝网、阿里巴巴、支付宝及其他网站的快捷支付功能。

中信银行发行了近 100 个卡种,从吃喝玩乐到高端商旅都有,覆盖了各个领域。中信银行很容易下卡,新卡半年首提一次;免息期 50 天,每个月 3 天宽限期,在第 3 天晚上 20:00 之前还款实时到账即可,在宽期限后如果没有立即还款,也不会马上上征信,只需在下一个账单日的前一天晚上 20:00 前还清欠款或完成最低还款即可,但是会产生违约金和利息。

临时额度和固定额度没有冲突,所以临时额度是可用的;总体下卡额度不错,主要根据用户的征信情况和个人资料匹配相应的额度,而不会因为没有跟中心银行有财务往来就被拒。

中信银行前几年的风控是非常严格的,但现在似乎稍有放松;中信银行信用卡活动较多,如众所周知的"中信 9 积分";中信银行不介意申请人持卡多,主打平民卡种,目前不太注重高端卡种的发展。

1. 值得申请的卡

(1)**IHG 优悦会白金卡**。此卡积分兑换洲际酒店集团旗下各种住宿权益,还可获得打折购买优悦会积分的机会。

大中华区(含港澳)酒店房价 85 折,中国内地酒店餐饮 85 折;首刷送

20000优悦会积分（北京金融街洲际酒店住一晚=3万积分）；酒店内消费10元=2个优悦会积分，店外积分消费10元=1个优悦会积分；2小时航班延误立赔1000元；1500万元航空意外伤害险；全球汽车道路救援，预约挂号及陪护。

（2）飞常准白金卡。对于常坐飞机出行的人而言，性价比不错。消费12次免年费；2小时航班延误赔付高达1200元；白金卡盗刷保障金额达30000元；1500万元航空意外伤害险；网络交易计积分。

（3）亚洲万里通精英白＆国泰航空精英白。此卡拥有高性价比兑换亚万里数和机票，年费480元，10元=1"亚洲万里通"里数；2小时航班延误险最高赔付1000元；1500万元航空意外伤害险。

（4）航空联名卡。躺赚高性价比航空里程。南航和东航精英白年费480元，国航钛金卡年费680元；这三张卡都是10∶1兑换航空里程，性价比高；航班延误2小时最高可获赔1000元，延误4小时最高可获赔2000元；失卡保障金额达30000元；1500万元航空意外险保障。

（5）i白金卡。号称年轻人的第一张白金卡。消费满12次免年费；网络交易可计双倍积分，最高10000分/自然月；有条件享2小时航班延误险；500万元航空意外伤害险。

（6）易卡白金卡。最高9倍积分，折合2.8∶1兑换航空里程。精英版年费480元，次年6万积分兑换年费；尊贵版年费2000元，次年45万积分兑换年费；最高9倍积分；微信支付双倍积分，每月最多1万积分；航班延误2小时享最高1000元延误险；尊贵版白金享受高尔夫免果岭、免费练习场畅打服务；全国机场及高铁贵宾服务；汽车道路救援；白金标准医疗。

2. 降额封卡的原因

中信银行降额封卡的原因主要有以下5个。

（1）长期最低还款。

（2）因小贷引发降额。

（3）强薅云闪付，遭遇封卡。

（4）长期空卡。

（5）快进快出。

3. 提额技巧

中信银行信用卡提额也是有一定技巧的，比如适当申请一些分期还款。除此之外，还有额度外的新快现和圆梦金，最高可达 30 万元，尤其是新快现，优质客户费率低至 0.38%。

4.2.8　兴业银行信用卡

兴业银行原名福建兴业银行，是经国务院、中国人民银行批准成立的首批股份制商业银行之一，2007 年 2 月 5 日正式在上海证券交易所挂牌上市，注册资本 50 亿元。目前，兴业银行在贷款方面已经走在了各大银行前列，2013 年入围世界 500 强企业。

兴业银行信用卡中心成立于 2004 年，总部在上海，全面负责信用卡业务的运作和管理。同年 7 月，兴业银行发行了符合国际标准的双币信用卡。同年 12 月，与战略合作机构香港恒生银行在全国推出带恒生标志的兴业银行信用卡。

就体量来看，兴业银行的信用卡业务做得并不算出色，发卡量偏少，APP 设计得不够"接地气"。之前兴业银行的白金卡，凡下卡就会收取年费，很多客户担心额度偏低被收割年费而不敢申请。后调整为"先激活再收取年费"，这一点让客户放心不少。

兴业银行发行了近百种信用卡，基本涵盖了各大领域，但没有独具特色的卡种。

兴业银行信用卡的特点是易下卡；新卡首次提额时间为半年，也有部分用户三四个月就实现了首提，之后平均 3 个月就能提额一次，甚至更频繁；临时额度可用，在使用期间也可以调整固定额度；最长免息期 50 天，每月有 3 天的宽限期，只需在宽限期最后一天 18:00 之前还款入账即可。

宽限期之后如果没有将欠款全部还清，不会马上上征信，但在下一个账单日之前必须还清欠款或完成最低还款。一般不建议大家这样做，因为不仅会产生违约金和利息，还会影响额度的提升。

1. 值得申请的卡

（1）**行卡白金悠系列**。性价比高，值得拥有。年费900元；每年境内机场接送4次，境外机场接送2次；每年享12次境内机场贵宾服务，可携带2人次；境外不限次数机场贵宾服务，可携带2人次。

（2）**睿白金**。核卡60天内交易满2000元人民币或等值外币，即可减免首年年费。次年年费计收当日积分余额满30000分，亦可自动豁免；每年享2次机场贵宾服务；享免费单程半径100公里以内紧急拖车服务（每自然月限用2次）；享免费现场快修服务（修理时间在30分钟以内；每自然季度限3次）。

2. 降额封卡原因

兴业银行降额封卡的原因主要有以下两个。

（1）逾期还款和小贷。

（2）单笔大额消费。

3. 提额技巧

持有兴业银行信用卡，有些人好几年都不提额，也有人提额不断。总体来说，提额是比较难的，主要提额方法有两个。

（1）自助提额。

（2）邮件提额。即发邮件到34567@cib.com.cn，并且附上期望额度，以及房子、车子、收入证明，社保缴费记录，公积金缴费记录，他行大额存款、工资流水等资料。

4.2.9 中国民生银行信用卡

中国民生银行股份公司是中国大陆第一家由民间资本设立的全国性商业银行，成立于1996年1月12日。中国民生银行A股于2000年12月19日在上海证券交易所公开上市，中国民生银行H股于2009年11月26日在香港证券交易所挂牌上市。截至2013年9月，中国民生银行在全国设立了30家二级分行和11家直属支行，目前正在筹备新加坡代表处、东京代表处和伦敦代表处。

中国民生银行信用卡中心直属于中国民生银行总行，总部在北京，全国有35家营销中心，员工总数超过5000人。中国民生银行首张信用卡于2005年公开发行。其信用卡可分为白钻系列、标准卡系列、公务卡系列、女人花系列、特色主题系列、百货系列、航空旅游系列、汽车系列、俱乐部系列等。

中国民生银行是一家很低调但实力不错的银行，它的总资产规模与招商银行、中信银行不相上下。它的存在感不是很强，给大家一种"既踏实又不抢镜"的感觉。中国民生银行发行的信用卡卡种不到40个，但吃喝玩乐游购娱面面俱到，其信用卡体系做得很好。

中国民生银行信用卡下卡容易，有保底额度，如标准白金卡1万～10万元起，精英白5万～15万元起，豪华白10万～30万元起，AE白30万元起，黑金50万元起；新卡首次提额时间为半年，之后每3个月就有一次提额机会；最长免息期51天；每个月有3天的宽限期，在宽限期之后没及时还款，不会马上上征信，只需在下一个账单日当天17:00前还清欠款或完成最低还款即可，但是会产生违约金和利息。

在临时额度使用期间不能调整固定额度，临时额度时间相对来说较短；风控比较宽松，一般不会出现降额封卡的情况；商业银行大都不介意申请人持卡多，中国民生银行也不例外。积分可兑换的东西很丰富，但前提是在大城市中，否则很多权益无法享用。除此之外，中国民生银行在全国300多个城市提供道路援救，如现场小修、汽车拖带、运送汽油等，每天一次，全年不限次数。

1. 值得申请的卡

（1）**精英白**。中国民生银行唯一可以网申的高端卡，新客户网申首选，保底额度5万元。推荐理由：额度5万～15万元，新客户首年免年费，次年20万积分兑换年费；航班延误2小时赔付1000元/次或延误4小时赔付2000元/次（定额赔付1000元+报销1000元），全年不限次。

（2）**香格里拉白金卡**。享最少1000香格里拉积分可兑换酒店一晚的权益；额度1万～10万元，首年免年费，次年消费满18笔或满5万元可免年费；自动获得香格里拉贵宾金环会会籍，香格里拉店外消费120元=1分贵宾金环会奖励积分，店内消费60元=1分贵宾金环会奖励积分，店内用餐打85折，店内住宿打9折；店内住10晚即可升级至贵宾金环会翡翠级会籍。

（3）车车白。每年最多兑换1200元加油金返现，这个只能在中国民生银行信用卡网站申请；额度1万~10万元，首年免年费，次年消费满18笔或满5万元免年费；当月消费满2500元且当月银联云闪付消费达3笔，按照加油交易的8%获返加油金，上限100元，每月总共300万元，先到先得，没抢到的下个月继续抢；加油交易不限制加油站品牌，加油金返还适用于商户类别码为5541、5542（刷卡POS单上商户编号的倒数5~8位）的加油消费。

（4）航空白金。额度1万~10万元，首年免年费，次年消费满18笔或满5万元免年费；每月15∶1兑换海航、东航、国航和南航里程，限制1万公里，超过部分按照36∶1兑换里程，每月里程兑换上限为信用卡额度的两倍；航班延误4小时赔付400元/次，全年不限次；300万元航空意外险。

2. 降额封卡原因

中国民生银行降额封卡的概率不高，但如果持卡人肆意消费有可能会被直接封卡。

3. 提额技巧

中国民生银行的提额幅度一般不大，也不会很介意多头授信和征信负债高，在使用现金分期的过程中也有机会提额。提额技巧主要有两个。

（1）坚持刷卡消费。

（2）自助提额。

4.2.10　中国光大银行信用卡

中国光大银行成立于1992年8月，是国内第一家国有控股并有国际金融组织参股的全国性股份制商业银行。目前，中国光大银行已在全国27个省、自治区、直辖市的60多个经济中心城市以及中国香港特别行政区拥有分支机构600多家。

中国光大银行信用卡中心创立于2003年7月，于2003年年底正式成立，直属于中国光大银行总行，是在国有控股、国际金融组织参股全国性股份制商业银行的框架内，服务于广大消费者的信用卡中心。中国光大银行信用卡可分为公务、商旅类信用卡，运动类信用卡，慈善类信用卡，汽车、加油类信用卡，购物消费类信用卡，其他特色信用卡以及标准信用卡。

中国光大银行信用卡中心共发行了大约 60 个卡种，覆盖面广，该有的都有，但是不具特色；信用卡活动也很多，但是不成体系。

中国光大银行信用卡容易下卡，年费为 1188 元，次年可免；新卡首提额度通常在半年后，但也有不提额的可能性；免息期 50 天，每个月有 3 天宽限期，在第三天的晚上 24:00 之前还款实时到账即可。

在宽限期后如果没有及时还款，不会马上上征信，只需在下一个账单日的前一天晚上 24:00 前还清欠款或完成最低还款即可，但是会产生违约金和利息；临时额度可以使用，先提临时额度，还可以提固定额度，但是如果先提固定额度，就不会有临时额度了。

中国光大银行会经常打电话推销，比如分期、纪念金币等；风控不算严格，正常使用不会出现降额的情况，万一遭遇降额，客服会推荐你分期还款。中国光大银行也是一家不介意申请人持卡多的商业银行；主要走平民路线，生日月消费可享 3 倍积分，不太注重高端卡的运维与发展。

1. 值得申请的卡

（1）**阳光白金卡**。3 万元起步，年费 1188 元，新客户首次交易后送 688 元年费抵扣券，次年 20 万积分兑换年费；每年 3 点积分机场、高铁贵宾服务权益；每年 6 次免费道路救援，全年无休；每年 3 次免费预约一周内知名医院专家号；每年享免费租车 1 天；贵宾候机（车）由每年 3 点卡增加至每年 5 点卡，新增每年 2 次机场接送机权益，每年 3 次航空延误险；所有可计积分消费享双倍积分，生日月消费享 3 倍积分。

（2）**福白金卡**。3 万元起步，年费 1188 元，新客户首次交易后送 688 元年费抵扣券，次年 20 万积分兑换年费；每年 6 次免费道路救援，全年无休；专家预约挂号服务每年 3 次；全程陪同就医服务每年 3 次；每年 5 点积分机场、高铁贵宾服务权益；所有可计积分消费享双倍积分，生日月消费享 3 倍积分；京东商城刷卡消费满 100 减 30。

（3）**刘国梁联名白金卡**。3 万元起步，年费 1188 元，新客户首次交易后送 688 元年费抵扣券，次年 20 万积分兑换年费；每年 3 点积分机场、高铁贵宾服务权益；每年 6 次免费道路救援，全年无休；所有可计积分消费享双倍积分以及生日月消费享 3 倍积分；每年享受免费租车 1 天。

2. 降额封卡原因

中国光大银行降额封卡的原因主要有以下3个。

（1）代还养卡。

（2）大额消费。

（3）快进快出。

3. 提额技巧

中国光大信用卡的额度不太好提，而且即使提额了，幅度也不大（一般为15%或30%）。通常每隔半年提一次。常见的提额方式有以下几个。

（1）**自助提额**。即向客服申请提额。

（2）**分期提额**。即银行客服致电邀请你分期××万元，然后给你提一点额度。

（3）**邀请升白**。当客服邀请用卡良好的客户升级白金，一般额度都会有较大幅度的提升。

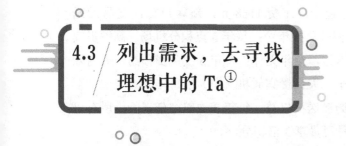

4.3 列出需求，去寻找理想中的 Ta[①]

我国信用卡行业的发展已有30余年，发行数量大，卡种丰富，几乎各个领域都有相应的信用卡。

要想在如此多的信用卡中选择适合自己的信用卡需要一定技巧，因为第一张信用卡对持卡者的影响比较大，所以信用卡用户（特别是新手）一定要学习信用卡相关知识。下面就为大家介绍合理选择信用卡的相关技巧。

---

① 这里指某一种令你满意的信用卡。

4.3.1 有原则地选，才能选到合适的

选择信用卡需要有一定原则，即申请人申请信用卡的目的。一般主动去向银行申请信用卡的人，或是接受银行邀约主动开通信用卡的人对信用卡多少会有一些目的性的需求。

用户一旦开通信用卡后，即使不使用信用卡消费也会产生年费，如果不常使用或关注信用卡费用信息，很容易让自己的个人征信报告中出现不良信用记录。因此，对信用卡没什么需求的人完全没必要开通信用卡。

在申请信用卡之前，首先要知道自己的目的是什么，简单一点说就是自己对信用卡的需求是什么，希望信用卡可以为自己带来什么。通常人们申请信用卡的目的不外乎以下 3 种。

1. 资金周转

利用信用卡可以透支消费的特点来周转资金是大多数人申请信用卡的重要目的。一般年轻人申请信用卡以此为目的的居多，因为多数年轻人刚进入社会参加工作，个人资金往往比较紧张，但消费欲望又十分强烈，所以经常需要用到信用卡来周转生活资金。

这类年轻人对信用卡的额度需求不是很高，只要能支持日常生活消费即可，通常都是申请普卡或金卡这两类比较大众化的信用卡。但是这类年轻群体的消费欲望强烈，会频繁使用信用卡，而且很多年轻人是第一次申请信用卡，银行为了吸引和培养忠实客户，通常会很快审批通过年轻用户的信用卡申请，并且一些银行为了吸引年轻用户，还会推出许多优惠活动。

除了年轻群体外，还有一些人需要用到信用卡来周转资金，比如做生意的个体户和金融投资者。做生意的信用卡用户需要利用信用卡来周转资金，以维持自己的商业资金链，而金融投资者因为将大部分财产投入金融市场，一旦投资市场出现某些变动，就需要利用信用卡来应急。

这些人需求的额度比较高，单张普卡或金卡的额度通常无法满足他们的需求，这类人需要白金卡或钻石卡，但因为白金卡或钻石卡的审批比较严格，没有一定资产的经商者或投资者是很难申请到的，所以他们通常都持有多张金卡或普卡。

2. 消费方便

很多人是冲着消费方便这一点申请信用卡的,毕竟在手机支付普及之前,信用卡使用起来还是比现金要方便的。现在手机支付虽然已经普及,但信用卡发展的时间毕竟要长一些,在某些消费场景下,信用卡消费还是很有竞争力的。

通常涉及信用卡的消费场景有以下几种。

(1) **商旅出行**。随着商业的全球化,现在的商业行为早已不局限于某一地区或某一区域,人们经常要进行跨省市甚至跨国家的商业行为,因此商业出差成了职场人士的一项普遍需求,能为商务出差提供便利消费的信用卡深受欢迎。

人们在出差时通常会有两种普遍需求,一是交通,二是住宿,因此航空信用卡和酒店联名信用卡较容易得到有出差需求的用户青睐。

除了登机服务外,一些航空信用卡还会提供飞机延误险和航空意外险等贴心的特色服务,目前乘坐飞机是商务精英们出差的首选,航空信用卡能很好地满足他们的需求。

在住宿方面,也有很多酒店联名信用卡可供选择,图4-5所示为广东发展银行与著名连锁酒店品牌7天连锁联名推出的信用卡,持有该卡的用户可以享受到预订住店等多方面的优惠服务。

图4-5　酒店联名信用卡

随着交通的发展,旅游成为人们日益普遍的消费需求,能为旅行提供消费便利的信用卡正好能满足旅行爱好者的消费需求。在旅游出行时选择一张合适的信用卡,不仅能为用户带来不一样的体验,还能切实为用户提供优惠服务。

尤其是在每年的旅游旺季,不少银行会与第三方平台合作,推出一些境内外旅游优惠活动，旅游达人们的联名旅游信用卡能够为持卡人带来较大的优惠。

（2）信用取现。各大银行明令禁止信用卡用户套现行为，有的银行发现用户有疑似套现行为，会立即对其信用卡进行封卡处理。非法套现行为是不被允许的，但合法取现还是被允许的。

一些人出于各种原因，经常需要使用信用卡取现，因此他们需要取现手续费低、取现额度高的信用卡，图4-6所示的交通银行Y-POWER信用卡，就是非常适合有取现需求用户的信用卡。

图4-6　交通银行Y-POWER信用卡

持有该卡的用户可以在全国进行信用卡取现，无论是同行还是跨行，无论是同城还是异地，都能够以5元一笔的低手续费取现，并且取现额度高达信用卡额度的100%。

（3）网上购物。在年轻群体中，网购是一种普遍的消费需求，银行与网购电商平台联名推出的网购联名信用卡正好能满足他们的网购需求。

图4-7所示为广东发展银行和淘宝网联名推出的网购信用卡，持卡人不仅能够通过信用卡消费获取积分，还可以通过支付宝消费来获得积分，如图4-8所示。

图4-7　广东发展银行和淘宝网联名信用卡

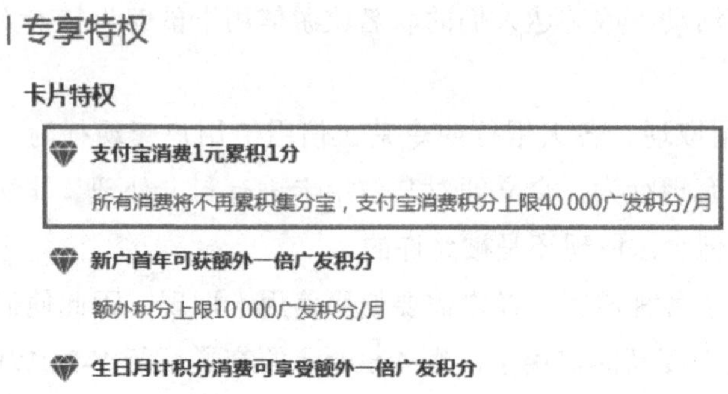

|专享特权

卡片特权

◆ 支付宝消费1元累积1分
　　所有消费将不再累积集分宝,支付宝消费积分上限40 000广发积分/月

◆ 新户首年可获额外一倍广发积分
　　额外积分上限10 000广发积分/月

◆ 生日月计积分消费可享受额外一倍广发积分

图4-8　广东发展银行和淘宝网联名信用卡享支付宝积分特权

大多数银行都推出过网购信用卡。网购达人在选择网购信用卡时,首先需要注意3个方面,一是网购商品是否可获得高倍的积分;二是信用卡消费是否可以免除年费;三是网购优惠活动多否。

淘宝的联名卡并不是只让用户享受淘宝购物带来的实惠。但凡联名卡,用户除了享受联名方的权益之外,还可以享受银行的基本权益。

不同的银行推出的网购信用卡其功能和用途也是有区别的,购物爱好者要根据其功能的不同,选择适合自己的信用卡。

(4)境外旅游。每到假期或旅游旺季,国内旅游景点往往是人山人海,游玩体验十分不好,而随着交通的发展和生活水平的普遍提高,越来越多的人选择境外旅游。

境外旅游中,消费购物肯定是必不可少的,这时支付就成了一个很大的不便之处,因为人民币不像美元那样可以作为货币兑换的尺度全球通行,现金购物时人们往往还要去银行将人民币兑换为当地货币。

虽然近年来随着我国经济实力不断增长,国际地位不断提升,越来越多的国家和地区开始认可并接受人民币直接支付,但因为游客对当地的货币汇率和政策不了解,消费支付过程中也很容易出现这样那样的问题。

目前国内的手机支付十分普遍,连路边小摊都可以使用手机付钱,但国外很多地方手机支付刚起步,普及程度很低;而国外信用卡使用普及率较高,所以有境外旅游需求的消费者还是申请一张国际旅游信用卡更为方便。图4-9所示为招商银行全币种白金卡,这张信用卡就十分适合有境外旅游需求的人申请。

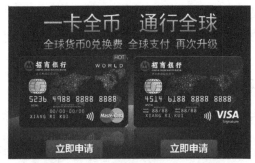

图 4-9 招商银行全币种白金卡

该信用卡具有多项实用特权，持有该卡，不仅可以在全球范围内享受 0 外汇兑换手续费优惠，还能够以外币消费、人民币入账、人民币还款，并且这张信用卡还是无条件免年费的。

3. 享受优惠

上述类别的信用卡申请者，分别是以信用卡透支功能和附带的增值服务作为目的申请办卡的，还有一类申请者，则是以信用卡的刷卡折扣和优惠活动为目的申办信用卡的，在信用卡圈子内，卡友们称其为"薅羊毛"。以享受信用卡优惠为目标的信用卡申请者，最适合申请以下两种信用卡。

（1）联名信用卡。想要用信用卡"薅羊毛"的信用卡申请者，最大的需求就是其消费频次最高的消费项目的刷卡折扣。银行与各大消费场所联名推出的联名信用卡就十分适合这类人，他们可以根据自身需求较高的消费项目，去选择申办合适的联名信用卡。

图 4-10 所示为华润万家商城与交通银行联合推出的联名信用卡，该信用卡具有丰厚的积分优惠，被广大卡友称为"积分神器"，对于有频繁商场消费需求的人来说，是一张十分值得申办的信用卡。

图 4-10 交通银行与华润万家商城联名信用卡

除了上面常见的百货联名卡，航空联名卡和旅游联名卡也是比较热门的。这些信用卡都是由银行和社会机构联合发行，常使用两方服务的人群能够获得较多的优惠。

图4-11是对3种常见联名信用卡的说明。

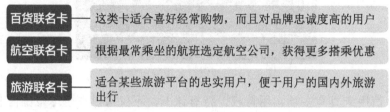

图4-11　3种常见联名信用卡

（2）优惠活动。 各大银行为了增强自身在信用卡领域的竞争力，经常会举行一些办卡优惠活动来吸引新用户。

信用卡申请者可以经常关注自己周围哪些银行有办卡优惠活动，选择合适的银行合适的信用卡去申办。银行通过办卡优惠活动发行的信用卡多是普卡或金卡，都会有一定的免年费政策，所以即使是纯粹想要"薅羊毛"，日常生活中没有信用卡消费习惯的人，也可以通过该银行的优惠活动申请该活动推广的信用卡。

4.3.2　按难易程度选，才是明智之选

信用卡除了基本的透支消费功能外，通常还具有以下5种特色功能，如图4-12所示。

通过信用卡借款	提高额度之后，在紧急时刻向银行提出借款申请
购买物品用分期	通过分期付款的方式，来减轻每个月的资金负担
较长的免利息期	用信用卡来消费可以获得较长的免息期
银行的额外服务	银行会提供一些增值服务，比如免费保险或购物优惠
国外专享的服务	用户出国使用信用卡可以获得更好的出行体验和购物体验

图4-12　信用卡的5种特色功能

但就如信用卡有级别之分一样,信用卡附带的特色功能和权益也有等级之分,通常权益高端的信用卡会更难申请一些,比如机场贵宾室候机服务就只有白金卡级别以上的信用卡才会提供。而除了信用卡本身的级别,发卡银行也会影响信用卡申请的难易度。

经调查发现,对于普通大众而言,不同银行的信用卡申请起来难度是有差异的,由难到易的银行排名,如下所述。

(1) **华夏银行**。华夏银行与世界著名金融机构德意志银行有合作,其业务主要面向有高端金融服务需求的客户,发卡种类较少,多是一些高端信用卡,因此申请起来比较难。

(2) **中国农业银行**。中国农业银行主要客户群体为事业单位和政府机构,申请人是公务员的话,比较容易通过。

(3) **中国工商银行、中国建设银行、中国银行**。这3家银行对申请人资质审查比较严格,如果申请人在这3家银行中有2万～5万元的存款,或者名下有房产,那办卡申请就会比较容易通过。

(4) **交通银行**。申请难度相比四大国行要低一些,但因与中国香港三大发钞银行之一的汇丰银行有信用卡业务方面的合作,所以考核体系比较严格,用卡稍有不慎,就可能被停卡。

(5) **深发银行、浦发银行、平安银行、上海银行**。这4家银行是股份制商业银行,信用卡申请会比国有银行更容易。并且4家银行中的深发银行、浦发银行和上海银行又是从地方上发展起来的银行,为了吸引来自全国的用户,通过其网上信用卡申请通道申请信用卡,会更容易通过。

(6) **招商银行、兴业银行、中国民生银行、中信银行**。这4家银行都是老牌商业银行,用户信用管理体系制度完善,信用卡业务成熟,相对来说比较容易申请成功。并且这4家银行的主要信用卡目标客户都是年轻人,办卡优惠比较多,卡种也比较丰富。

(7) **广发银行**。广发银行自2006年成功完成改革重组以来,在信用卡方面增大发展力度,其在线上和线下都举行了很多优惠力度较大的信用卡推广活动,办卡门槛也不高。基本上只要申请人符合条件,没有不良信用记录,都会通过申请,很快批卡下卡。

信用卡申请人,特别是刚接触信用卡的新手,可以遵循"先易后难,由易到难"的规律,先申请比较容易审批下卡的信用卡,在第一张信用卡使用一段时间后，凭借良好的个人信用记录，再去申请审批条件比较严格的信用卡，往往更容易通过。

当然，信用卡申请的难易也只是相对的说法，只要申请人自身条件优秀，工作稳定，收入较高，个人信用良好，申请合适的信用卡也是十分容易的。

4.3.3 根据大方向选，就能选出好的

如果信用卡申请人没有具体的办卡目标，就可以根据自身的消费倾向进行选择，因为现在很多信用卡的功能和权益都不是针对某项具体消费或服务，而是针对某类消费人群设计的，所以根据一个大体的消费方向来选择信用卡也是可以的。

下面简单分析5种常见的消费群体类型，以及适合他们的主题信用卡。

1. 有车一族

随着社会经济的发展，越来越多人买了车，成为有车一族。买车可不是一次性消费，一般买车之后还需配套购买车险，平时用车也会产生加油、洗车等消费，更别说还要花钱养车了。

对于有车一族，申办一张汽车主题的车主卡是一个十分不错的选择，车主卡是银行为有车一族专门打造的信用卡，针对车辆加油、洗车等需求，推出了专享折扣或积分兑换等功能，有的车主卡甚至直接赠送车辆保险与人身保险，还提供免费道路救援等服务。比如平安银行的平安车主卡、中国工商银行的牡丹中油信用卡、中国建设银行的龙卡信用卡等都是不错的卡种。

2. 购物爱好者

如今人们的物质生活极大丰富，购物已经不再只是日常生活的必需行为，还成了一种时尚。现在人们不仅可以在线下的超市商场购物，还可以进行网购。银行针对人们的消费购物需求，特别打造了不少以购物为主题的信用卡。

该类信用卡主要有两种，一种是线下的百货商城联名卡，另一种是网络购物平台的联名卡。购物主题信用卡是根据持卡人、商家、银行达成的共识而推出的，会给热爱购物的消费者带来更多实惠。

3. 女性

女性具有较高的消费能力，诸如香奈儿、爱马仕等著名奢侈品牌的主要客户群体多是女性，而"双11"等电商购物节更是让人们看到了女性巨大的消费潜力。银行针对女性群体消费特点，打造了一些以女性为主题的信用卡。

各大银行在以女性为主题的信用卡设计方面下了很大功夫，女性信用卡不仅卡面靓丽、外观时尚，更重要的是在购物、美容、积分、保险等方面有诸多优惠，如图4-13所示。

图4-13 以女性为主题的信用卡

女性信用卡的代表产品有招商银行的Hello Kitty卡、中国建设银行的芭比美丽信用卡、中国银行的钛金女士专属卡等。面对琳琅满目的产品，很多女性达人似乎无从下手。因为包括关联产品在内，市面上的女性信用卡已经多达数十种。对女性用户而言，如何掌握理财与消费的窍门，在卡海中游刃有余，还需要下一点功夫，表4-1罗列了各大银行推出的以女性为主题的信用卡的特点，仅供参考。

表4-1 各大银行推出的以女性为主题的信用卡的特点

银 行	产 品	特 色	适合对象	备 注
中国工商银行	周大福牡丹信用卡	国内首款珠宝首饰类信用卡产品，享有多项珠宝饰品类优惠及特色服务	经常购买金饰珠宝的女性	限港、澳、台以外的中国地区周大福分店使用

续表

银 行	产品	特 色	适合对象	备 注
中国建设银行	芭比美丽信用卡	每周六持卡人时尚消费（百货、美容、餐饮、健身、电影院）可获得双倍积分，全额购买机票获赠高额航空意外险	追求精致生活与时尚品位的女性	在芭比上海旗舰店可免费成为芭比VIP会员
中国银行	钛金女士信用卡	国内首创钛金镜面卡，为女士提供多种尊荣礼遇，贴心的女性健康专属保险，时尚绚丽的女性卡友专享网站等	都市白领女性	涵盖全国（含港澳地区）的优惠商户网络
中国农业银行	金穗宝娜卡	在宝娜美容美体连锁机构各大分店、分校消费，享受相应折扣优惠，同时可享受中国农业银行现有优惠商户折扣	经常需要美容美体消费的女性	客户不定期获赠《美丽前线》时尚杂志及美容咨询类手册
广东发展银行	广发银行真情卡	国内首张女性专属信用卡，具有自选商户类型3倍积分计划，自选保险计划等功能服务，同时享有众多商户折扣优惠	相关时尚美容杂志、精品爱好者	可在线申请
招商银行	时尚女性系列	瑞丽联名信用卡、千色店联名信用卡、VOGUE钛金信用卡、ELLE联名信用卡、VSAMSN信用卡5款	追求时尚生活的女性	可在线申请
中国光大银行	阳光伊人钛金国际信用卡	国内第一张时尚信用卡，持卡人可享受75折订阅《时尚COSMO》《时尚先生》等杂志，在专属商户需持卡消费，不出国门也有特别折扣	常需要国际品牌最新时尚资讯的女性	生日当月持卡及本人身份证可在特定商户享受免费写真一套
深圳发展银行	深发展靓丽卡	持深发展靓丽卡在美容、美发、SPA、保健类商户刷卡消费可享3倍积分	喜欢积分的女性	

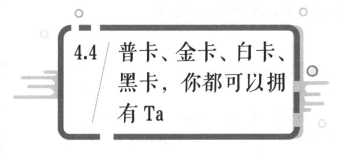

4.4 普卡、金卡、白卡、黑卡，你都可以拥有 Ta

对信用卡最普遍也是最基础的划分，就是通过级别来划分了，按级别信用卡大致可分为以下 5 类，分别是普卡、金卡、白金卡、钻石卡和黑卡。

4.4.1 普卡，额度在 3000 元到 12000 元之间

普卡是级别最低、发行最广的信用卡，授信额度通常在 3000～12000 元之间，大多数刚进入社会参加工作的年轻人申请的第一张信用卡就是普卡。同时普卡也是发行量最大、种类最多的信用卡，甚至曾出现过初始授信额度为 10 元的信用卡，如中国工商银行的猪卡。

普卡与其他信用卡相比，具有如图 4-14 所示的几个特点。

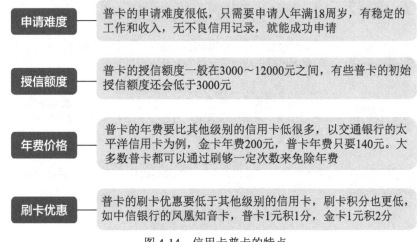

图 4-14　信用卡普卡的特点

4.4.2 金卡，8000元到10万元额度自由使用

金卡的级别虽然比普卡高一点，但也属于比较大众化的一类信用卡。金卡的审批较普卡严格，授信额度也较高。

图4-15所示为招商银行的双币信用卡，这是一张标准的信用卡金卡，卡面呈金色，该卡的优惠、积分等都要高于同类的普卡，并且具有3种全国通用的增值服务特权。

图4-15 招商银行的双币信用卡

信用卡金卡具有如图4-16所示的一些特点。

申请难度：金卡的申请审查严格了一些，除了需要满足普卡的申请条件外，申请人还需要填写详细的个人信息

授信额度：金卡的授信额度一般在8000~10万元之间，一些符合条件的普卡也能主动申请升级为金卡

年费价格：金卡的年费价格稍高，一般都在200元以上。大多数金卡有刷卡免除年费的优惠政策，有的金卡还有开卡首年免年费的优惠

刷卡优惠：金卡的刷卡优惠和刷卡积分收益要比普卡好一点，并且一般都会有一些增值服务

图4-16 信用卡金卡的特点

4.4.3 白金卡，畅享 10 万元到 100 万元的额度

白金卡属于高端信用卡，卡面多为银白色，上有英文字母"P"或英文单词"Platinum"，如图 4-17 所示。

图 4-17　信用卡白金卡

白金卡申请审核比较严格，用户群体通常是职场精英。正常的白金信用卡授信额度都在 5 万元以上，但随着银行间的用户争夺日趋激烈，从 2013 年开始，一些银行发行了授信额度为 2 万～3 万元的白金卡，我们称之为"小白金"或"伪白金"。这类白金卡有免年费措施，申请难度也降低了，性价比高，曾经风行一时。但目前各银行在信用卡方面的竞争没有以前激烈，小白金卡的各种特色权益也在不断缩水。

图 4-18 所示为曾经风行一时的中信银行 i 白金信用卡，如今其特色权益就有大幅的缩水，开卡赠送的机场休息室特权现已基本没有，原来附赠的 1500 万元航空意外险也降至 500 万元，机场延误险需要满足一定刷卡条件才可使用。

图 4-18　中信银行 i 白金信用卡

信用卡白金卡，具有如图 4-19 所示的一些特点。

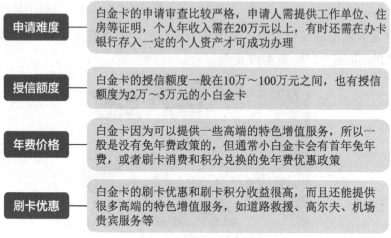

图 4-19　信用卡白金卡的特点

4.4.4　钻石卡，10 万元到 100 万元至尊大咖

钻石卡是比白金卡还要高一个档次的信用卡，申请难度更大，主要使用人群大多是社会成功人士。钻石卡的卡面多为黑色，上有英文单词"Diamond"，如图 4-20 所示。

图 4-20　信用卡钻石卡

信用卡钻石卡具有如图 4-21 所示的一些特点。

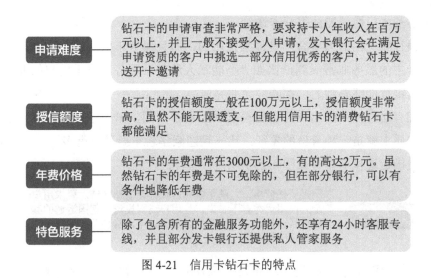

图 4-21　信用卡钻石卡的特点

4.4.5　黑卡（无限卡），百万额度轻松掌控

无限卡是最高等级的信用卡，因为卡面颜色通常为黑色，所以通常被称为黑卡。持有这种信用卡的人很少，目前我国拥有发行运通黑卡资格的银行只有中国工商银行、招商银行和中国民生银行。

图 4-22 所示为一种我国发行的标准的美国运通黑卡。

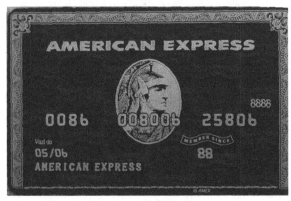

图 4-22　美国运通黑卡

美国运通黑卡属于黑卡中的佼佼者。获得这种信用卡的门槛非常高，申请者需每年在国内消费 200 万元，或者在国外消费 100 万元，但并不意味着

满足了基本门槛就能获得开卡邀约。

银行甄选出的黑卡客户是最为优质的,而且黑卡年费高昂,所以银行对黑卡卡主的服务非常周到,比如"全能私人助理"服务,对于用户的要求,只要是银行能够办到的,都能应允并完成。

拥有这种黑卡的用户可以轻松进入上层社交圈,出入各种高档俱乐部。黑卡本质上就是一种身份的象征,比一辆超豪华轿车要显赫得多。

美国运通黑卡具有如图4-23所示的一些特点。

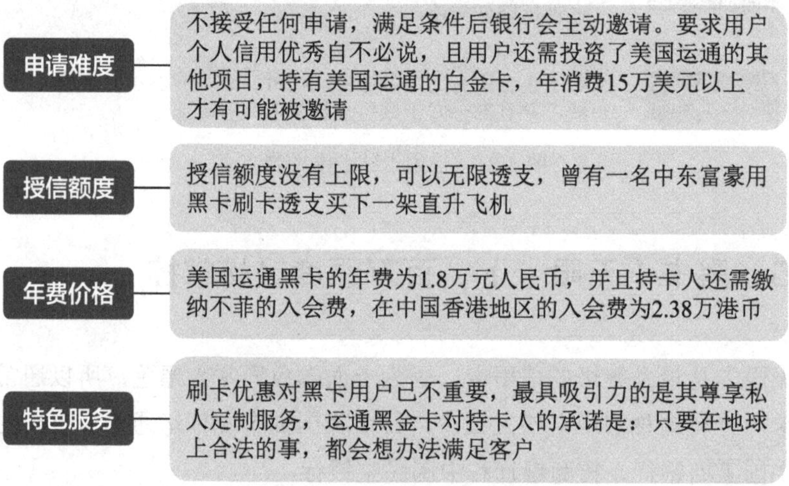

申请难度	不接受任何申请,满足条件后银行会主动邀请。要求用户个人信用优秀自不必说,且用户还需投资了美国运通的其他项目,持有美国运通的白金卡,年消费15万美元以上才有可能被邀请
授信额度	授信额度没有上限,可以无限透支,曾有一名中东富豪用黑卡刷卡透支买下一架直升飞机
年费价格	美国运通黑卡的年费为1.8万元人民币,并且持卡人还需缴纳不菲的入会费,在中国香港地区的入会费为2.38万港币
特色服务	刷卡优惠对黑卡用户已不重要,最具吸引力的是其尊享私人定制服务,运通黑金卡对持卡人的承诺是:只要在地球上合法的事,都会想办法满足客户

图4-23 美国运通黑卡的特点

第5章
如何提额？我的单张额度最高是500万元

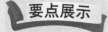

关于信用卡提额，很多人认为很困难，其实不然，只要掌握相应的技巧，信用卡提额会变得很简单。本章将为大家详细介绍关于信用卡提额的各种方法和技巧。

要点展示

- 从单卡额度1000元，我是如何做到额度500万元的？
- 天天刷卡，你刷的不是金额，而是信用的累积
- 善于借力积累信用，获得人品信用价值
- 百万额度，只要你做好了这8点，便能得偿所愿
- 临时额度，需要用钱的一条超车弯道，快狠准

5.1 从单卡额度 1000 元,我是如何做到额度 500 万元的?

我人生的首张信用卡是中国银行核发的长城人民币信用卡,当初额度仅为 1000 元,后来通过不断使用,这张卡的授信额度在两年时间实现五连跳,直至"毕业"(银行根据不同的卡片等级,会设定相应的额度上限)。

在当时,我个人的起点便从千元额度的小客户,摇身变为银行眼里具有一定资质与底蕴的优质客户。根据"螃蟹洞原理"[①],这时我到其他银行再次申请信用卡时,发卡行在索要诸如房产、车产等财力证明资料的同时,也会重点参照"你已持有哪家银行的信用卡,现有卡片授信额度多少"(早期的信用卡批核规则)等条件。

由此,我们就能反推并理解,新的发卡银行在批核卡片时,它也会看看我们的"洞口"有多大,以此来判断我们是"大螃蟹"还是"小螃蟹",这个原理,发卡银行从十几年前一直沿用至今,从未改变。这样说相信大家就能理解了吧。后来"卡王"再申请信用卡时,额度绝对没有低于 5 万元的,10 万元、20 万元的下卡额度比比皆是,这是"卡王"要表达的第一个观点,且这个观点也是贯穿本书始末的。

第二点,"卡王"要表述的是"信用"。"信用"这个东西虽然不是固态的,甚至还看不见、摸不着,但它却又像空气一样,无处不在,始终形影不离地伴随着我们。"勿以善小而不为",这里面的"善"也可以换成"信",因为我们有心或是无心浇灌的信用之花,总有一天也会结出果来,可能是甜果,

---

① 螃蟹洞原理。在农村,有些专业捕鱼摸虾的人,他们在捕蟹的时候,根据水渠边螃蟹洞的大小就能大概推断出这个洞里螃蟹的大小,而且通常都非常准确。其实,道理很简单,螃蟹的壳是坚硬的,能容纳它且能让它自如进出的洞,一定不会小于它的体积。这个道理也说明,你是什么样的人,在什么样的层级,其实是有迹可循的。

也可能是苦果。

不同的银行,授予信用卡的额度不同,大多数银行都是通过用户的用卡情况来决定信用卡额度的。那么,想快速提高信用卡的额度,还可以怎么做?这就是我要讲的第三点"方法与技巧",后面将为大家一一揭晓。

5.1.1 提升额度,用卡好处多多

信用卡消费成为越来越大众化的消费方式,信用卡额度低成为不少刷卡族心中的痛。那么,提升信用卡额度对持卡人来说,究竟有哪些好处呢?

1. 卡上的钱变多

出门旅行、买车、买房……这些花费都可能突破你平日的消费水平,也可能超出你信用卡的固定额度。因此,很多持卡人努力提升自己的信用卡额度,以满足各种消费需求。

2019年年初,在保险公司工作的曾小姐碍于朋友情面,办了一张某银行的信用卡,等待了15个工作日后,信用卡准时发放,信用额度3000元。曾小姐没多想,便把卡片塞在了钱包夹层里。

偶尔地,曾小姐会在整理钱包的时候看到这张信用卡,然后拿出来刷一刷,享受一下不用现金的快乐,但她还是习惯用现金。所以银行每月准时寄来的对账单,很多时候还款金额也就几百元,有时甚至为零。

就这样过去了一年半,曾小姐想着要送份大礼给过六十大寿的父亲,无奈手头拮据,信用卡额度又不够,她颇感苦恼。曾小姐问了问身边的同事,发现不少人信用卡额度上万,她有点奇怪,为什么收入差别不大的两个人,信用额度相差这么大呢?

与曾小姐相比,她的朋友杨小姐可谓信用卡使用高手了。两年前杨小姐取得信用卡时,信用额度也只有3000元,但无论是购买家电请客吃饭,还是逛超市买些小物件,杨小姐都不会放过刷卡的机会,这样一来,带给杨小姐的回报除了每月不断上涨的积分,还有被调高的信用额度。一年前,因为信用良好,发卡行主动给杨小姐打来电话帮助她把信用额度从3000元升至5000元,而今年春节,杨小姐因为购置大家电,又通过银行客服将5000元

的信用额度调高至1万元。

2. 提升信用价值

对于信用卡持卡人来说，信用额度是他们最看重的。较高的信用额度一方面方便日常大额消费使用，另一方面也被很多持卡人当作拥有良好信用记录的奖赏。

信用额度取决于个人在申请办卡时提供的有效收入和资产担保价值，收入和担保资产越多，获得的额度越高。反之，信用卡的信用额度越高，就越能体现持卡人的收入和担保资产价值。其中，资产担保通常包括房产、汽车等固定资产，也包括储蓄、债券等流动资产。

5.1.2 申请提额，7大重要条件

首次申请信用卡时获得的信用额度主要依据用户申请信用卡时填写的个人资料和提供的相关证明文件综合评分。因此，信用额度的审核存在一定的标准。

"卡王"有两位年轻的同事黄科和李翔，他们平时关系不错，工作生活上也互相帮助鼓励，最近又申请了同一家银行的信用卡，不久两人相继收到卡片，比较了一下，李翔发现自己的信用额度只有8000元，而黄科却有1万元，相差虽然不大，但李翔心里有点不平衡，不明白他俩收入比较接近，为何银行会区别对待。

"卡王"告诉他，信用额度指发卡行根据持卡人的资信，在指定期限内给予持卡人最高可使用的金额，虽然申请人资料可能类似，但仍会因年龄、学历、消费潜力、经济状况、申请卡种、信用记录等方面的差异，得出不同的评分，信用额度也会有所差别，但这并不一定说明持卡人资质有高低。

另外，李翔现在所获得的仅是初始额度，如果觉得卡片额度不够用，一般可在卡片启用6个月后，拨打银行的客服热线，申请调高额度，信用卡中心会根据持卡人的消费和还款情况作适当调整。

李翔需要认识到的是，资信状况可点滴积累，只要自己正确用卡，按时还款，重视自己的信用记录，信用额度完全可以很好地为自己服务。

以下是和信用卡提额密切相关的 7 个重要条件。

1. 婚姻状况

通常情况下，已婚且夫妻关系好的客户，会比单身者更具稳定性，申请提升额度时更能得到银行的青睐。

部分银行的模拟评审系统中，在其他条件不变的情况下，已婚人士可以获得比未婚人士高一个级别的信用提升，原因就是银行认为有家庭的人更加稳定。

2. 技术职称

技术职称是指根据评审条件应达到水平的要求，通过笔试答辩等形式对专业技术人员测试情况进行检验，考试成绩是衡量专业技术人员水平的组成部分。

对银行来说，技术职称是客户工作能力的见证。相对来说，各个等级的工程师、经济师、会计师、优秀教师、律师作为借款人，更能受到银行的垂青，往往信用卡额度提升会更快。

3. 工作状况

好的工作状态能帮助你保持一个好的心理状态，从而维持生理与心理健康以及工作能力稳定等。稳定性较高的工作也可以为信用卡额度加分。比如，公务员、医生、电力系统等行业从业者，具有较强的消费能力，更受银行的喜爱，银行会根据其工作级别和年限提高信用等级。

4. 信用记录

现在各行的信用记录都有联网，如果信用卡使用者之前在银行开有账户，且经常有资金进出，其存折上就会反映出过去存款的累积数。当客户出现不良信用记录时，银行通常会酌情考虑信用卡提额问题；相反，如果持卡人一直信用记录良好，银行也会酌情考虑给予加分提额。

近日，"卡王"好友张先生碰到一件烦心事，他被告知刚刚申请的信用卡提额被拒，原因是他在银行系统上有一笔不良信用记录。

经仔细回忆，他突然记起来两年前曾经把一张信用卡借给朋友用，那里面并没有钱，但是有 1 万元的透支额度。经查，正是这张卡出现了不良信用记录，他的那个朋友从卡里透支了 5000 元钱，而且逾期未还，银行核对后又发现，这已经是该卡第二次出现未能及时还款的情况，一次超期两天，一次超期 6 天。由此导致张先生背上了不良信用记录。

"卡王"特地咨询了在银行工作的朋友，了解到目前所有银行的信用记录信息都会汇总到中国人民银行，因此持卡人在任何一家银行留下的不良信用记录都会被其他银行查询到，进而影响他在其他银行信用卡的申领或额度提升。

不良信用记录是不会消除的，只能建议张先生今后务必保证手头的信用卡以及房贷都能正常还款，同时尽快还清朋友手中那张造成不良信用的卡的欠款，用按时还款的良好信用来覆盖已经出现的不良信用。如果信誉情况良好的话，虽然该记录仍存在，但是最快在半年之后张先生在银行系统内的不良信用记录就会从"关注"变成"正常"。

5. 经济能力

单位的个人收入证明是一个有力的证据，能表明持卡人的收入预期和收入是否稳定等情况。如果你可以提供证明自己收入稳定、收入增长有长远性展望的个人收入，则肯定能得到银行比较高的评级，对提额自然有利。

以下 3 个方面可以体现出持卡人的经济能力。

（1）拥有自己的固定资产。如果你的名下有房产或者车产，可以携带房产证、行驶证复印件及个人身份证前往银行办理申请手续，这种情况申请提升信用卡额度非常简单，通过率也很高。因为每个银行都可以通过个人信用数据库查询到你名下的固定资产。但需要注意的是，房产、车产必须在你本人名下，在父母或者配偶名下都无助于申请信用卡或提升额度。

（2）有稳定的收入来源。如果你既没有固定资产，也没有大额储蓄，但是有稳定的收入来源，也可以到和你发生交易的银行调取银行流水证明，以此向银行提出申请。如果你的收入来源比较稳定，申请提升信用卡额度的成功率还是很高的。

（3）在银行有大额储蓄。如果你没有固定资产，但有大额储蓄，则可以携带存折和个人身份证到银行网点和大堂经理沟通。一般情况下，只要你有银行大额储蓄，申请提升本行的信用卡额度是可以获得通过的。

6. 学历高低

在银行的信用卡提额规定中，高中文化程度和大学本科文化程度两者的信用评级没有区别。但是，学历会影响你的评分，虽然差别并不会太大。例如，研究生以上学历的评级会比大学本科学历高一点，获得的信用额度自然也要高一些。

7. 拥有他行信用卡

通常情况下，对于拥有其他银行信用卡的客户也是受申卡银行欢迎的。因为如果你已有一张某银行的信用卡，那么至少可以表明你已经通过了这家银行的信用审核，再申领或者提额时其他银行会对你比较放心。

5.1.3 避免失信，牢记用卡细节

可以说，信用记录对提升额度起到了关键作用。出席在北京召开的"首届中国信用管理社团建设研讨会"的信用专家提醒人们："为了避免出现不良信用记录，每个人最好不要持有超过 2 张信用卡，否则很有可能被列入银行失信名单。"因此，除了持有较少的信用卡外，用户还需注意避免信用卡失信的细节。否则，不但提升信用额度遥遥无期，银行很可能会拒绝你的办卡、续卡等要求。

以下是信用卡使用中应注意的一些细节问题，持卡者必须小心对待。

1. 信用卡欠款零头数

对刚开始使用信用卡的消费者来说，很多人似乎对信用卡罚息没有深刻了解，但钟先生却深有体会。有一次在某家具城，钟先生刷信用卡买了一套皮质沙发。寄来的账单显示总额为 10011 元，钟先生还款时只还了 1 万元，心想剩下几块钱零头干脆跟下月的账单一起还算了。可是后来账单上出现的利息和滞纳金费用让钟先生摸不着头脑。致电银行客服后，他才知道原来不管是欠 1 万元，还是只欠剩余的 11 元，银行都是按账单总额来计算罚息和滞纳金的。

消费者在使用没有取消全额罚息制度的银行的信用卡时，千万不能忽视

未还余额,宁可多还也不要留有"未还清余款"。另外,不要超出额度消费,否则会被收取"超限费用"。

以下为部分罚息与全额罚息的区别:

部分罚息是指发卡机构只对当月未还款部分计收从银行记账日起至还款日止的透支利息。计算公式为:未还款额×日利息(0.05%/天)×记账日至还款日的天数。

全额罚息是指只要持卡人当月没有全额还款,银行将对全部透支款项从记账日起至还款日止收取每日利息,直到本息全部还清。计算公式为:消费总金额×日利息×记账日至首次还款日的天数+未还款额×日利息×首次还款日至二次还款日的天数。

例如,假设钟先生是在11月1日刷卡消费了10011元,当月无其他消费及应还款,11月30日还款日当天,钟先生只还了1万元,剩下的11元是在12月15日当天才还清。

按照部分计息方式,钟先生在11月15日时必须还利息:11元×0.05%/天×45天=0.2475元。

按照全额计息法,钟先生到期应还的利息为10000元×0.05%/天×29天+11元×0.05%/天×16天=145.088元。

同样是欠款11元,采用两种不同的计息方式,利息相差了140多元。

2. 牢记信用卡还款日

家住宝城的梁京自2019年申请了一张信用卡后,有3次未及时还款,前不久他计划购买住房时,去售楼部打听才得知,如果信用记录不好、以前有逾期还款记录,银行将不会给予其房贷利率的最大优惠。

想来想去,梁京只好销掉了这张信用卡,因为在他看来,这张卡不存在了,附着在这张卡上的记录也会一并销掉。

梁京的做法是错误的。某国有银行相关人士称,"在个人信用报告上,一般显示的是信用卡最近24个月的还款记录。梁先生即使销了卡,逾期还款记录5年内也会一直保留在他的个人信用报告里。如果想要销掉信用卡相关的逾期记录,就要继续使用至少24个月,而且在此期间要做到消费后按期还款,这样才会在他的个人信用报告里给银行留下最近一段时期按期还款的良好印象。"

3. 信用卡年费别忘交

各家银行的信用卡年费标准有所不同，即便是同一信用卡中心发行的信用卡，年费标准也有差别，办卡时就应该先问清楚这个"潜在成本"有多高，尽量选择容易达到年费减免条件的信用卡。

银监会下发《关于进一步规范信用卡业务的通知》，明确规定：持卡人激活信用卡之前，银行不得扣收任何费用。此后，银行基本上遵守了这一规定，对未开卡的普通信用卡不再扣收年费。但持卡人千万要注意，银行只是对普通信用卡不激活就不收费，对于一些特殊的卡种（例如白金卡、汽车卡等），没有开卡照样产生年费，而且年费产生于信用卡寄达持卡人的第一个账单周期。

很多持卡人在年费上留下信用污点，原因是他们办有多张信用卡，开始还能关照到每张卡，一年都会刷上三五次，以免除年费。时间一长，逐渐对某一两张信用卡产生了偏好，经常固定使用这一两张卡，结果导致其他信用卡进入"睡眠"状态，没有刷足次数，欠下年费，而又没能及时缴费，便产生不良信用记录。

那么，拿到这些低额度的信用卡后，持卡人要如何避免因信用卡未缴纳年费而产生滞纳金？持卡人在办理信用卡前应先了解清楚卡片的额度是多少，属于何种币种，卡片运营商是哪家等信息。另外，持卡人应定时致电银行客服中心，了解自己的资产情况。

最后，对于长期不使用的信用卡要进行销户处理。

建议拥有多张信用卡的持卡人，用纸或电子文档记录每张信用卡的信息，包括信用卡还款日、年费周期、已刷卡次数、信用额度等。

低额度信用卡的持卡人，可以通过以下3种方式来提高透支额度。

（1）补充详细资料。 在拿到信用卡后，持卡人可主动向银行提供资产收入证明，证明材料越详细，获得银行审批的信用额度可能就越高。

（2）提高刷卡频率。 持卡人在日常消费中尽量多用信用卡支付，在连续消费几个月后，可主动向银行提出申请，银行会根据持卡人的消费记录，决定是否可以提高额度。

（3）按时全额还款。 应避免因还款不及时超出免息期而支付利息，这样不但不利于提升信用额度，还可能产生信用记录污点。

4. 保存刷卡消费记录

刷卡消费结账时，不要随意将信用卡交由他人，更不要让信用卡离开自己的视线，以避免信用卡信息泄露。信用卡背面的签名栏很重要，如果发现被人盗刷，可以据此提起诉讼，如果发现签名不符，消费者可以据此追偿损失。

5. 账户绑定把握时间

很多人为了防止忘记还款，会把储蓄卡与信用卡绑定自动关联还款。这里有个问题：关联交易最晚必须在最后还款日两天前完成，因为关联功能验证成功最长需要两天，这两天内是不能还款的，如果持卡人的最后还款日刚好在这两天以内，就会造成还款失败，哪怕储蓄卡里有足够余额。

还要注意重复还款的问题。有些人在设置了自动关联还款后还要手动还款，觉得这样是双保险，万一手动还款记错金额，还有自动还款补救。一般情况下，系统会在自动还款的前一天生成扣款文件，如果持卡人手动还款是在最后还款日，且在自动还款之前，那么仍会产生重复的自动还款，更重要的是，这样往往会产生溢缴款，而取回溢缴款是要收费的。

持卡人一定要牢记消费日、账单日和还款日这3个日期。消费日即持卡人刷卡的日子，账单日是银行每个月为客户结账的日子，上个账单日之后到这个账单日之前的所有消费都会记到本期账单上，而信用卡还款日是客户应该还钱的日子。不同银行的信用卡账单日不一样，免息期也不尽相同。有的银行免息期是25～56天，有的则是20～50天。要想获得最长的免息期，最好是在账单日之后第二天消费。

6. 熟悉不同还款方式

只要我们采用最低还款方式，就会以全额为基数开始循环计息，还款时间越晚，利息越高。第二个账单日后，开始计复利，第二次还款时间越晚，复利的计算时间也越长。也就是说——如果选择最低还款的方式，还款时间越晚，利息就越高。

一旦你选择最低还款方式，应该尽可能早一些还款，这样可以少付利息，最理想的是在账单日的次日还款（这样利息最少，且不计复利）。

到期还款日还款，是全额还款者才可以享受的待遇。对于最低还款者或部分还款者而言，不但不能得到免息产生的利益，反而会损失更多的利息。

选择最低还款方式，除了不用支付1%～3%的手续费外，在利息方面与预借现金没有本质区别，可以把最低还款方式的消费看作预借现金以后消费（只是免了预借现金的手续费）。

7. 临时提额后的注意事项

当前各大超市卖场均在想方设法吸引客户消费，银行也不甘落后。据悉，信用记录良好的客户只需要打一个电话，便可以提高其信用卡的国内临时信用额度，享受超前刷卡消费的乐趣。但你知道吗？提高信用卡额度是有讲究的，如果没有处理好，虽然临时有钱花了，但却会影响以后的信用记录。

若持卡人现有的信用额度不够，可事先向银行申请临时调高信用额度，银行将根据持卡人的信用状况和用卡情况做出调整。

如果通过中国建设银行的审核，提高额度的时间一般为30～90天不等。各银行信用卡临时额度有效期如下：中国建设银行最长90天；中国农业银行最长90天；中国工商银行一般60天；交通银行一般60天；中国银行一般60天；招商银行一般30天，最长60天；中国光大银行一般45天；中信银行一般30天；北京银行最长30天；兴业银行最长30天；上海银行一般30天。

各银行对信用卡临时额度有各种巧妙规定，如使用不当，持卡人就只能以损失资金来解决各种问题。

信用卡临时额度是有期限的，到期后将自动恢复为原来的额度。例如，中国建设银行信用卡和中国农业银行信用卡的临时额度最长使用期为90天；中国光大银行信用卡临时额度有效期一般为45天；招商银行和兴业银行信用卡临时额度使用期一般只有30天。到期后，持卡人的信用卡授信额度将自动恢复到原额度。持卡人在申请了信用卡临时额度之后一定要注意在有效期内还清欠款，否则部分银行会收取超限费，同时也会产生利息。

8. 小心出现高透支额

有了较高的信用额度并不意味着可以任意挥霍，尤其是对于还款能力有限但信用额度较高的工薪阶层而言，过高的透支额可能会影响到个人的生活品质，一旦不能及时还款，还要按照日利率0.05%计收利息，并按月计收复利。

李先生失业后无所事事,办理了很多银行的信用卡,刷卡消费。不到1年,他已欠下银行16万多元。银行的催收通知单像雪花一样飞来,催款电话也是一个接一个。银行方面表示,如果不立即还款就报警。李先生吓坏了,跑回家向母亲哭诉。母亲无奈之下只能将自己唯一的一套住房卖掉,帮他还清了欠款。

母亲做出这么大牺牲,却并没有让李先生有所警醒,他又开始新一轮的刷卡消费和套现。自己的信用额度用完不说,他还冒用母亲的名义申请了5张信用卡,欠款又达到10万元。

银行最终向警方报案,李先生随后被抓。法院审理后认为,李先生使用信用卡恶意透支,数额巨大,已构成信用卡诈骗罪,判处他有期徒刑6年,并处罚金6万元。

恶意透支信用卡是犯罪行为,不管罪犯如何逃避,最终都摆脱不了刑事处罚。同时警方提醒,恶意透支应当追究刑事责任,但在公安机关立案后人民法院判决宣告前已偿还全部透支款息的,可以从轻处罚,情节轻微的可以免除处罚,情节特别轻微的,不追究刑事责任。

9. 勿信大额"馅饼"

陈先生急需用钱,本想找"关系人"提高信用卡透支额度,没想到却被"关系人"骗了。

陈先生在网上认识了一个叫王强的人,王强自称有朋友在银行部门工作,可以帮人办理信用卡并提高信用额度,并且只办大额信用卡。陈先生当即表示想申办一张透支额度为5万~8万元的大额信用卡。陈先生与王强见面后,王强给了陈先生一张银行优质客户信用卡申请表让他填写。填好后,王强便拨打银行客服电话,当需要输入密码时,他把电话递给了陈先生,陈先生输入了银行卡密码。此时,王强也悄悄记下了陈先生的银行卡密码。

第二天,在王强的带领下,李某以银行职员身份与陈先生见面。李某说:"办这种事在单位不方便,咱们到网吧修改网上信息吧。"在网吧里,李某让陈先生登录银行系统填写个人信息。随后,李某以复印其银行卡为由,让王强把银行卡拿走。卡上的信息全部被复制到他们事先准备好的空银行卡上。"你找人先借8万元,在卡上只要存1个小时,我就可以给你办理透支额度为8万元的信用卡。"李某对陈先生说。

陈先生借不到钱，就打电话告诉王强。王强建议："你先存几千元，然后再取出来。反复几次，就有银行存款流水记录了，有利于信用额度的申请。"陈先生觉得这个方法不错，便往卡内存入了 8000 元，随即取出 3000 元。当他再支取剩余的 5000 元时，发现钱已被取走。陈先生于是拨打王强的电话，提示音显示对方已关机。陈先生去银行调阅取款记录，发现有人在另外一个储蓄点上通过银行卡将钱取走。想起这两天的经历，陈先生发觉自己被骗了，赶紧报了警。王强被公安机关抓获归案后说："我手中的卡和他手中的卡一模一样，只要他卡上有钱，我就能取出来。"

犯罪嫌疑人王强、李某通过复制他人银行卡信息的方法伪造他人信用卡，其行为已构成伪造金融票证罪，两人被检察机关批准逮捕。

银行卡上的信息之所以会泄露，一方面是持卡人自己疏忽所致，另一方面是由于银行疏于管理。另外，有些不法分子利用在 ATM 机上安装的读卡器获取储户的银行卡信息，并依靠安装在数字键盘上方的针孔摄像头偷窥密码，然后复制假卡实现盗刷取现或刷卡消费。

10. 切勿贪图积分奖励

为了鼓励持卡人刷卡消费，银行会设置一定的积分奖励规则，持卡人可用积分兑换相应的礼品。有些持卡人为了兑换到自己喜欢的礼品，不惜花更多钱得到积分。

网上流传着这样一个故事：一位大富翁寿终正寝前把家人叫到床前，颤巍巍地从枕头下摸出一把车钥匙和一张金卡信用卡交给孙子："打你出生那天起，爷爷就想送你一辆车，今天，我终于完成了这个心愿，可以瞑目了。这张卡就不要剪了，我走时把它放在我身边。"

孙子望着车钥匙和那张磨损得连颜色都快辨认不出的信用卡，终于明白过来，泪如雨下："爷爷啊爷爷，我终于明白了，这 66.67 年来，你为什么每个月都坚持要刷满 5 万元的信用卡额度，为什么无论刮风下雨也要在最后还款日去还钱。5 万元 ×12 个月 ×66.67 年 = 4000 万元，4000 万元 ÷20 天 = 200 万积分，原来你是为了给我兑那辆车啊！"

其实，如果不受积分的影响，正常消费，不花不必要的钱，说不定早在很多年前这辆车的成本就已经省下来了。

11. 防止信用卡被盗刷

持卡人有了一定的信用额度之后，要学会好好保护和使用信用卡。银联宁波分公司工作人员说了这样一件事：一位金卡的持卡人，在使用卡片时没有注意好好保护，结果卡片被盗刷，造成了数万元的损失。所以，持卡人不妨根据自己的消费习惯，随时调整信用额度，平时只要能够保证基本消费就可以。

例如，张先生和朋友在某酒家就餐。一个多小时后埋单时，张先生发现钱包不翼而飞。几乎同时，张先生从手机短信上得知信用卡被盗刷。

自丢失信用卡当晚 20:53 分至次日 9:28，张先生先后 9 次拨打该银行客服电话。第一次电话中，客服人员没有立即办理挂失手续，也没有按照惯例转接到紧急挂失处，而是要求张先生另行拨打挂失电话。

第二次，张先生等待多时无人接听，此后的 6 次挂失电话也始终未能接通。直到第 9 次电话，才成功办理紧急挂失。尽管张先生得到了及时出警的民警及酒店工作人员的协助，但是狡猾的盗贼不但在 21 时 16 分 41 秒疯狂透支了信用卡，且在同伙的帮助下顺利从负一层地下停车场溜走。最终，张先生的信用卡总计被盗刷近 1 万元。

上述案例中，由于持卡人挂失不成功或挂失耗时过长导致了信用卡被盗刷。就此，"卡王"拨打了包括 5 大国有银行在内的 10 家商业银行的客服热线，从打通电话（包括等待时间）到人工服务挂失核对密码、身份证等步骤完成，整个过程普遍需耗时 4～6 分钟。

另外，还有一些国有银行的电话等待时间比较长，有的要等半分钟，甚至一直是忙音，有些银行会在等待时间播放银行业务广告。根据以往客户报失银行卡过程中遭盗刷案例看，若责任主要在银行，通常会由银行承担被盗刷金额的 50%～70% 作为赔偿。

持卡人一旦发现自己的银行卡遗失，可采用网上银行转移资金、手机银行挂失、智能终端机紧急挂失 3 种方式进行应急处理。

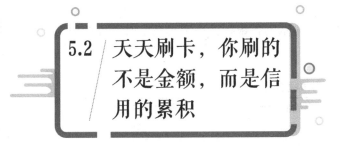

5.2 天天刷卡，你刷的不是金额，而是信用的累积

想要提升信用卡额度，持卡人首先要明白自己的可用额度有多少，是否能够满足日常消费需求。信用卡可用额度指所持信用卡尚未被使用的信用额度。计算方式如下：可用额度＝信用额度－未还清的已出账金额－已使用未入账的累积金额。

（1）**未还清的已出账金额**：是指已出账单，但尚未归还的刷卡交易金额。

（2）**已使用未入账的累积金额**：指已发生但尚未出账单的刷卡交易金额。

（3）**其他相关利息、费用**：指取现或分期付款等利息。

举例：你所持有的某张信用卡的信用额度为5万元，未还清的已出账金额1万元，已使用未入账的金额为2万元，则此时你的可用额度为2万元。

对于信用卡一族来说，不论是通过信用理财还是消费，或是周转资金，都希望自己的信用额度能够高一点，这样用起来就没有那么多的限制。不过银行在信用额度的审批方面是比较严格的，有些人用卡很久了额度还是没能提高多少，有些人则在较短时间里获得了较高的信用额度，这其中的诀窍就在于一些用卡的技巧和方法。持卡人在用卡过程中采取如下一些技巧，还是很容易提升信用额度的。

5.2.1 临时提高信用卡额度很简单

对于信用额度，各家银行均有自己的一套评分体系，办卡人在填写完信用卡申请表并提交一系列证件后，各银行会参照自己的标准来确定信用额度。某银行信用卡中心一个经理指出，申请信用卡时所提供的金融资产证明多，则信用额度会相应高一些,如表 5-1 所示为各银行信用卡提高临时额度的周期表。

表 5-1 各银行信用卡提高临时额度的周期表

银　　行	第一次提临时额度	再次提临时额度
中国银行	有还款记录即可	随时
中国工商银行	随时	1 个月后
中国建设银行	2 个月后	1 个月后
中国农业银行	随时	随时
招商银行	随时	随时
广发银行	6 个月后	6 个月后
浦发银行	4 个月后	1 个月后
中国光大银行	3 个月后	3 个月后
华夏银行	6 个月后	2 个月后
深圳发展银行	6 个月后	3 个月后
兴业银行	随时	随时
中国民生银行	6 个月后	只能银行邀请
交通银行	只能银行邀请	只能银行邀请
中信银行	只能银行邀请	只能银行邀请

小梅最近碰到一件烦心事,她的一张信用卡用了 3 年,却仍只是 6000 元的信用额度,她嫌换卡麻烦,就向银行申请提高额度,结果吃了个"闭门羹"。

其实,像小梅这样的烦恼大多数持卡人都会碰到。事实上,通常在用卡时间超过半年之后,持卡人便可向银行提出调高透支额度的申请。如果持卡人的刷卡频率较高,且平时的透支额较大,信用记录良好,银行就会酌情调高其信用卡的透支额度。信用额度调高后,使用一段时间,可再次向银行提出申请,逐步提高信用总额度。

另外,如果持卡人用卡记录良好,没有逾期或其他违规用卡情况,都是可以临时提高信用额度的。但需要注意的是,临时调额的还款时间与正常刷卡额度的还款期限不一样,持卡人要记得及时还款。

5.2.2 永久提高信用卡额度的捷径

如果信用卡持卡人想要申请提高永久额度,那么在消费过程中应该注意以下问题。

1. 各银行永久提额的周期

信用卡提额是很多持卡人关注的焦点问题，关于怎样用卡可以使手中的信用卡提额更顺利地得到审批，"卡王"详细咨询了各家银行，几乎所有银行客服的回答都是要根据用卡情况，系统综合分析判断来评定，银行方面给出的建议不外乎频繁使用，按时还款，无不良记录，消费类型多样化，少取现等。表 5-2 所示为各银行信用卡提高永久额度的周期表。

表 5-2 各银行信用卡提高永久额度的周期表

银　　行	第一次提永久额度	再次提永久额度
中国银行	6 个月后	3 个月后
中国工商银行	6 个月后	6 个月后
中国建设银行	6 个月后	6 个月后
中国农业银行	6 个月后	随时
招商银行	3 个月后	3 个月后
广发银行	6 个月后	6 个月后
浦发银行	6 个月后	6 个月后
中国光大银行	6 个月后	6 个月后
华夏银行	6 个月后	6 个月后
深圳发展银行	6 个月后 (卡原额度 > 5000) 或 8 个月后 (卡原额度 ≤ 5000)	6 个月后
兴业银行	随时	3 个月后
中国民生银行	只能银行邀请	只能银行邀请
交通银行	只能银行邀请	只能银行邀请
中信银行	只能银行邀请	只能银行邀请

2. 申请提高永久额度的重要条件

个人提高信用额度一般分临时性和永久性两种。前者，当持卡人因出国旅游、房屋装修、结婚、子女赴国外读书等原因，需要使用大额资金时，只需提前打电话申请，即可调高临时额度；后者申请时，额度控制相对较严格。信用卡授信额度不仅和银行卡种有关，还有很多重要的其他因素，例如刷卡还款记录、个人需求、持卡人工作单位、综合财力等。

持卡人要申请提高永久额度，必须具备以下条件。

（1）刷卡金额数目尽量大，半年内消费总金额至少在额度30%以上。

（2）消费次数尽量多，平均每月10笔以上，达到20笔以上更易提额。

（3）消费商户类型多，诸如商场、超市、加油站、餐馆、旅店、旅游、娱乐场所等。

（4）批发类和购房、购车等大宗消费越少，提额越容易。

（5）网上购物、支付宝交易及取现越少，提高额度申请越易获批。

（6）刷卡的商户类型不能总是与所在公司的经营范围性质类似。

持卡人需要注意的是，良好的刷卡还款记录是最基本前提，其他大多是"充分不必要条件"。

3. 不同银行的提额方式

不同银行的提额方式也有所差别。

（1）**中国建设银行**。持卡人如果想提升额度，可以根据自身需要以及目标额度，随时拨打客服热线进行申请。客服人员会先听取客户自身的目标额度，然后进行审核，根据客户日常用卡情况进行额度的最后核准。

（2）**交通银行**。交通银行信用卡中心会在每个账单日对持卡人进行自动测评，核定其日常消费情况及还款情况是否符合提升额度标准，如果符合会自动提升额度，不接受持卡人自动申请。

（3）**招商银行**。招商银行信用卡持卡人如果需要提升额度，可以致电客服热线自行申请，建议持卡人用卡3个月以上再根据用卡需求和还款情况进行提升额度的申请。如持卡人在这期间个人名下有房产、车产等固定资产的增加，提升额度的申请会比较容易获得批准。

（4）**中国民生银行**。持卡人要自己打电话申请，银行会根据信用卡前期使用状况，在2～3个工作日后给予答复。

（5）**中国光大银行**。持卡人用卡半年后，可以致电客服热线申请提额。客服系统会当场为持卡人进行测评。如果客户在当月或当年有还款逾期记录，那么申请将不予批准，并且当年提出的提额申请都不会批准。

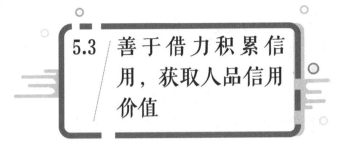

5.3 善于借力积累信用，获取人品信用价值

信用在人类社会中一直扮演着十分重要的角色，而且也起到越来越重要的作用。对于个人而言，信用就是一张"经济身份证"，言而有信的人走到哪里都会受欢迎，言而无信的人则会受到他人的指责、疏远和戒备，无论从道德伦理角度，还是从经济角度来看，人品信用价值都是一笔宝贵的财富。

5.3.1 一诺千金，信用 = 财富

信用就是财富，相信很多人对这句话已经耳熟能详，事实也是如此。信用的积累也就是财富的积累。

举个简单的例子，如果有两个和你关系不错的朋友同时向你借钱，一个说到做到，从不失信于人；另一个则是言而无信，经常失信于人，你会把钱借给谁？一般的人都会选择把钱借给讲信用的朋友，因为显而易见，"有借有还，再借不难"。看重信用的人会信守承诺，还钱更加有保障，这就是信用的力量。

一个人处于社会生活之中，并不是孤立的存在，信用的作用就体现在人与人的交往之中。小到个人、企业，大到国家、国际，都需要信用来维持秩序。

5.3.2 什么是人品信用价值

人品信用价值，顾名思义，就是个人品质表现所获得的信用价值。信用是你向别人获取信任的一张名片，同时也能帮助你有效拓宽业务范围，赢得更多财富。

人品信用价值需要用心培育才能发挥作用，其优势具体体现在开拓朋友

和业务圈、获得他人信任和支持、有利于人生成长发展3个方面。

随着社会经济的不断发展，个人的一举一动都成为信用的表现形式，无论是在工作中，还是在生活中，个人行为都会产生相应的信用记录，比如保险理财、电话开户、银行贷款、网络购物。个人的信用状况已经逐步转变为"经济身份证"，人品信用价值正在逐步提升，它在社会生活中的地位越来越重要。

5.3.3 跟亲戚、朋友能借到多少钱

人品信用价值的多少主要从身边亲戚、朋友的角度来衡量，假如你现在因为某些原因急需资金，那么你只有3种办法可以筹到钱，即向亲戚、朋友借钱，开通信用卡，办理网上虚拟信用卡。

向亲戚、朋友借钱是筹钱的办法之一，但亲戚、朋友是否愿意借钱给你呢？这就涉及信用的问题，而信用又与你自身拥有的各方面条件分不开，这些条件主要包括如图5-1所示的几点。

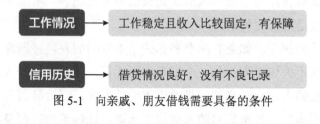

图5-1　向亲戚、朋友借钱需要具备的条件

5.3.4 跟同学、同事能借到多少钱

同学和同事也是个人社会关系的重要组成，通常我们在遇到困难或者棘手的事，可能会找同学和同事帮忙。

人品信用价值从同学和同事的角度来看，主要体现在跟同学和同事能借到多少钱。假如你现在需要购买房产，还差2万块钱，想向同学和同事借，能有多少同学和同事愿意助你一臂之力呢？

这就是考验人品信用价值的时刻。如果你平时"有借有还"，言出必行，没有任何不良信用历史，那么你的同学和同事就很有可能毫不犹豫地把钱借

给你；相反，如果你平时的信用记录上存在哪怕一个小小的污点，也会影响同学和同事对你的信用判断，很有可能没人借钱给你。

这就是人品信用价值的力量。日常生活中很多人注意不到这些细节，但如果真的遇到需要向身边的同学、同事求助的情况，平时积累的人品信用就能起到大作用。信用可能更值钱，只是你还没有发现而已。

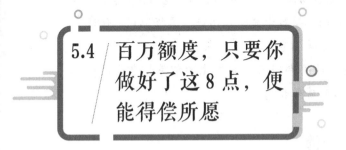

5.4 百万额度，只要你做好了这8点，便能得偿所愿

获得较高的信用额度，持卡人不仅可以运转更多的信用卡资金，方便购物消费，而且刷爆卡超限的概率也会降低很多，从而减少产生意外收费的情况。

5.4.1 信用要凭记录来考察

个人信用良好，别人才会信任你。良好的信用记录，不但可以让银行更放心贷款给你，还可以帮助提升自己的信用度。反之，如果你不能按时履行还款义务，则会对个人信用产生消极影响。

个人、企业信用报告记录的内容，主要包括以下方面。

（1）个人信用记录包含个人基本信息、银行信贷交易信息以及其他信息3个方面。

- 个人基本信息：主要是指个人身份信息、婚姻状况等。
- 银行信贷交易信息：主要指个人在各商业银行办理贷款和信用卡的信息，包括账户基本信息、当前还款信息和逾期信息等。
- 其他信息：主要指与个人信用状况密切相关的行政处罚信息、法院强制执行信息等社会公共信息。

（2）企业信用记录包含企业基本信息、信贷信息、非银行信用信息3个方面。

- 企业基本信息：包括企业概况（工商、质检部门信息）、高管人员信息、资本构成信息、对外投资信息、借款人财务信息等。
- 信贷信息：包括信贷信息、当前对外担保信息、被担保信息、垫款信息、公开授信信息、欠息信息、资产剥离信息、冲销信息等。其中，信贷信息指贷款、担保、银行承兑、信用证、票据贴现、保理、贸易融资、保函、公开授信等信息。
- 非银行信用信息：主要指政府部门与企业发生的相关信息，包括环保违法、工资拖欠、欠缴税费等信息。

5.4.2 针对性培养信用分值

信用分值和信用等级如实反映了持卡人的信用状况，是个人信用的积累。如果你喜欢消费，不妨首先提高自己的信用分数，这样才能在购买商品和服务时享受更有利的条件。

来自美国的艾伯特买过4次房，贷过4次款。艾伯特说："只听贷款员说我的信用分值很好，不知道为什么，但我从来都不知道自己的信用分到底是多少。"

近日，艾伯特准备用现金给刚刚大学毕业的儿子买辆车，销售员说要查一下他的信用分。艾伯特问销售员："现金买车为什么要查信用分？"销售员说这是规定。查完回来，销售员竟然对艾伯特说："你真棒，我从来没见过这么高的信用分。"

艾伯特问是多少，销售员说有835分，而满分是850分。要知道，在美国75分就可以通过考试拿贷款员执照，信用分740分就可以拿到最好的贷款利率。

信用体现了一个人偿还债务的能力和愿望，银行更愿意把钱借给讲信用的人。贷款额上限是由贷款人的经济状况决定的，能不能贷到款或利率高低是由贷款人的信用分决定的。因此，持卡人一定要养成按时全额还款的习惯，应避免因还款不及时超出免息期支付利息，否则不但不利于提升信用额度，还可能产生信用记录污点。

5.4.3 申办时提供充分资料

要想获得比较高的信用额度,可以采用以下几种方法。

(1)在办卡时尽量多地提供资产证明,如收入证明、房产证明、汽车产权证明、银行存款证明及有价证券凭证等,这样可以帮助银行更好地做资产评估。公务员、在大型事业单位工作、企业资信良好,都有助于办卡人取得较好的信用评价。而如果是在户口所在地办卡,也会有一定的帮助。

(2)办卡时有一张表格需要填写,有些办卡人嫌麻烦不愿填写完整,然而对银行而言,填写越完整越有利于申请到合适的信用额度。

你如果想要大幅提高申请时的信用额度,还是要认真准备各种信用证件,如收入证明、房屋产权证明、按揭购房证明、汽车产权证明、银行存款证明等。千万不要嫌麻烦,因为材料越充分就意味着你越能顺利申请到高额度。

5.4.4 选择高额度的信用卡

持卡人如何才能快速提高自己的信用额度呢?

(1)**好单位拥有好信用**。银行非常看重持卡者的工作单位,一些商业银行在重点大企业甚至设有专门的客服人员,这些企业的员工在申请提额时只要说明自己是该企业的正式员工,查证信用记录清白,上调几千元是非常容易的。

(2)**充分展示你的资产**。向银行提供充分的财力证明,如存折、工资卡、自有车辆行驶证、高尔夫等高档会所俱乐部的会员卡及会籍资格证明、其他银行的信用卡及近期对账单、自有商品房产权证等。持卡人可以充分展示自己所有的流动资产、固定资产甚至隐形资产。

5.4.5 持续频繁地刷卡消费

银行发行信用卡的目的就是让持卡人进行有效消费,而且消费越多越好,这样银行就能灵活周转资金并获得收入,所以想要提升信用额度就必须在刷卡的持续性和频繁性方面下功夫。

(1)持续性是指拥有信用卡之后,要坚持长期刷卡消费,最好连续3个月以上每个月都有刷卡消费额度产生,别用一段时间然后冷冻很长时间。

(2)频繁性就是在可以刷卡消费的地方尽量刷卡消费,不论金额大小都刷卡,刷卡次数和涉及商家越多越好,若是集中一次性刷卡,很容易被银行认为有套现嫌疑。

做到以上两点,信用卡活跃指数就会比较高,申请提高信用额度获批的可能性就会增大。

5.4.6 偶尔刷爆一下信用卡

如果用户每月的消费金额都远远达不到或不超过信用卡本身的信用额度,银行就会认为这样的信用额度对用户来说是足够的。因此,持卡人最好每个月的刷卡消费金额都超过信用额度的3成以上,偶尔刷爆一下,当然事后要记得及时还款,这样银行就会认为你还需要更高的额度,才会考虑给你提额。

中国的新年通常是消费旺季,信用卡交易频繁,每年这个时候主动为持卡人上调信用卡临时额度,几乎成了银行的惯例。

"卡王"为此咨询了某银行信用卡中心相关人士,该人士表示,现在信用卡额度确实卡得比较紧。之前只要持卡人的信用记录不是特别差,一般打个电话申请就有可能提额。但是现在不一样了,提出申请后要看持卡人的消费记录,要看持卡人在银行的净资产,还要排除恶意套现等行为。该人士说,这跟近年来发生的信用卡借贷风波有关,有持卡人还不上钱或恶意套现,因此不少人上了银行"黑名单"。

"卡王"还从其他方面了解到,信用卡额度现在卡得比较严,主要是由于不良贷款比较多。

在目前信用卡额度两极分化日趋严重的背景下,不少持卡人都在担忧怎样保住自己的额度。"卡王"认为,虽然银行审核力度较为严格,但只要不是恶意透支,而是持卡人正常刷卡消费,提高透支额度还是可能的,毕竟银行也不会因不良贷款率上升而因噎废食。

5.4.7 销卡威胁或休眠暂停

赵先生是一家公司的总裁，两年前办了一张额度为 5 万元的白金信用卡，后来他又通过网银自助调额系统将信用卡额度调整为 10 万元。但是不久后，赵先生的信用卡额度被降为 2000 元。

赵先生多次打电话给银行要求恢复额度，银行客服都要求他提供新的财力证明。由于没有新的财力证明，赵先生只好就此作罢。临近信用卡要收年费时，虽然有点不舍得，但他下定决心要把卡销掉。

赵先生打电话给银行客服要求销卡，接电话的工作人员一听赵先生要销卡就沉默了。过了 5 秒钟，工作人员问赵先生为什么要销卡，赵先生说他的信用卡额度被降为 2000 元，且一直不能恢复，对他来说这张信用卡等于没用。

工作人员表示现在销卡要收 1500 元年费，提醒赵先生可以刷到免年费的条件时再考虑是否销卡。赵先生反问道："2000 元的额度怎么刷到 20 万元的免年费条件？"工作人员又问赵先生希望调整到多少额度，赵先生说他原来是 10 万元的额度。工作人员操作了一段时间后，告诉赵先生已经帮他调整回 10 万元额度。与此同时，赵先生的手机短信收到信息，显示信用卡额度调整为 10 万元。

从本例可以看出，销卡对银行客服人员的影响也是很大的。因此，当持卡人提出多次申请遭拒之后，就可以考虑使用这一招了，就直接告诉银行客服或工作人员，如果信用卡额度满足不了实际需要的话就会考虑销卡，最好能够摆出一些事实。当然，态度不能太差，最好软中带硬，这样就容易赢得商量和周旋的余地。

此外，若是银行长期不审批，也可以让卡暂停消费一段时间，使卡处于休眠状态，银行为了刺激和鼓励持卡人进行信用卡消费，通常在审批提升信用额度申请方面态度可能会软化一点。

5.4.8 曲线提额可能会更快

曲线提额是众卡友自创的词汇，源自"曲线救国"一词，多指不通过拨打信用卡中心客服电话要求提额，而采取其他欲提高信用卡额度的行动。比如，运用最低额度还款说明最近需要用钱，并可让银行得到利息，根据以往信用良好等情况，可达到提额目的。

1. 为什么要曲线提额

直接申请提额会碰到很多困难，比如以下几个。

（1）**消耗时间太长**。比如，某些银行规定，持卡人用卡时间必须满3个月（有的则是半年或9个月）才能申请提高信用卡固定额度。

（2）**申请过程复杂**。当持卡人满足时间条件后申请提额时，银行还要看持卡人消费、还款、是否取现、分期以及持卡人自身条件等诸多因素。

（3）**提升额度有限**。多数银行提升信用卡固定额度的标准，一般不会超过原有额度的50%；如果申请提额成功，那么距下次能申请提额的时间，至少是3个月以后，曲线提额就不用去等这3个月。

2. 曲线提额的方法

既然曲线提额的效果如此好，那么究竟该怎样做呢？

（1）**向银行表达强烈的提额愿望**。直接打电话到信用卡中心，要求复审，态度要强硬，可以质问他们批卡的时候怎么审核的。这也是曲线提额的一种方式！委婉一点的做法是附加一点自己的材料，如房产证、行驶证等再去申请该行其他的卡种，并注明期望额度。

（2）**坚持用卡，多次申办信用卡**。先用满3个月，如果该银行支持3个月申请提升固定额度，就先打电话试试，成功或失败都不要紧，接下来就是再次申请该银行的信用卡。通过不断申请同一银行的信用卡达到提高总额度的目的。新卡批下来后，用满3个月再次申请提额。

3. 曲线提额的注意事项

在曲线提额时，持卡人不要一味追求高额度，应量力而行，一般信用额度在持卡人月薪的4～5倍，能应付突发情况消费需要即可。

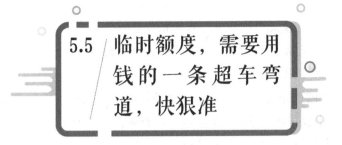

5.5 临时额度,需要用钱的一条超车弯道,快狠准

临时额度是发卡银行为了解决一些信用卡用户的临时需求,而在一定时间内暂时提升用户所持信用卡的总额度。临时额度可以满足信用卡用户在旅行、出差、购物时的紧急消费需求,申请起来要比永久额度容易和简单,是信用卡提额的捷径。

临时额度的有效时间和提升幅度因人而异,有的人申请到的临时额度有效时间只有短短 1 个月,有的人却可以申请到有效时间长达半年的临时额度。可见,提高临时额度也是需要一定技巧的。

5.5.1 临时额度,提升额度有妙招

信用卡的临时额度虽然比起永久额度要更容易申请,但也是需要一定门槛的,一般发卡银行审批临时提额申请的基本准则为:

(1)申请人近 6 个月无逾期还款记录,个人信用记录良好。

(2)没有长期单笔大额不明消费,用卡记录正常,无套现嫌疑。

(3)申请人在发卡银行有存款或者购买了发卡银行的理财产品。

(4)近 3 个月额度使用率加总大于 105%,真的有临时提额需求。

(5)申请人有固定工作或者有境外消费记录,属于优质客户。

以上基本准则会随着发卡银行信用卡业务重心的改变,或信用卡政策的调整而变化,并不总是固定不变的。因为临时额度是有期限的,发卡银行提升临时额度时承受的风险不大,所以一般信用卡用户没有不良个人信用记录,用卡正常,发卡银行都会批准通过持卡人的临时提额申请。

一般信用卡用户在开卡 6 个月后可以首次进行临时提额申请,而申请临时额度的时间间隔则视发卡银行的具体政策而定,一般都要比永久额度的提

额申请间隔时间短,有的银行隔 1 个月就能再次申请,有的银行要隔 3 个月,也有些银行是不接受信用卡用户的临时额度申请的,只有该银行主动邀请时,信用卡用户才可选择提升信用卡临时额度。

此外,临时提额申请还有 3 个硬性条件,不满足这 3 个条件的申请很难通过,具体条件内容为:信用卡开卡并正常使用 90 天以上,临时提额申请当月信用卡额度未全部透支,信用卡最近 3 个月每个月都有消费记录。

5.5.2 资金紧缺,临时额度来救场

信用卡临时额度的最大用处就是可以当作应急消费资金来使用。不少信用卡用户在急需消费用钱时就会找发卡银行申请提额,但是发卡银行对于这种急需用钱而进行的提额申请审批是很谨慎的,出于风险防控的目的,一般不会通过。这时信用卡用户如果申请提升信用卡的临时额度,往往会更容易成功通过。

在以下几种情况下,信用卡用户常会碰到资金紧缺问题,而这几种资金紧缺的理由,发卡银行是最容易接受的,部分情况下,信用卡用户甚至还能收到发卡银行主动提升临时额度的邀请。

1. 长假节假日

在劳动节、国庆节和春节等有较长放假时间的节假日,人们的消费需求通常是平时的好几倍,平时信用卡中的额度往往是不够支付刷卡消费的,原因如图 5-2 所示。

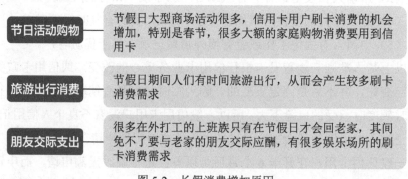

图 5-2 长假消费增加原因

因此，信用卡用户在节假日临近或开始时，向发卡银行申请信用卡临时提额是非常容易通过的，并且很多银行在长假时还会主动邀请用户提升信用卡临时额度，甚至推出一系列节日提额活动。

2. 电商购物节

从 2009 年第一届"双 11"购物节开始，各种电商购物节便成为互联网用户产生消费需求的集中时段，而随着购物节规模的不断壮大，很多线下店铺也纷纷响应，开展各种优惠活动。于是电商购物节期间，社会消费需求普遍增加。

信用卡用户在电商购物节期间的刷卡消费需求自然也会大幅度增加，一些日常生活消费之外的消费需求都会选择在优惠活动丰富的电商购物节得以满足。因此信用卡用户所持信用卡的原有授信额度肯定是不够的，而此时信用卡用户消费能力突然大增发卡银行是可以理解的，所以趁此机会申请临时信用额度很容易通过。

各大发卡银行也很愿意在"双 11"等大型电商购物节时，主动为信用卡用户提额。

3. 境外旅游度假

随着我国社会经济的发展，越来越多的国人有条件前往国外旅游度假，而在国外使用人民币现金支付十分麻烦，主要表现在如图 5-3 所示的几方面。

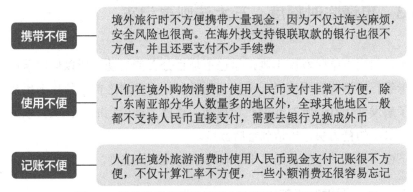

图 5-3　境外旅游度假时使用人民币现金的不便之处

大多数境外旅游度假者都会选择使用多币种信用卡作为主要支付手段，而使用信用卡作为在境外旅游度假时的主要支付方式，那肯定会产生许多日常生活消费以外的消费，主要有以下几类。

（1）**购物消费**。人们在境外购物消费时使用信用卡支付会十分方便，不仅免去了麻烦的兑换手续，还能享受信用卡带来的刷卡优惠。并且在海外旅行时，购物消费几近成为一种刚需，旅行者不仅需要自己购买当地的纪念品，还可能需要帮朋友代购，或者为家人带土产。

（2）**出行消费**。人们在境外旅游时的交通消费是必不可少的，因为海外旅游时通常都会安排数天行程，经常需要辗转于多个城市或多个国家，但不论游历线路长短，当地的公共交通工具一般都不会是旅行者的首选，因为旅行者一不了解当地的公共交通线路，二也不会携带太多用于乘坐公共交通工具的零钱，所以他们通常会选择乘坐出租车或是当地的旅行游览车，还可以用打车软件打车，这些消费一般在国外都可以刷卡，并且有的旅游信用卡还会提供境外打车优惠。

而旅行者要进行多国行程的境外旅游时，乘坐飞机的消费通常也会很多，不少信用卡还有航空优惠。

（3）**住宿消费**。人们在境外旅游时的住宿消费也是必不可少的，而且住宿还是一笔不小的消费，很多旅游信用卡都会有境外酒店优惠权益。

由上述3点不难看出，境外旅游不仅会产生大量消费，而且这些消费很多都可以用信用卡完成支付，所以信用卡用户在境外旅游时，一旦产生了外币刷卡支付记录，向发卡银行申请临时额度，是很容易获得提额批准的。

5.5.3 申请临时额度，三大法则要记牢

申请信用卡临时额度不难，但也不是百分百能成功，所以信用卡用户在向发卡银行申请临时额度时，不能毫无准备。在申请之前，信用卡用户需要充分了解发卡银行的临时额度政策规则，这样才能做到成竹在胸，以最短的时间和最小的精力快速申请到临时额度。

下面"卡王"归纳总结了申请临时额度的三大法则，与大家分享。

1. 申请时间：看准时机下手

信用卡用户在向发卡银行申请信用卡临时额度时，一定要注意申请时间的间隔，虽然有的发卡银行对此没有明确规定，但大部分发卡银行的临时额

度申请同永久额度申请一样，是有时间间隔的，具体如表5-3所示。

表5-3 各发卡银行申请临时额度的时间间隔

银　行	第一次提临时额度	再次提临时额度
中国银行	有还款记录即可	随时
中国工商银行	随时	1个月后
中国建设银行	2个月后	1个月后
中国农业银行	随时	随时
招商银行	随时	随时
广发银行	6个月后	6个月后
浦发银行	4个月后	1个月后
中国光大银行	3个月后	3个月后
华夏银行	6个月后	2个月后
平安银行	6个月后	3个月后
兴业银行	随时	随时
中国民生银行	6个月后	只能银行邀请
交通银行	只能银行邀请	只能银行邀请
中信银行	只能银行邀请	只能银行邀请

了解发卡银行的临时信用卡额度申请时间间隔后，信用卡用户在申请临时额度时就能做到有的放矢，临时提额申请更容易被受理，也更容易通过审批。

2. 申请方式：4种途径均可

申请信用卡临时额度的方式比较多，比较常见常用的有以下4种。

（1）**电话客服申请**。申请临时额度，最有效的方式就是告知银行自己近期有大额消费需求，需要提高额度。

持卡人可以通过拨打银行的客服电话进行申请，客服人员在核实持卡人身份以及提额需求后，会在一段时间内为持卡人提高额度。这种方式方便快捷，是申请临时额度的首选方式。

(2) **网上银行申请。** 在个人网上银行的主功能界面上，用户可以在常用功能中的变更设置一栏里找到临时额度调整和固定额度调整的功能入口。当用户点击进入临时额度调整界面时，平台会显示信用卡的额度信息，同时在额度信息后有"申请临时额度"功能按钮，用户直接点击该按钮，就可以提升信用卡临时额度。

需要注意的是，如果用户的资金需求在短时间内过高，则银行不会通过用户的调额申请。

通过网上银行进行申请，一般比客服申请到的额度要低（上调10%左右）。用户也可以直接前往银行营业厅申请，但需要提供资产证明等信息，提升的额度根据资产证明而定。

(3) **手机银行申请。** 网上银行对于用户信用卡的额度调整申请，是直接由银行系统进行评测的，一秒钟内就会出结果。如果用户在网上银行的调额申请没被通过，那么用其他方式进行申请也是不会被通过的。

(4) **微信银行申请。** 在诸多提额方式中，微信银行以其操作便捷、提额快速的优点被用户所支持。

3. 申请条件：各有各的不同

关于临时提额的申请条件，各发卡银行也有所不同，但很多基本条件是相同的，比如：

（1）信用记录良好，在各银行无不良信用记录。

（2）发卡银行的信用卡至少要正常使用半年以上。

（3）申请人需有申请临时增加额度的理由。

另外，如果消费刷卡一直保持较高的金额，会给申请增加临时额度带来较多便利。

在临时提额申请条件的一些细节上，各发卡银行也会有一些不同。

- 交通银行：不仅要求临时额度申请人不能有逾期记录，还需无超限记录。
- 兴业银行：要求申请人不能连续申请临时额度，最少需要间隔3个月才可再次申请。
- 招商银行：要求申请人在申请临时额度的前3个月无任何不良个人信用记录，包括逾期还款、疑似套现、恶意透支等。

5.5.4 注意事项，临时额度真的万无一失吗

临时额度虽然比永久额度更容易申请成功，但使用起来可没有永久额度那么轻松。信用卡的临时额度有着诸多的使用限制，并且信用卡用户还需注意临时额度的还款规则，不然很容易逾期。

下面为大家详细介绍使用信用卡临时额度的注意事项。

1. 用法限制：仅限于刷卡消费

一般信用卡用户只可用临时额度刷卡消费，而不能用临时额度办理分期业务，包括不能使用信用卡临时额度分期购物，或者办理现金分期，也不能使用信用卡账单分期功能分期还款。

2. 时间限制：不同银行各出招

信用卡临时额度是有一定时限的，这一点很好理解，不然也不会称为"临时"额度了。而临时额度有效时间限制政策，各个发卡银行都不太一样，时限长的有 90 天，时限短的只有 20 多天，具体如图 5-4 所示。

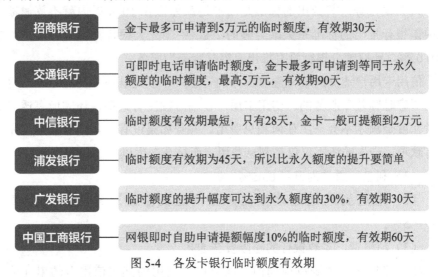

图 5-4　各发卡银行临时额度有效期

3. 免息限制：3 种费用要牢记

使用信用卡永久额度进行透支消费时，在账单日收到账单时即使不马上

还款，发卡银行也不会立刻计算信用卡透支金额的利息，而是在还款日之后才开始计算透支金额的利息，从账单日到还款日之间的这段不产生利息费用的时间，被称为免息期。

另外，对于使用永久额度进行透支消费的信用卡用户，发卡银行还有十分人性化的"容时容差"服务。随着信用卡还款金额的尾数等问题被广大用户深深不满，银行逐渐改善了还款相关规定，比如推出了信用卡还款"容时容差"功能，容许用户在时间和金额上有低程度的相差。

这个功能在部分银行已经实行，但是还有一些银行没有任何表示。下面针对部分银行在"容时容差"方面的处理进行分析。

首先是各大银行在"容时"服务方面的差异：表现较为突出的是中国银行、兴业银行和招商银行，这些银行为用户提供的宽限时间均为3天，用户不用申请，银行自动处理，也就是还款日到期后，可以再推迟3天还款。

其他的银行有此项服务，但是需要持卡人进行申请，可以是电话申请，也可以是网上银行申请。而交通银行则需要用户支付一定的费用，购买"信用保障"服务，才能够延期还款，而且不是每个月都能用。

其次是各大银行在"容差"服务方面的差异：表现较为突出的有招商银行、兴业银行等，其推出的标准是用户还款差额在10元以内就不算逾期，而中国银行推出的标准是欠款金额的1%，中国光大银行推出的标准是本金的0.05%，还有部分银行没有推出"容时容差"服务。

信用卡用户透支的临时额度部分的资金，一般是既不享受免息期，也不享受"容时容差"服务的。信用卡用户在临时额度有效期内还完所有透支的临时额度金额才不会产生任何利息费用。并且如果没有在规定有效期内完成所有款项，产生的还不仅仅是利息费用，而是会产生以下3种费用。

（1）利息，通常为日息0.05%。

（2）未达到最低还款额而产生的违约金，通常为未还金额的3%～5%。

（3）超限费，多数银行的超限费在5%。

超限费指在一个账单周期内，如果用户使用的某张信用卡的累计信用额度超过实际核准的信用额度时，对于超额部分用户需要缴纳一定比例的费用。

当然，这种情况是比较少见的，通常出现在节假日临时提额并使用超限额度，或者因利息、违约金等欠款超过授信额度导致超限费产生。

此外，随着节日活动营销越来越广泛和成熟，在大大小小的法定节假日，或是各种新兴商造节日来临之时，总会有部分信用卡用户消费需求大增，所以各发卡银行也会比较频繁地为信用卡用户临时提升授信额度，此时再将永久额度与临时额度当作两个不同的体系来管理，对发卡银行来说非常不便，对信用卡用户来说计算还款时间也麻烦。所以一些银行开始让临时额度也享受免息期和"容时容差"服务，如中国建设银行。

目前很多银行也表示可以与信用卡用户沟通协商，决定临时额度是否享受免息期和"容时容差"服务，所以信用卡用户在申请成功临时额度后，还要询问发卡银行是否可以享受免息期和"容时容差"服务。

第6章
如何用卡，才能将性价比发挥到最大

要摆脱"卡奴"的困境，首先要清楚信用卡消费时可以使用哪些服务，哪些服务可以帮助自己有效用卡。卡友应该把信用卡当成一项理财业务来经营，而不是无限制地消费。如何用信用卡减轻自己的负担是卡友们需要学习和掌握的知识。

- 这样刷卡，还能省钱
- 这样用卡，还能赚钱
- 赚取积分，增加信用卡附加值
- 巧用积分，其实都是钱，不用白不用
- 不要浪费增值服务

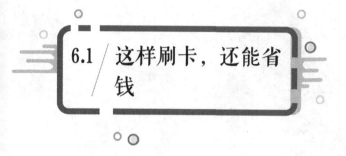

6.1 这样刷卡,还能省钱

信用卡和储蓄卡不同的地方在于,信用卡除了利用额度进行消费之外,还有一些附加的功能,比如消费攒积分、刷卡送礼、刷卡返现等,学会信用卡的使用方法,就能省钱。本节介绍刷卡省钱的小方法。

6.1.1 通过刷卡轻松节省年费

信用卡各具特色,功能和服务各不相同,但各大银行的信用卡都会收取年费,普卡的年费通常为 40～200 元,金卡和白金卡的年费会更高一点。

但是,银行也怕客户因为高额年费而拒绝办理信用卡,因此推出了免年费的政策。其中最常见的政策就是一年内刷卡达到规定次数或累积刷卡消费达到规定金额,次年就可以免年费。

6.1.2 异地存取款省掉手续费

如果有大额现金需要异地交易,很多人选择先将钱存进银行,到了目的地再将现金从银行取出。但这样一来,就会产生手续费,现金越多,所需的异地取款手续费就越高。

而信用卡也是可以取现金的,而且如果能在取现之后短时间内将钱还上,便不会产生过多费用。如今许多银行推出了优惠活动,比如:每个月的前几次取现免收手续费、取出溢缴款免收手续费等。因为信用卡无论存款取款都不分同城异地,所以可以将信用卡作为短期资金周转的媒介。

6.1.3 分期大额消费节省利息

日常生活中难免会有一些大额消费，可以通过信用卡进行支付，之后再分期还款。

分期还款虽然需要一定的手续费，其需支付的费用与银行贷款的费用差不多，但是选择信用卡分期付款比去银行贷款要方便得多。

除此之外，如果对一些较大金额的消费进行直接分期，可能会产生高额的分期手续费。对此各大银行提供了一些低手续费或免手续费的服务，给用户带来了更多优惠，比如安居分期、汽车分期等。

除此之外，信用卡和储蓄卡相比较还有一个优点，就是使用信用卡消费可以获得积分，而积分可以在信用卡商城兑换商品。

6.2 这样用卡，还能赚钱

对于用卡达人而言，通过信用卡获得消费折扣是办理信用卡的重要原因。随着大众生活水平的提高，在衣食住行方面的需求扩大，主打折扣牌的信用卡越来越受到用户的欢迎。

为了争取用户，扩大客户数量和增加客户黏性，各大银行推出的信用卡刷卡优惠条件也在不断升级，甚至推出了折上折的用卡优惠活动。

6.2.1 特惠商户刷卡消费折扣

用户在与银行签订协议的特惠商户门店刷卡消费时，可以享受一定的优惠折扣。

比如，白金卡用户本身就享受一定的折扣，再加上活动赠送的折扣，用户就可以获得折上折的优惠。

真正的用卡达人会根据优惠的不同而选择办多张卡，比如这个银行的信用卡只在周一有优惠，那个银行的信用卡只在周三有优惠，还有的银行信用卡在周末有优惠，那么合理地使用信用卡，就能够为用户节省很多钱。

6.2.2 享受各种刷卡特惠活动

除了线下商户的优惠外，信用卡用户还可以享受各种刷卡特惠活动。

例如，用户使用中国建设银行的龙卡，在全国指定的哈根达斯门店刷卡消费时，周六可以享受一次"满100元立减38元"的特惠。

这种特惠活动对于银行、商家和信用卡用户来说，是一种三赢的做法，用户获得了更多优惠，银行得到了更多的信用卡消费额度，而商家则获得了更多的客户。

信用卡积分是玩转信用卡的高手最熟悉的，也是信用卡众多增值服务中的一种主要方式。要想通过信用卡获得实惠，不能小看这些积分，用得好的话，积分不仅能让持卡人省钱，还能让持卡人赚钱。

6.3.1 3大标准，考察信用卡积分含金量

信用卡积分是所有信用卡的统一标配，刷卡送积分被各大银行运用得无

比娴熟，这种方式既能刺激用户进行消费，还能用丰富多彩的兑换活动来培养用户的忠诚度。在每一期的信用卡账单中，都会有对信用卡积分的说明。

每一张信用卡的积分含金量是不同的，下面 3 大标准可用来考察信用卡积分的含金量。

1. 符合个人需求的程度

由于每个人的刷卡消费是相对固定的，所以过多的信用卡无法让用户获得最佳刷卡消费体验。从信用卡用户角度出发，确定并办理一张符合个人需求的信用卡是最佳选择。因为这不但会让用户消费积分两不误，而且还能保证用户持续进行消费，积分的含金量也会逐渐提升。

2. 积分的保质期长久性

大部分银行的信用卡积分都是永久有效的，但交通银行、中信银行、浦发银行、中国光大银行、广发银行等信用卡积分存在有效期，分别是 1～5 年不等。持卡人在消费后一定要记得及时使用信用卡积分兑换礼品，以免损失了本该享受的优惠权利。

3. 积分的性价比突出性

不同银行在刷卡积分方面的要求有所不同，比如，招商银行的积分标准是 20 元人民币/2 美元积 1 分，浦发银行的外币 1 美元可以积 16 分。

6.3.2　了解信用卡积分累计方式

信用卡新手往往对积分的累计方式不是很在意，但用卡高手对每一张卡的积分累计方式都有充分了解。

1. 必须了解的积分计算方式

不同银行信用卡积分的具体计算方式多种多样，而刷卡消费计算积分只是最基本的一种计算方式。下面介绍信用卡积分计算的 5 个要点，如图 6-1 所示。

两种积分模式	基本积分和奖励积分是不同的，活动期间有奖励积分
不同卡片积分	普卡消费1元人民币积1分，消费1美元积7分
主卡与附属卡	附属卡的消费积分是会全部计入主卡的
物品消费退货	信用卡消费的物品退货，该交易产生的积分作废
按照规则使用	有些物品可以直接用积分兑换，有些物品需要额外支付现金

图 6-1　信用卡积分计算的 5 个要点

2. 普通卡与高端卡的积分问题

使用中信银行的信用卡普卡消费 1 元人民币积 1 分，消费 1 美元积 6 分，消费金额所产生的积分在次日生效。使用中信银行的信用卡金卡消费 1 元人民币积 2 分，消费 1 美元积 12 分。

3. 特色信用卡的积分问题

对于一些特色信用卡，用户积累卡片积分的方式也有所不同。下面以招商银行的信用卡为例进行说明，如表 6-1 所示为特色信用卡的积分累积方式。

表 6-1　特色信用卡的积分累积方式

卡片名称	积分累计方式
城市主题信用卡、丰田联名信用卡	每 20 元人民币积 1 分，再额外赠送 50% 的积分，累计用户的专属积分
各类游戏、社交平台的联名卡	每 20 元人民币积 1 分，累计用户的专属积分
各大航空公司的联名信用卡	每消费 18 元人民币或 2 美元积 1 个航空公司里程
ANA 的航空联名信用卡	每 20 元人民币或 2 美元积 1 个 ANA 里程

6.3.3　7 大要点玩转信用卡积分

信用卡刷卡不能盲目，并不是刷卡越多获利越多。刷卡超过个人承担能力就会让持卡人成为"卡奴"，在这种情况下积累积分未必能达到最好的效果。下面介绍玩转信用卡积分的 7 大要点。

1. 不可错过的刷卡积分活动

大部分银行都会在节假日或重大活动时推出"双倍积分"以及"积分赠送"等活动，有的信用卡本身就具备双倍积分功能。

部分特殊的银行信用卡在持卡人生日时也会有双倍或者多倍积分活动，这都是积累积分的好方式，在办卡时就可以关注这方面的信息，选择实用的信用卡。可以在双倍或多倍积分时购买一些必需品或大件物品，比如电器、家具等，以获得更多积分。积分不仅可以兑换物品，而且刷卡次数多、金额大，会让银行考虑提高信用卡的固定额度。

2. 有实惠积分活动时不妨参与

除了刷卡获得积分外，还有部分银行推出的活动是不需要刷卡的，比如在微信公众号上绑定信用卡、下载APP、办理信用卡主卡或者附属卡等。

这类优惠活动能够让用户获得积分、话费、流量、电影票、红包等奖励，而且大部分活动都是很容易参与的，比如绑定微信银行的活动，只需要两分钟即可。积分最重要的就是积少成多，用户需要多关注银行推出的相关活动，不要错过积分赠送活动。

3. 积极帮助他人刷卡消费

积分的积累并不容易，积极帮助他人刷卡消费也是多积分的可行方式。这种刷卡消费是指大众聚餐消费时用户先刷卡，然后其他人再AA支付给用户。

除了与朋友、同事出去消费时可以代刷卡之外，与家人一起消费时刷卡，积分的积累也相当容易。信用卡附属卡的积分是与主卡积分一起计算的，如果家庭成员多，就能够在短期内凑到较高的积分。

4. 注意积分有效期限

根据大多数银行的规定，只要信用卡主卡是在使用有效期内，那么用户消费的积分就是有效的。还有部分银行的信用卡积分有效期只有两年左右，过期就无法使用。

5. 注意积分的使用渠道

积分能够给用户带来实惠，但是要想让实惠最大化就需要用户注意积分的使用渠道。信用卡积分的使用渠道主要有 3 种，如图 6-2 所示。

网上平台兑换	在银行的积分兑换平台上兑换精美礼品
网上购物打折	使用积分兑换其他购物平台上的折扣或优惠券
线下店铺抵现	持卡人在特定商家可以用积分折抵现金进行购物

图 6-2　积分使用的 3 种主要渠道

6. 注意积分兑换的相关规则

每个银行的积分兑换规则都是不同的，比如积分折现等方式，用户可以使用积分直接兑换现金。在刷卡消费时，如果信用卡积分不足以抵扣消费金额，不足的金额再从信用卡中扣除。

比如，用户的信用卡有 6500 积分，可折算为人民币 10 元，如购买 15 元的商品，会扣除 6500 积分，同时还需要用信用卡支付 5 元。如果用户只是通过信用卡积分购买 9 元的商品，则会扣除 5850 积分。

持卡人及时了解所持信用卡换礼规则是件很重要的事，尤其是在所持信用卡积分具有有效期的情况下，可以避免没有及时兑换积分所造成的浪费，而且也可以避免失去一些兑换有时效性或者是限量版礼品的机会。

但值得注意的是：并不是所有的信用卡消费都可以获得积分，大部分银行对此都有明确说明，部分领域的消费是无法获得积分的，除非是特殊的联名信用卡。不同银行针对同一消费渠道也有不同要求，比如，用户使用招商银行信用卡在超市购物是不计积分的，而中信银行信用卡会计积分。

在银行推出的诸多活动中，有一类活动非常少见，那就是限时的商品抢购活动。

通过这种限时的商品抢购活动，用户可以获得实在的优惠，虽然兑换有数量限制，但如果用户持续关注银行的活动信息，还是有机会抢购成功的，至少比抽奖的中奖可能性要大得多。

7. 及时兑换账户已有积分

及时兑换积分并不仅仅因为部分银行的信用卡积分有时间限制,还在于人民币的快速贬值导致信用卡积分也不断贬值。比如一年前的 1 万积分可以兑换不错的礼品,一年后可能就只够兑换一盒牙膏了。

无论是哪种原因,用户及时兑换账户已有积分总是恰当的,除非银行推出的积分兑换活动不符合用户需求,那用户就可以再等一等,等商品更多的时候再进行兑换。

银行有活动时会通过短信方式来提醒用户,但如果用户的信用卡积分即将过期,大部分银行是不会提醒的。

不过很多银行都会在每期账单上注明积分有效期限,持卡人只需要在查看账单时多加注意即可。

6.3.4 特色信用卡赢积分方式

银行的积分兑换平台上,礼品各式各样,重要级礼品也不少,但如果让人通过购物刷卡来获得积分,兑换自己喜欢的礼品,可能需要相当长的时间。如果用户疯狂刷卡,又可能盲目消费,致使自己陷入债务危机。在这种情况下,办理特色信用卡就成为用户不用刷卡也可以赢得积分的一种重要方式。

比如,"卡王"喜欢在工作之余玩玩游戏,就办了一张招商银行的英雄联盟信用卡,在游戏中对战获胜就可以获得积分。

不要认为玩游戏得不了多少积分,要知道招商银行信用卡的积分是非常难刷的。按照正常的情况,用户需要消费 1 万元人民币才可以得到 500 积分,而玩游戏一个月就可以得到 500 积分。

在招商银行的积分兑换平台上,2000 积分就可以兑换到相当不错的礼品,一年的免费杂志包邮也只需要 1000 多积分。

用卡达人在选择信用卡时都会选择特色信用卡,主要原因在于这样能够让信用卡积分最优化,产生较大的附加价值。

热爱美食的用户可以选择银行发行的美食信用卡,喜欢游戏的用户可以选择银行发行的游戏信用卡。

6.3.5 选择最实惠的积分兑换

积分兑换与菜市场买菜是一个道理，要想获得最实惠的商品，就要多比较。持卡人拥有的信用卡积分是固定的，能不能用有限积分兑换到性价比最高的商品就是用卡高手与新手的区别。

"卡王"比较喜欢招商银行信用卡的积分兑换商品模式。在某一段时间"卡王"的招商银行信用卡积分达到了 1 万分，于是打算尽快在积分平台上兑换物品。

结合个人需求，"卡王"找到了好几种商品。通过淘宝平台和其他第三方平台，"卡王"查询到了每一种商品的最低价格，最后选择了其中性价比与实用性最高的 3 种进行兑换。如图 6-3 所示为"卡王"的招商银行信用卡积分兑换记录。

图 6-3　"卡王"的招商银行信用卡积分兑换记录

"卡王"选择了小熊电炖盅、迅雷 VIP 会员月卡与《译林》杂志一年订阅权，这些东西不仅是"卡王"需要的，而且是性价比较高的，非常实用。其中小熊电炖盅花费了 6390 积分，迅雷 VIP 会员月卡花费了 200 积分，《译林》杂志一年订阅权花费了 2800 积分。

一般情况下银行的信用卡积分礼品价值，是按照刷卡额的 0.2%～0.25% 制定的。用户在换购前应先根据卡内积分算好账，然后在平台上选择换取最实用的礼品。

6.3.6 提升信用卡积分的分量

有的银行信用卡积分在稳定升值,有的银行信用卡积分在快速贬值,不同银行之间的差距逐渐拉开。

以兑换优惠券为例,同样是 1 元优惠券,在信用卡积分分值高的银行只需要消费 500 元人民币,而在信用卡积分分值低的银行则需要消费 1600 元人民币。如此比较,两家银行信用卡积分的"含金量"就相差了很多。

在常用积分累积方式无法有效提升信用卡积分分量时,用户就可以通过其他方式来提升。比如,手机银行 APP、微信银行等,各大银行为了吸引用户使用 APP 或者微信银行,经常会在这些平台上推出专属活动。

除此之外,与淘宝推出"双 11"活动打造品牌类似,部分银行也推出了品牌活动,其中广发银行推出的"广发日"非常有影响力。

"广发银行分享日"的活动内容中增加广发商城,将优惠品牌覆盖范围进一步扩大,而且还向用户提供 10 倍积分或 5 倍里程的优惠,能够吸引到不少用户主动参与。

在活动期间,持卡人购买广发商城任意商品即可享受半价,也可以选择买一送一。每期参与的商品不尽相同,衣食住行各个方面都有,可满足不同用户群体的需求。

除了这种积分活动,还有一些银行推出翻倍积分的信用卡。

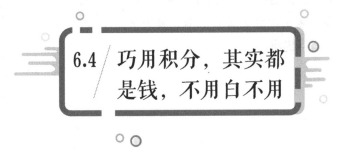

6.4 巧用积分,其实都是钱,不用白不用

信用卡积分是信用卡高手们最为熟悉的,也是银行信用卡众多增值服务中的一种。不起眼的小积分如果用得好,不仅能让持卡人省钱,还能让持卡人赚钱。下面来讲讲如何巧用信用卡积分。

6.4.1 信用卡积分兑换的操作方法

信用卡用户可以通过刷卡消费或透支取款等方式获得信用卡积分,然后持卡人可以通过参加活动将积分兑换为发卡银行提供的相应礼品或者服务。部分银行甚至可以用积分来抵用消费金额或年费。

6.4.2 不同信用卡可兑换不同礼品

卡种专享主要是针对不同的信用卡,推荐不同的积分礼品,这种做法可以满足更个性的信用卡用户需求。

每个人的刷卡消费是相对固定的,持有太多信用卡反而无法让用户获得最佳的刷卡消费体验。因此,卡王建议信用卡用户不妨精心选择一张符合个人需求的信用卡,持续使用,这样不但可以轻松消费,积分的含金量也会逐渐提升。

6.4.3 参与各种活动享受更多优惠

不同银行针对积分兑换有不同的活动。比如中国建设银行网上银行的缤纷活动页面就包括了各种实惠的信用卡积分兑换活动。交通银行的积分优惠活动中有活动一览、最新活动、最热活动、境外优惠、白金特惠等板块。

银行推出的各种积分兑换活动一般都是有期限的。如果活动优惠力度大,那么其持续时间就相对要更短一些,限制也会更多。持卡人要经常关注银行官网的活动信息,积极参与活动,获得优惠。

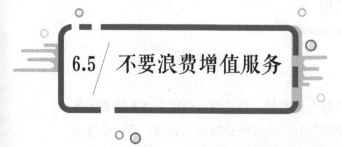

6.5 不要浪费增值服务

聪明的刷卡族,必然会关注信用卡所附带的增值服务,小到获得折扣、

第 6 章
如何用卡，才能将性价比发挥到最大

礼品、兑换积分等，大到贵宾礼遇，比如体检、名医预约、机场接送、高额保险等。本章将为大家介绍信用卡的一些专项服务以及其他增值服务。

6.5.1 信用卡的专项服务

申请信用卡时，我们总爱问"我还能享受哪些权益？"可实际上，多数持卡人拿到卡片后，对自己享有的权益并不了解。不同的信用卡在很多持卡人眼中并无差别，卡片附带的增值服务往往被忽视。如果仅仅被作为一种支付工具，那信用卡的作用可就大打折扣了。赶紧了解一下你的卡片能提供哪些特殊服务吧！

1. 针对女性的服务

女性喜爱购物，其消费能力不容小觑。为了吸引这一主力人群来办卡，各大银行纷纷推出卡面亮丽、外形时尚，以及在购物、美容、积分、保险等方面有诸多赠送或优惠的女性信用卡。不少信用卡所提供的增值服务就是直接针对女性的。其中有代表性的有 3 种，具体如图 6-4 所示。

中信魔力白金信用卡
发行银行：中信银行
优惠服务：国内14大城市机场贵宾登机服务，包括免费休息室、免费杂志和专用安检通道特权；免费瑜伽练习服务
特色服务：10万元5大重疾保险；亲子共享

民生女人花信用卡
发行银行：中国民生银行
特色：每周四为女人花日，女人花卡消费可双倍积分；在规定时间内申办女人花信用卡开卡后消费一笔即可免工本费；可在涵盖服饰、珠宝、美容、美体等领域的女人花专属商户享受优惠

广发真情女性信用卡
发行银行：广东发展银行
主要特色：针对客户不同需求提供四项保险计划：女性健康保险、重大疾病保险、旅游意外保险、购物保障保险，女性持卡人可以任选其一

图 6-4 女性信用卡的针对性服务

2. 信用卡消费抽奖

信用卡消费抽奖是银行常用的营销手段。例如,中国银行举办过一场抽奖活动。活动期间,浙江省内(除宁波外)信用卡持卡人(含中银卡、长城卡)持中行信用卡消费单笔金额满199元,即可参加摇摇乐抽奖,具体内容如图6-5所示。

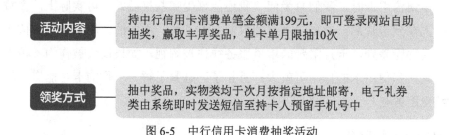

图6-5　中行信用卡消费抽奖活动

3. 短信贴心提醒

持卡人使用信用卡刷卡消费时往往会收到银行发来的提示短信,这些贴心的服务都是持卡人喜欢的服务内容,同时也是银行通过细致服务来争取客户资源的关键。没有短信通知,持卡人心里不踏实,会担心有人盗刷了自己的信用卡而自己却不知道。此外,如果没有账单到期还款通知,就可能错过最后还款日从而产生不良信用记录,影响以后申请购房贷款。

目前,多家银行信用卡都对免费短信通知设置了门槛,持卡人只要达到该门槛即可免收短信通知服务费。如有的银行规定,信用卡消费金额500元(含)以上的,不收短信通知费;反之,则收取一定的费用。有的银行以300元或200元作为消费金额临界点,不足的则要收取3元/月或2元/月的短信通知费。

目前中国工商银行、中国农业银行、中国银行、招商银行等仍执行零门槛服务,信用卡持卡人开通短信提醒不收任何费用。

4. 一卡全家享优惠

很多信用卡都有附属卡,甚至带有套餐。每张信用卡主卡最多可申请2张附属卡,主卡持卡人有权要求注销其附属卡。附属卡的信用额度由主卡持卡人在不超过本人相应主卡信用额度的前提下自主指定。

王先生在朋友的介绍下办了一套"如意三宝"信用卡。王先生决定主卡自己用,副卡给老婆和孩子用,副卡的刷卡消费都由自己来还款,这就等于又多了一种关爱家庭的方式。当初办卡时,除了吉祥如意的主题,打动王先生的还有"如意三宝"信用卡所提供的增值服务——"如意合家安"人身意外保险,保障价值为人民币6万元。

在中国光大银行"如意三宝"信用卡的宣传画册上可以看到这样一句话:"全家人的卡。""如意三宝"信用卡是专为家庭设计的信用卡,策划创意围绕"如意三宝"主题,针对家庭中爸爸、妈妈、孩子,诠释家的温馨、家的和睦、家的欢乐,体现中国光大银行贴身关爱全家人的主旨和对申请人的衷心祝福。

6.5.2 特殊的增值服务

随着信用卡市场竞争的日益激烈,银行发行信用卡除了赋予信用卡购物消费、透支取现、转账结算、代缴费用等基本功能外,还使其具备一些增值服务,如海外平安险、加油打折、免费洗车等,让持卡人用卡无忧,享受尊贵服务。

1. 免费停车功能

买车还是坐公交,这对准车主来说可是一个大问题。挤公交想买车,买了车怕堵车,回到家难停车……这一连串的问题都考验着购车者的心理承受能力。

为了吸引有车族更多地消费,商家和银行也颇费脑力。比如,浙商银行就曾携手杭州野生动物世界推出联名信用卡。该联名信用卡持卡人在杭州野生动物世界游玩消费可以享用免费停车等各种专享会员服务。

为了避免停车费影响到客流量,一些商场已经开始在停车方面实行优惠政策。家乐福深圳公司推出"车主卡",持卡人可以在全市各家门店免费停车。

中国光大银行也推出了刷信用卡免费停车活动。活动期间,持中国光大银行信用卡至相应购物广场单笔消费满268元,可享受购物当天3小时内免费停车一次,每天数量有限,送完即止。

2. 酒后代驾服务

酒后找代驾，除宾馆和专业司机可选择外，有银行也对部分信用卡持卡人推出了这项服务。

据悉，交通银行白金卡、中国农业银行悠然白金卡、上海银行畅行信用卡、兴业银行金卡信用卡、平安银行信用卡等都提供酒后代驾服务，同时还提供车辆养护、道路救援、全程理赔等车辆服务。

上海银行畅行卡的持卡人可在上海、北京、浙江宁波、浙江杭州、江苏南京、江苏无锡、江苏苏州、四川成都、广东深圳共9个城市指定范围内享受代驾服务，一年限6次。

中国农业银行悠然白金卡持卡人刷卡达一定标准，就可以用666积分兑换一年期的酒后代驾服务，全年5次，限前3万名客户。该服务在全国40多个城市通用，限持卡人本人使用。

实际上，真正提供这一服务的并非银行或信用卡中心，而是专业的汽车服务公司。因此，相关的服务条款相当于持卡人与汽车服务公司之间的协议，持卡人应注意其中的细节规定。

需要注意的是，当持卡人确定预约酒后代驾服务后，不能无故取消，若有特殊情况需要取消，必须按规定提前致电，不然仍会视为权益被使用。另外，持卡人必须准时到达预约地点，一旦代驾人员等待超过一定时间，可自行离开，尽管没有享受到代驾服务，也视为已使用。此外，代驾服务往往只在出发地、目的地两点之间完成，中途不停靠，若持卡人要求停靠，则视为服务结束，再次出发视为第二次服务。

3. 免费洗车服务

龙卡汽车卡是中国建设银行面向有车族发行的标准信用卡，该卡具有每周一次免费洗车、免费代办年检年审、免费紧急施救、加油优惠、百万保险馈赠等贴心服务。

免费洗车是龙卡汽车卡长期开展的一项增值服务，免费次数不固定，是根据具体情况在不同时期有所调整的。

4. 境外旅行保险

通常，出国前大家都会给自己购买附带境外紧急救援服务的境外旅行保

第 6 章
如何用卡，才能将性价比发挥到最大

险，并牢记救援电话以备不时之需。如今，只需一张信用卡，即可享受这些增值服务。

例如，中国建设银行与全球著名救援机构国际 SOS 合作，为中国建设银行白金信用卡持卡人提供全国 24 小时免费汽车道路救援服务，具体如图 6-6 所示。

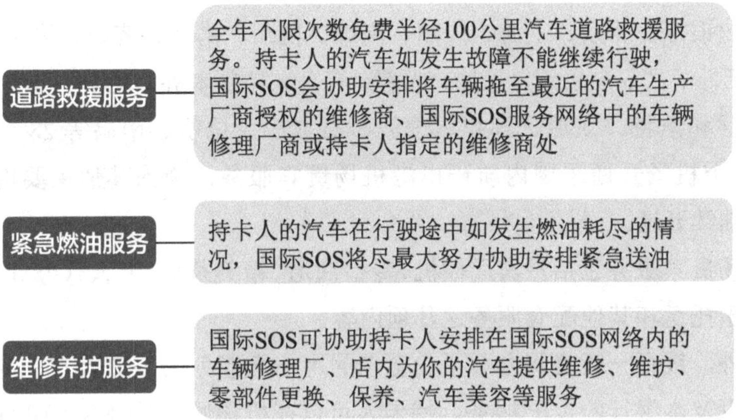

道路救援服务：全年不限次数免费半径100公里汽车道路救援服务。持卡人的汽车如发生故障不能继续行驶，国际SOS会协助安排将车辆拖至最近的汽车生产厂商授权的维修商、国际SOS服务网络中的车辆修理厂商或持卡人指定的维修商处

紧急燃油服务：持卡人的汽车在行驶途中如发生燃油耗尽的情况，国际SOS将尽最大努力协助安排紧急送油

维修养护服务：国际SOS可协助持卡人安排在国际SOS网络内的车辆修理厂、店内为你的汽车提供维修、维护、零部件更换、保养、汽车美容等服务

图 6-6　信用卡道路救援服务

如果路边快修不可行，国际 SOS 会负责将车辆拖至 100 公里范围以内的服务地点，此项为每年不限次数的免费紧急拖车服务，但不包括高速公路、隧道、大桥、高架道路和其他交通部门或其他部门规定限制第三方道路救援活动的路段以及在这些路段产生的任何费用。

此外，国际 SOS 还对持卡人提供以下服务，如图 6-7 所示。

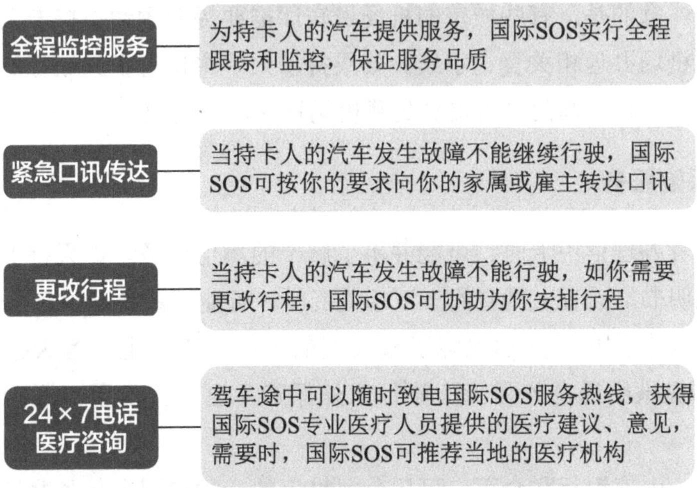

全程监控服务：为持卡人的汽车提供服务，国际SOS实行全程跟踪和监控，保证服务品质

紧急口讯传达：当持卡人的汽车发生故障不能继续行驶，国际SOS可按你的要求向你的家属或雇主转达口讯

更改行程：当持卡人的汽车发生故障不能行驶，如你需要更改行程，国际SOS可协助为你安排行程

24×7电话医疗咨询：驾车途中可以随时致电国际SOS服务热线，获得国际SOS专业医疗人员提供的医疗建议、意见，需要时，国际SOS可推荐当地的医疗机构

图 6-7　国际 SOS 对持卡人提供的服务

5. 享受机场贵宾服务

想要专门服务人员为你办理登机手续吗？想要享受机场贵宾厅服务吗？如今，只要有一张小小的信用卡，即可享受机场贵宾服务，与尊贵感受一路相伴。

兴业银行在北京、上海、广州、深圳、杭州、南京、济南、福州、厦门、西安、天津、武汉、泉州、长沙、成都、青岛、乌鲁木齐、沈阳、重庆、合肥、南宁、呼和浩特、太原、郑州、宁波、石家庄、昆明、南昌等28个中心城市的29个机场开通了国内航班出港机场贵宾服务，全国其他主要机场贵宾服务将陆续开通。

机场贵宾服务包括贵宾厅候机、专检通道、精美茶点、专人代办登机手续、代办行李托运和其他配套服务这几项内容。

另外，银行一般会将办理了白金卡的用户直接列为VIP客户，为他们提供机场以及本银行的VIP服务。持卡人可以在机场候机时进入VIP候机厅，享受免费候机服务及专门的登机通道，还可以在本银行的营业大厅直接办理业务，不用排队。

例如，持招商银行白金卡级别的信用卡可免费使用境内65个城市机场的贵宾候机厅，一年6次（含国际及国内贵宾厅）。如果使用次数超过6次，超出部分还可以使用300积分兑换。同时，持卡人还可携带一位同行嘉宾共同享受机场贵宾厅服务，嘉宾使用次数计入持卡人全年免费次数。

需要注意的是，有些城市的机场贵宾厅需要提前预约，持卡人应提前到达，以便机场办理相关登记手续。如果持卡人手中持有多家银行的白金卡，可以致电发卡行，询问是否提供免费机场贵宾厅使用权。

6. 免费保险服务

消费者办理信用卡时，可能并不了解卡的增值服务。如果持卡人仔细研究一下说明书，或者上网查阅一下相关资料，可能会获得不少意外惊喜。

韩亚航空失事，交通保障引起人们的关注。事实上，各大银行的信用卡一般都提供交通意外保障、旅行意外保障，也有些信用卡还附加特色保险服务。

据悉，中信银行联合可口可乐公司推出的一种信用卡具备赠送保险的增值服务，而且其保险品类多为商旅人士所需要的。比如，持卡人乘坐飞机、轮船、火车或汽车这些定时定点的营运交通工具，只要以该信用卡支付上述交通工具的票款，或者支付 80% 及以上的旅游团费，就可免费获得高额意外保险，其保障金额高达 50 万元人民币，而且同行配偶及子女都可以享受到这一保障。

需要注意的是，持卡人应在责任事故发生后 10 日内通知保险公司，未及时通知致使保险事故的性质、原因、损失程度等难以确定的，保险公司对无法确定的部分，不承担给付保险金的责任。

很多细心的持卡人会发现，信用卡所赠保险通常以意外险为主，如人身意外险、航空意外险和旅游交通意外险等。这是因为这类产品价格比较便宜，有利于银行控制成本；意外险投保手续简单，理赔界定容易，保险公司比较容易操作。事实上，意外险保费低、保额高，消费者自行购买并不昂贵，而且银行通常以团险方式购买，费用非常低廉。

由于信用卡赠送的保险期限短、范围窄，持卡人只能被动接受，无法自主搭配组合，也就很难做到量体裁衣。因此，即便是有了白送的保险，持卡人外出时也需要搭配其他险种。

第7章
重中之重，保证按时还款的7种方式

　　信用卡还款是所有信用卡使用者都会遇到的问题，但解决方法却有天壤之别，选择最适合自己的还款方式是使用信用卡的一堂必修课。

　　本章给大家介绍7种还款方式。

- 关联卡自动还款，最省时省力的还款方式
- 柜台现金还款，如果你常去银行可以选择
- ATM转账还款，随时随地的ATM属于你
- 网上银行自助还款，在家鼠标一键来搞定
- 电话还款业务，自由度更大
- 便捷的支付宝还款
- 微信钱包在线还款

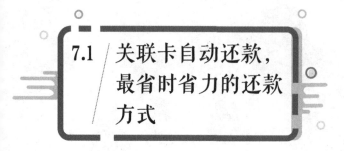

7.1 关联卡自动还款，最省时省力的还款方式

自动还款分为两种模式，一种是银行提供的自动还款功能，只需要用户在同一家银行办理一张储蓄卡，将储蓄卡与信用卡绑定即可。还有一种是通过第三方平台设置自动还款，还款款项的来源可以是任何银行的储蓄卡。

用户在与银行签订账户还款协议时，银行会让用户选择"全额还款"还是"最低额还款"，持卡人选择"全额还款"，也就是一次性全部还款，能够更好地避免利息问题，选择"最低额还款"，还需要支付一定的利息。

如果用户选择银行方面的自动还款，那么从第二个月开始的还款日，银行会自动从用户的储蓄卡中全额扣除信用卡欠款。这种模式让用户享受了还款的便利性，用户不需要到银行排队还款，也免除了利息问题。但是储蓄卡账户里面需要保持有足够的资金，以免无款可扣。

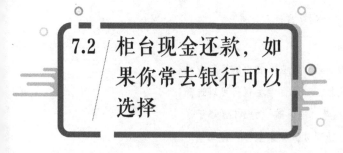

7.2 柜台现金还款，如果你常去银行可以选择

在银行营业厅柜台处还款是基础的还款方法，也是长久以来大部分信用

卡持卡人的还款方式。

用户可以在所在城市找到银行的线下营业厅，向工作人员说明情况，并直接用现金还款。这种还款方式接受他人代还和无卡还款，而且还款是立刻到账的，不需要用户额外支付手续费。

用户在柜台还款有两种方式，分别是本行柜台还款和他行柜台跨行还款。

与本行柜台还款的时间不同，他行柜台跨行还款的到账时间一般为两天左右，而且部分银行会收取一定的手续费，还款金额入账后恢复信用卡额度。用户如果要追求稳妥，提前3天还款最好。

7.3 ATM转账还款，随时随地的ATM属于你

除了以上还款方法，还有一种最直接的还款方法，就是直接在ATM机上进行还款操作。

本行ATM转账还款：通过在信用卡发卡行的ATM机上直接存入现金进行还款，或者通过本行借记卡在本行ATM机转账给信用卡，还款后信用卡额度即时恢复，款项一般在当天系统处理后即可入账。随着ATM机的普及，越来越多的人使用这种方式。

跨行ATM转账还款：跨行转账分为同城跨行、异地跨行两种方式。无论是何种方式进行转账或者汇款，汇出行将收取一定的费用，同时在到账时间和还款便捷程度上都不如同行内还款、网络还款、便利店还款等方式。

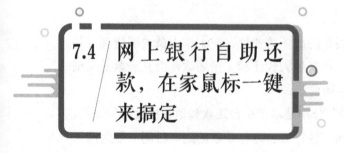

7.4 网上银行自助还款,在家鼠标一键来搞定

网上银行是指银行向客户提供开户、查询、对账、转账、证券、投资理财等服务项目的网络银行,属于银行在互联网上开设的虚拟柜台。

7.4.1 网上银行查询账户信息

通过网上银行,用户可以轻松便捷地对信用卡账户信息进行查询,下面以中国建设银行为例,为大家介绍利用网上银行查询账户的具体操作方法。

1. 查询账户余额

通过网上银行查询余额的具体操作方法如下。

步骤01 用户登录中国建设银行个人网银,❶单击"信用卡"选项,❷单击"我的卡包"选项区中的"余额查询"链接,如图 7-1 所示。

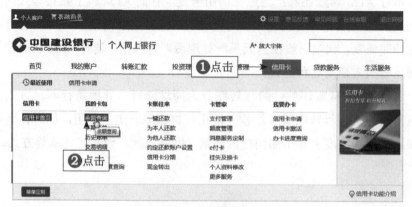

图 7-1 单击"余额查询"链接

步骤02 执行操作后,即可查看信用卡的信用额度、取现额度、可用额

度、余额、本期还需还款额等数据，如图 7-2 所示。

图 7-2　余额查询

用户应该时刻关注信用卡余额，避免超额消费导致信用受损。

2. 查看账户额度

步骤01　以中国建设银行为例，在个人网银上方的导航栏中，❶选中"信用卡"选项，❷点击"卡管家"一栏中的"额度管理"链接进入其页面，如图 7-3 所示。

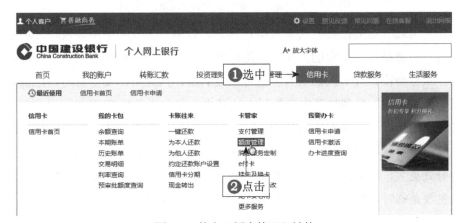

图 7-3　单击"额度管理"链接

步骤02　进入"额度管理"界面后，选择相应的信用卡，即可查看详细的额度信息，如图 7-4 所示。信用卡详细信息栏目中从左至右依次显示了币种、信用额度、可用额度、可用现金额度、临额有效期以及相关的操作。

图7-4 "额度管理"界面

新用户拿到信用卡，首先是要了解信用卡的额度相关信息，具备内容分为可用额度、永久额度和临时额度3个方面。图7-5所示为关于信用卡额度3个方面的内容分析。

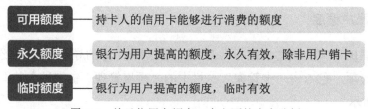

图7-5 关于信用卡额度3个方面的内容分析

可用额度是银行第一次审核用户信息，给用户下发的信用额度，一般根据用户自身条件和薪资能力而定。用户使用信用卡一段时间之后就可申请提额，银行会根据持卡人消费情况进行额度调整，因此用户要尽量将自己的额度刷光，让银行看到你确实缺钱用，让其主动帮你提升额度。

一般情况下，用户提供新的资产证明，银行也会提升永久额度，如果用户只是需要购物或者其他消费，那么银行会提升临时额度。永久额度对用户的好处更大，能够帮助用户获得更多的服务以及更好的服务质量，而临时额度主要是临时救急，保障用户在紧急情况时的资金需求。

3. 查看本期账单

用户在登录中国建设银行个人网银后，可以通过依次选中"信用卡""本期账单"选项，进入"信用卡查询"界面的"本期账单"页面。在"本期账单"页面中，用户可以查看账务信息、账户信息、应还款明细、账单明细等数据情况。

如果用户在上个月的还款日到下个月的还款日内没有消费，那么该信用卡的本期账单信息为空白。

4. 查看历史账单

如果用户需要查询个人信用卡历史账单明细，可以从"信用卡查询"页面中的"历史账单"进入账单界面，账单会以月份的形式进行展示。

用户如果需要纸质的账单明细，可以在界面中直接点击"打印"按钮，连接打印机进行打印，也可以点击"下载"按钮下载该账单。单击相应的账单名称，即可查看该历史账单的详细情况。每个月份的账单中都有一个账单明细功能，用户可以查看具体的支出情况。

7.4.2 网上银行动态管理信息

相对于传统柜台来说，通过网上银行管理信用卡更加便捷，用户在家即可进行修改个人资料、设置卡标志、定制消息服务、挂失及换卡等操作。本节以中国建设银行为例，为大家介绍通过网上银行动态管理信用卡信息的具体操作方法。

1. 修改用户信息

当用户的信用卡账户资料需要变更时，可以登录网上银行进行修改。下面以中国建设银行网上银行为例，进行具体讲解。

首先，在信用卡主页的导航栏中，依次选择"信用卡""卡管家"，点击❶"个人资料修改"选项进入其页面，在"信用卡信息修改"选项卡中，❷设置卡片/账单邮寄地址、卡片/账单邮寄地址邮编、电子邮箱地址、联系人姓名、联系人电话等资料，如图7-6所示。在"客户信息"选项卡中，❸用户可以设置家庭地址、家庭地址邮编、家庭电话、单位名称、单位电话、分机号（可选）等资料，如图7-7所示。用户设置好需要更新的资料后，❹单击"下一步"按钮,完成验证后保存即可。

图 7-6　信用卡信息修改　　　　图 7-7　基本信息修改

2. 设置小额免验密

中国建设银行网上银行的支付管理界面包含"免验密设置"和"交易限额设置"两个功能,如图 7-8 所示。

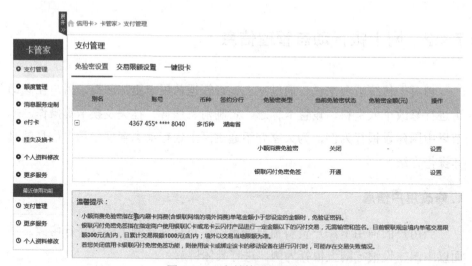

图 7-8　"支付管理"界面

下面为大家介绍设置"小额免验密"功能的具体操作方法。

❶选中"小额免验密"右侧的"开通"选框;❷设置免验密规则,完成验证;❸单击"确定"按钮即可完成设置,如图 7-9 所示。当用户在一些人员流动性较大的场所消费时,使用"小额免验密"功能可以降低盗刷风险。

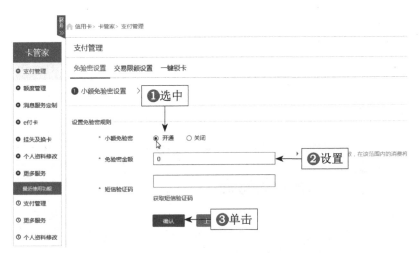

图 7-9　设置免验密规则

3. 设置交易限额

如果还需要设置交易金额，具体操作如下。

步骤01 ❶单击"交易限额设置"选项，跳转到"交易限额设置"页面，选择需要设置的账号；❷单击右侧的"交易限额设置"链接，如图 7-10 所示。

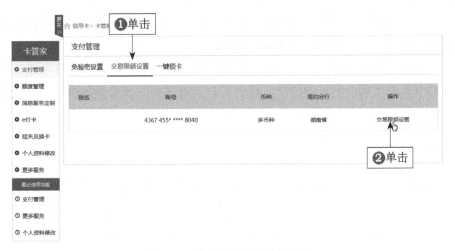

图 7-10　"交易限额设置"页面

步骤02 跳转至设置页面后，❶选中"开通"选框；❷设置该账号的交易限额；❸单击"下一步"按钮，如图 7-11 所示。随后完成信息确认即可设置完成。

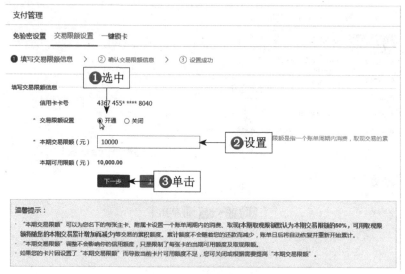

图 7-11　设置交易限额

除此之外，还有以下 3 点是应该注意的：

（1）在一个账单周期内，"本期交易限额"可以为用户名下的信用卡设置相应的消费和取现等交易的累积额度。另外，累积额度不会随着用户还款而减少，账单日后将自动恢复并重新开始累计。

（2）调整"本期交易限额"不会影响用户的信用额度，它只是限制了每张信用卡的当期可用额度及取现额度。

（3）当用户的信用卡设置"本期交易限额"后，在消费时有可能出现当前卡片可用额度不足的情况，此时用户可以选择关闭交易限额功能，或根据需要提高本期交易限额的数值。

4. 定制消息服务

通过网上银行，用户还可以定制消息服务，让信用卡金额变动信息都在自己的掌握之中，也能让银行将信用卡消费账单发送到自己的接收设备之中，方便随时记账理财。下面以中国建设银行为例，为大家介绍定制消息服务的方法。

如图 7-12 所示，在中国建设银行网上银行的"信用卡""卡管家""消息服务定制"页面中，❶设置账单发送的方式，包括短信、彩信、微信、电子邮件以及无须账单等；❷输入验证码完成验证；❸单击"定制"按钮即可完成设置。

第 7 章
重中之重，保证按时还款的 7 种方式

图 7-12 "消息服务定制"页面

5. 挂失及换卡操作

在"卡管家"页面中，有一个信用卡快速挂失入口，这也是部分粗心的信用卡用户尤其需要注意的功能。下面为大家介绍挂失及换卡的操作。

步骤 01 如果用户想要快速挂失，一定要确定信用卡已经遗失，并且无法找回。❶切换至"挂失及换卡"选项卡；❷单击"挂失"链接并确认（如图 7-13 所示）；❸点击"确定"按钮后完成挂失操作，挂失立即生效并且不可撤销。

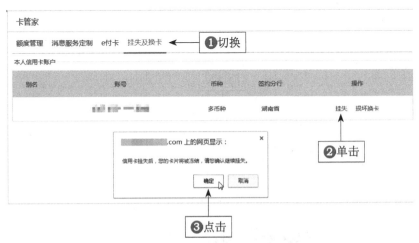

图 7-13 挂失申请的用户操作界面

步骤 02 如果信用卡损坏需要换新卡，可以在"挂失及换卡"页面中单

击需换卡账号右侧的"损坏换卡"链接，如图 7-14 所示。

图 7-14 "挂失及换卡"页面

步骤 03 执行上述操作后即可开始换卡申请，如图 7-15 所示。❶填写好相关信息；❷单击"下一步"按钮，之后根据页面提示完成后续操作即可。

除此之外，还应注意以下 3 点：

（1）换卡申请一旦提交，旧卡立即失效，用户必须自行剪断销毁。

（2）换卡手续费、卡片工本费以及邮寄费等费用，将在用户信用卡内扣除并计入当月账单。

（3）如已临近还款期，用户可以直接通过卡号还款。

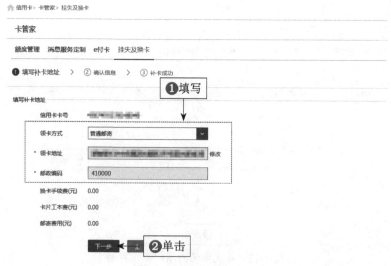

图 7-15 填写换卡信息

6. 申请额度调整

不同银行信用卡额度的上调方式不尽相同，比如用户在网上银行申请提额，一般能原基础上浮 10% 的额度，而通过客服电话申请提额，一般能原基础上浮 10%～50% 的额度。

银行在某些时候（比如黄金节假日）会为信用记录良好、消费频繁的持卡人提高临时额度，提额幅度最高可达 50%。这种临时额度是有时间限制的，一定要特别注意最终还款时间，以免导致逾期。一般情况下，节假日提升的额度不会是永久额度。

7. 计算利息费用

通常情况下，用户仅可以享有最长 50 天的免息还款期。因此，利息情况是信用卡用户需要了解的重要数据。

用户可在网上搜索"信用卡利息费用计算器"，设置相应的信用卡账单日、账单金额、币种、还款日期和还款金额等，即可计算出相关的利息数据。

8. 申请临时额度

在个人网上银行主功能界面，用户可以在常用功能中的变更设置一栏找到临时额度调整和固定额度调整的功能入口。点击进入临时额度调整界面，平台会显示信用卡额度信息，同时在额度信息后有"申请临时额度"功能按钮，直接点击该按钮，就可以申请提升信用卡的临时额度。

7.4.3 一键还款，快速归还所有信用卡欠款

通过网上银行的一键还款功能，可以快速归还用户名下所有信用卡欠款。

没有哪一种信用卡还款方式会比网银还款更快，无论是操作方式还是到账速度，网银还款的优势都是非常突出的。只需要绑定一次，用户以后还款就可以快速进行，甚至半分钟就能够完成。

用户支付的还款费用是实时到账的，不会出现过了几天才到账的情况。而如果用户是跨行还款，那么需要两天左右才能到账。

【实战】：下面以中国建设银行网上银行为例，介绍一键还款的具体操

作方法。

步骤01 登录个人网上银行,在"信用卡"主页导航栏中依次选择"信用卡""卡账往来""一键还款"选项,如图7-16所示。

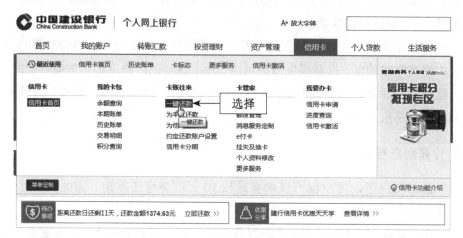

图7-16 选择"一键还款"选项

步骤02 执行操作后,进入"一键还款"页面,用户基本上不需要做任何设置,系统为用户选择了最佳还款方式,单击"下一步"按钮,如图7-17所示。

图7-17 单击"下一步"按钮

步骤03 执行操作后,进入"确认还款信息"页面,确认无误后单击"确认"按钮即可完成还款操作,如图7-18所示。

图 7-18　单击"确认"按钮

7.5 电话还款业务，自由度更大

电话还款是银行为了进一步服务用户而推出的便捷功能，也是诸多信用卡还款方法中最简单、最方便的方法。

需要还款的时候，只需要拨打银行信用卡客服电话，还款即可轻松搞定。通过电话还款的一般操作流程为：拨打银行的客服电话→选择连接人工服务→申请使用电话还款功能→核对信用卡相关信息→用储蓄卡进行还款支付。

大部分银行都是提供电话还款业务的，从本质上而言与银行推出的自动转账功能类似，但是电话还款的自由度更大，也更适合用户快速还款，而且这种还款方式可以由用户决定还款时间、还款金额等。

7.6 便捷的支付宝还款

随着网上购物的兴盛，越来越多的人拥有支付宝账户，使用支付宝还款也成为持卡者的一个选择。支付宝还为用户提供了还款提醒服务，防止错过还款期限。

下面介绍使用支付宝 APP 还款的具体操作。

首先登录支付宝 APP，进入支付宝 APP 首页，❶点击首页中的"信用卡还款"选项，跳转至"信用卡还款"界面；❷选中需还款的信用卡，进入还款支付界面；❸输入还款金额；❹点击"确认还款"按钮即可，如图 7-19 所示。

图 7-19　支付宝 APP 还款

使用支付宝还款有以下几点好处。

（1）可以为招商银行、兴业银行、中信银行（1 日到账）、中国工商银行、交通银行、广发银行、浦发银行、中国农业银行、中国建设银行、平安银行、中国银行、深圳发展银行（以上 2 日到账）等银行信用卡还款。

（2）支持在中国工商银行、中国建设银行、招商银行、中国农业银行、中国银行、交通银行、浦发银行、广发银行、深圳发展银行、中国民生银行、中信银行、中国光大银行、平安银行的网上银行用支付宝支付还款。

（3）可以登录支付宝生活助手、淘宝网"我的淘宝"或者阿里旺旺"生活助手"区，选择要还款的银行后，按提示进行操作还款。

（4）推广期免手续费。

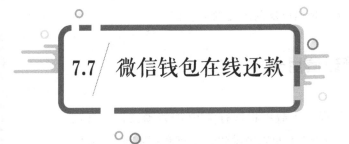

7.7 微信钱包在线还款

微信用户不用登录网上银行，也不用下载手机银行APP，直接利用微信平台上的微信银行也可申请办卡、查询进度以及开卡激活、还清欠款，操作更方便快捷。

7.7.1 关注银行微信公众号

要使用微信银行，首先要了解各银行的微信银行都有哪些信用卡功能，下面选择一些热门的微信银行进行介绍。

- 招商银行：关注"招商银行信用卡"公众号，具有办卡开卡、提额评测、改资料密码、客服、查明细、查额度、查积分、快速还款、账单分期、优惠、游戏等功能。

- 中国工商银行：关注"中国工商银行电子银行"公众号，具有查询还款、查询账单、查询办卡进度、手机银行等功能。

- 中国建设银行：关注"中国建设银行"公众号，具有账单查询、还款、额度管理、账单分期、现金分期、申请办卡、进度查询、积分圆梦等功能。

- 中信银行：关注"中信银行信用卡"公众号，具有绑定卡片、开卡、进度查询、查账、还款、积分兑换、服务大厅、福利优惠、快速办卡、推荐办卡送微单、高额分期、我要借款、账单分期等功能。

- 交通银行：关注"交通银行信用卡|买单吧"公众号，具有账单、额度、积分兑换、办卡/推荐、激活/办卡进度、边花边赚/还款、分期/借款、资料修改/微社区、网上商城、餐饮美食、积分看电影等功能。
- 中国农业银行：关注"中国农业银行信用卡"公众号，具有绑卡/设默认卡、进度查询、享优惠、额度查询/临时调整、账单查账/账单明细、积分查询/积分兑换、申请分期以及约定还款等功能。

7.7.2 微信银行轻松管理信用卡

微信银行免去了用户登录网银和下载手机银行 APP 的繁琐操作，真正做到让用户一键打开即可管理信用卡。下面以中国建设银行和招商银行为例，介绍通过微信银行轻松管理信用卡的具体操作方法。

1. 查询账单明细情况

使用招商银行可以快速查询账单明细情况，具体操作如下：

关注公众号"招商银行信用卡"后，点击"查账 分期"，如图 7-20 所示。选择"查账 明细"，点击相应账单即可看到账单、额度、积分等情况，如图 7-21 所示。

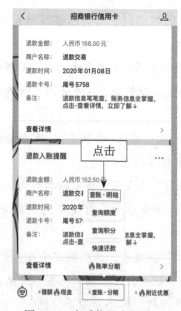 

图 7-20　查看信用卡账单　　图 7-21　点击"点击这里，立即查询"链接

2. 微信申请临时调额

现在大多数人手里都有信用卡，信用卡的提额方式也有很多种。在诸多提额方式中，微信银行以其操作便捷、提额快速的优点被用户所支持。通过中国建设银行的微信银行申请临时调额的具体操作方法如下。

步骤 01 进入中国建设银行的微信公众平台，选择依次选择"信用卡""额度管理"选项，出现操作提示信息，同时信息中也会显示信用卡的额度详情，❶点击"点击这里，立即申请"链接，如图 7-22 所示。执行操作后，进入"身份验证"界面；❷输入相应的手机后四位与短信验证码；❸点击"确定"按钮，如图 7-23 所示。

图 7-22　点击"点击这里，立即申请"链接

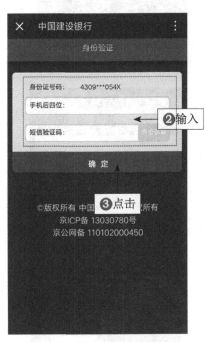

图 7-23　"身份验证"界面

步骤 02 进入"信用卡调额"界面，❶选择信用卡卡号和调额类型；❷点击"下一步"按钮，如图 7-24 所示；❸输入申请额度的具体金额，如图 7-25 所示。

步骤 03 ❶设置好临时额度的生效日和失效日；❷勾选相关协议；❸点击"下一步"按钮，如图 7-26 所示；❹输入短信验证码；❺点击"确定"按钮完成操作，如图 7-27 所示。

图 7-24　点击"下一步"按钮

图 7-25　输入申请额度

图 7-26　点击"下一步"按钮

图 7-27　点击"确定"按钮

3. 微信查询调额进度

查询调额进度也可以在微信银行上完成。进入中国建设银行的微信公众平台，依次选择"信用卡""额度管理"选项，出现操作提示信息，❶点击"点击这里，立即查询"链接，如图 7-28 所示。

进入"身份验证"界面；❷输入相应的手机后四位与短信验证码；❸点击"确定"按钮，如图 7-29 所示，即可显示查询结果。

图 7-28　点击"点击这里，立即查询"链接

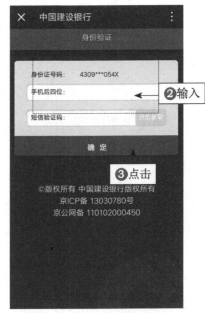

图 7-29　点击"确定"按钮

4. 微信还款提醒让多卡管理无忧

微信还款提醒是指微信银行通过发送微信信息的方式来提醒用户，提醒的类型主要是交易提醒与还款提醒。比如到了账单日的发送时间，微信银行会发送信息来提醒用户，以防用户出现逾期还款的现象。对于有多张信用卡的用户，微信提醒还款功能十分便利并且实用，可以有效防止忘记信用卡还款日期而逾期还款的情况。

而利用微信还款的具体步骤也非常简单，打开微信页面中的"我"，选择"支付"，如图 7-30 所示。在页面中可以看到"信用卡还款"，点击还款即可。

图 7-30 用微信还款

第8章

大额贷款，恋爱、买车、买房、结婚全搞定

学前提示

可以先消费后还钱的信用卡让不少持卡人受益，甚至还让不少人通过信用卡分期付款提前圆了购房、购车梦。除此之外，持卡人在恋爱中、结婚时，也可以通过刷信用卡来解燃眉之急。

本章将重点介绍利用信用金融产品谈恋爱、买车、买房、结婚的一些经验和技巧。

要点展示

- 恋爱缺钱？信用卡可以这样帮你
- 买车缺钱？信用卡分期贷款，轻松将爱车开回家
- 买房缺钱？求人不如求信用卡，而且不用欠人情
- 结婚缺钱？你的信用贷也可以帮到你

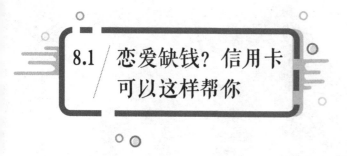

8.1 恋爱缺钱？信用卡可以这样帮你

一些信用卡针对情侣会推出很多优惠活动与捆绑让利，十多家银行加起来的活动至少有上百项，只是很多情侣忽略了这些优惠，"卡王"在此抛砖引玉，从两个方面介绍如何利用信用卡在恋爱期省钱，有兴趣者可以举一反三。

8.1.1 利用消费折扣为谈恋爱省钱

我们在与银行签订协议的特惠商户店中刷卡消费时，就可以享受一定的优惠折扣。如图 8-1 所示，为中国建设银行网上银行上的特惠商户专区。

图 8-1 中国建设银行网上银行的特惠商户专区

招商银行针对用户的消费折扣推出了特色信用卡,使用该信用卡的用户在每周星期三都可以获得 5 折的超高折扣。从甜品、火锅、咖啡到自助餐,招商银行的信用卡几乎无所不能,情侣约会用它最合适不过。

刘小姐喜欢一款面包,她的男朋友每个星期都会在某一家面包屋买给她吃。恰好这家面包屋就是与信用卡有合作的商家,使用信用卡购买面包可以节省一半的钱,非常划算。

恋爱中的情侣可以根据各银行的不同优惠选择办理多张信用卡,合理地使用这些信用卡,就能够为用户节省不少钱。

为避免忘记还款日期,可以在信用卡发卡银行再开立一个借记卡或储蓄账户,与信用卡自动关联,在每月还款日自动扣款转账。只要提前一天保证借记卡中有足够余额,就可以免除承担透支利息的风险了。

8.1.2 谈恋爱吃喝玩乐即刷即惠

除了线下商户打折优惠外,持卡人还可以享受各种刷卡特惠活动。比如,用户使用中国建设银行的龙卡信用卡,在全国指定的哈根达斯门店刷卡消费时,每周可以享受一次"单笔满 100 元立减 38 元"的优惠,这样的优惠对情侣来说也是非常好的。

中国建设银行手机银行的周边商户包括特色餐饮、时尚购物、生活服务、精品酒店、休闲娱乐、汽车服务、汽车销售等类型,其中很多优惠都适合情侣。

信用卡的好处在于支付便利,用户只需要通过信用卡的卡面信息就可以快速完成支付。在移动互联网上通过信用卡进行支付时,信用卡就从实体转化为数字,只要用户有卡号、有效期以及安全码,就能够快速支付。

在出行时选择使用信用卡,能够为用户带来不一样的出行体验。

尤其是在每年的旅游旺季,不少银行会与第三方平台或商户合作,推出一些境内外旅游优惠活动,此时情侣们办一张联名旅游信用卡就能够获得较大的优惠。

例如,中国工商银行推出免费租车活动,用户绑定工银环球旅行信用卡至易到用车账户,最多可获赠 218 元代金券 1 张;中国银行推出消费返现活动,长城环球通自由行卡用户在我国的港澳台地区,以及日本、韩国和东南亚各国进行消费,可享 5% 现金返还;中国农业银行推出 8 折优惠活动,该行 VISA 白金信用卡用户在希尔顿集团旗下酒店最高享 8 折,最低享 15% 优惠。

银行在旅游季推出的旅游优惠往往非常适合情侣出行增进感情、丰富生活,但是这种旅游优惠是有时间限制的,而且不同银行优惠条件不同,如果确定出行,一定要选择适合自己的信用卡,以及适合的优惠条件,将信用卡带来的优惠最大化利用。

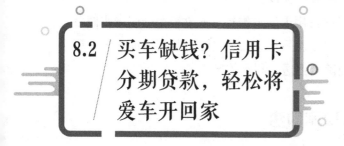

8.2 买车缺钱?信用卡分期贷款,轻松将爱车开回家

随着生活水平的提高,越来越多的人在条件允许的情况下会选择购买汽车来代步。利用信用贷款买车,就是发挥信用价值的力量,让信用为消费买单。现在很多人买车苦于资金不够,良好的信用能够助他们一臂之力,有效缓解他们的买车压力。

对于有购车欲望而资金不足的人来说,眼下车市中主要有 3 种车贷方式可供选择,即银行贷款、信用卡分期付款、网络虚拟信用贷款。

贷款购车的首付一般都是 3 成,贷款 3 年到 5 年不等。对借款人来说,选择最适合自己经济状况的贷款方式是最重要的。那么这三者之间有什么区别呢?

申请银行汽车贷款需要的程序和手续相当苛刻,首付通常在 3 成左右,贷款时间最长 5 年,借款人的月供压力比较小,适合信用记录良好、经济稳定的借款人。

信用卡分期付款的审核门槛次于银行贷款,虽然它也有审核过程,但要宽松一些。不过,信用卡分期付款的首付比例要求比较高,贷款金额也会受到限制,而且最长贷款时间只有 2 年,还款人需要承担的月供和首付压力较大。虽然信用卡分期付款的利息为零,但一般都有手续费,两项相抵后优惠并不明显,适合已经是该行的信用卡客户,且有宽裕资金的消费者办理。

汽车金融公司车贷的门槛最低,月供压力也比较小,通常为难以通过商业银行审核、难以承受信用卡分期付款月供压力的消费者,比如有不良信用记录的人群提供选择。

三者之中,银行汽车贷款针对的车型最广,几乎覆盖了市面上所有的车型,而信用卡分期付款通常都是和厂家联合推出的业务,因此针对的车型有局限性,借款人在选择贷款业务时,应该综合考量。

以下为大家介绍3种贷款买车的方式。

8.2.1 信用卡贷款,一次性付清车款

信用卡买车具有审批速度较快、手续相对简单和优惠福利活动很多3个优势。

一般来说,用实体信用卡买车都是分期进行的,这也是银行推出的一种信用卡分期业务,持卡者能申请的信用额度大致在2万~20万元之间,可分12个月、24个月和36个月。

用实体信用卡分期买车还有一大好处就是没有贷款利率,费用集中在手续费上,但手续费相对而言是比较低的。

想要用实体信用卡买车还要符合一系列条件,或者说要提供一些证明,具体内容如图8-2所示。

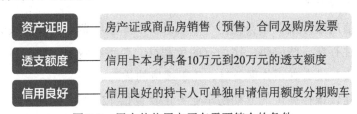

图8-2 用实体信用卡买车需要符合的条件

目前各大银行推出的信用卡分期购车业务主要有以下几种。

(1)招商银行"车购易";

(2)中国工商银行牡丹卡分期购车;

(3)中国建设银行龙卡分期购车;

（4）中国银行"车贷通"（仅限北京地区）；

（5）中国民生银行"购车通"业务。

使用信用卡分期购车还需要注意如图 8-3 所示的 3 个问题。

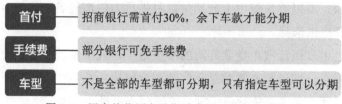

图 8-3　用实体信用卡分期购车需注意的 3 个问题

此外，用实体信用卡分期购车还需要注意以下事项。

（1）首付不能分期付款；

（2）提前还款无法退还手续费；

（3）分期购车的车险与分期期限一致；

（4）中国建设银行信用卡购车手续费需一次性支付。

8.2.2　信用卡分期，免息免手续费

接下来为大家介绍信用卡分期付款。下面以中国建设银行推出的龙卡购车分期付为例，介绍信用卡分期购车。其要点有：同意支付首付款、购买银行指定经销商的汽车、分期付款、按时还款。

需要注意的是，中国建设银行龙卡信用卡分期付不包括商务卡、学生卡、附属卡和担保办卡。

有的信用卡分期买车会提出"零利息""零手续费"的优惠来吸引人，但其中往往存在一些陷阱，比如有的免利息、免手续费的车型价格要高于市场价，其实并没有真正体现免息、免手续费的优惠。

中国建设银行提供的分期购车业务主要包括 12 期和 24 期，申请分期购车的持卡人申请的信用额度与个人的信用记录和消费习惯紧密相关。购车分期金额区间为 20 万～200 万元，主要是根据车型来确定金额。

此外，中国建设银行的分期购车首付也必须通过现金或借记卡形式支付，且首付比例不得低于净车价的 30%。

如图 8-4 所示为中国建设银行龙卡购车分期付的操作流程。

```
用户到指定经销商处选择中意的车型，商定价格
            ↓
用户向经销商出示身份证等证明，填写分期购申请
            ↓
经销商向建行递交材料，用户接到通过审批电话
            ↓
用户前往经销商处支付首付，办理保险等手续
            ↓
经销商向建行递交用户首付、保险等资料
            ↓
用户去经销处刷卡支付购车分期款并提车
            ↓
用户按时还清账单上的金额
```

图 8-4 中国建设银行龙卡购车分期付的具体操作流程

想要申请中国建设银行龙卡购车分期付的用户，可以在龙卡信用卡分期购车的网页上查看相关信息。

比如用户对哪个汽车车型感兴趣，就可以点击促销活动看有没有相关的优惠，主要包括可用额度、可选期数、持卡人利息、持卡人手续费率、车型、首付比例、信用卡积分等。

总之，用户在进行信用卡分期购车之前，一定要全面了解各种情况，根据自己的需求和条件，选择最适合自己分期的车型和方式。

8.2.3 京东汽车白条，共享白条额度

随着网络虚拟信用卡的迅速发展，网络虚拟信用贷款的用途越来越广泛，以京东白条为例，它的使用场景十分广泛，主要有旅游白条、安居白条和汽车白条这 3 种类型。

京东的汽车白条，就是用网络虚拟信用贷款买车。申请京东汽车白条比

较简单，具体步骤如图8-5所示。

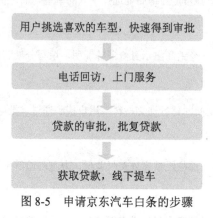

图8-5　申请京东汽车白条的步骤

8.3 买房缺钱？求人不如求信用卡，而且不用欠人情

买房是一件大事。随着城市化进程的加快，越来越多的人涌入大城市，房子已经是人们生活中刚性需求非常强的商品。

大多数需要买房的年轻人仅凭自己的积蓄和收入，是难以独立承受城市房价的，所以不需要抵押物的信用贷款成了没有什么资本的年轻人买房的最好帮手。

个人信用贷款虽然不需要抵押物，但相对来说审批也比较严格，想要成功申请到个人信用贷款不是一件容易的事，需要一定技巧。以下"卡王"就为大家介绍申请信用贷款的几个小技巧，其中不仅包括信用卡买房，还有银行贷款买房，供大家参考，结合自己的情况选择最适合自己的方式即可。

8.3.1 选对银行，根据申请难易程度选择

不同银行有不同的信贷政策，一般来说，向城市商业银行和农村信用社等银行申请个人信用贷款要比在五大国有商业银行申请难度低一点。具体难易度排名为：城市商业银行＜农村信用社＜邮政储蓄银行＜五大国有商业银行。

五大国有商业银行指由国家直接管控的四大国有商业银行——中国工商银行、中国建设银行、中国农业银行、中国银行——加上1986年重组，首个完成国有银行股份制改革的交通银行。这5家国有银行被合称为"五大行"。

目前还有一种"新五大行"的说法，就是四大行加上2007年成立的邮政储蓄银行。

上面所说的只是普遍情况，个人信用贷款申请的难易程度还是要从贷款申请人的资质和放贷银行的贷款利率、额度、还款要求等方面来综合考量。

1. 贷款申请人资质

如果贷款申请人自身资质很好，个人信用良好，有稳定的工作，月收入很高，社会地位不低，名下的财产很多，那么他在任何一家放贷银行申请个人信用贷款都会很容易。

2. 贷款条件

不同的银行有不同的个人信用贷款条件，比如相同额度的个人信用贷款，有的银行要求贷款申请人有稳定的工作，且月收入要在2000元以上，有的银行则要求贷款申请人月收入不低于3000元。并且不同的个人信用贷款产品也会有不同的申请条件，比如前面介绍过的中信银行的个人信贷就要求贷款申请人必须是该行的工资代发客户。

3. 贷款利率

贷款利率是贷款申请人最关心的，因为这直接关系到贷款成本。一般来说，利率较高的个人信用贷款会比较好申请一点，城市商业银行的贷款利率相对其他银行来说要高一点。但银行的贷款利率也不是固定的，放贷银行经

常会给贷款申请人一定的利率优惠，前提是正好赶上银行做活动或贷款申请人信用良好。

特别是买房信用贷款，银行一般都会给房贷申请者 3%~5% 不等的银行基准利率下调幅度的优惠。图 8-6 所示为商业银行的基准利率。

贷款利率 存款利率	
利率项目	年利率(%)
六个月以内（含6个月）贷款	5.60
六个月至一年（含1年）贷款	6.00
一至三年（含3年）贷款	6.15
三至五年（含5年）贷款	6.40
五年以上贷款	6.55

图 8-6　商业银行基准利率

4. 还款要求

不同银行、不同贷款会有不同的还款要求，表现在还款期限、还款方式等方面。贷款申请人要多方对比，选择最适合自己偿还能力的个人信用贷款，这样在申请时也容易通过审批。

个人信用贷款的还款方式，有以下常见的 4 种。

（1）**等额本息还款**。最为常见的一种还款方式，大多数放贷银行采用这种还款方式。等额本息还款方式的特点如图 8-7 所示。

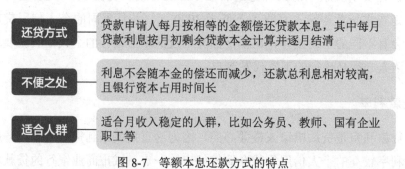

图 8-7　等额本息还款方式的特点

（2）**等额本金还款**。又被称为利随本清，其特点如图 8-8 所示。

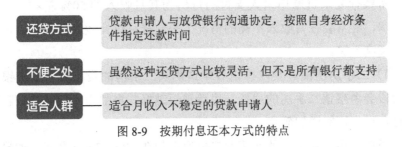

图 8-8　等额本金还款方式的特点

(3) 一次性还本付息。 贷款申请人不需要支付月供，在贷款期限到达时，一次性连本带利还清所有贷款款项。这种还贷方式实用性比较低，一般只有贷款期限在 1 年以下的小额贷款才会采用这种还贷方式。

(4) 按期付息还本。 按期付息还本的还贷特点如图 8-9 所示。

还贷方式	贷款申请人与放贷银行沟通协定，按照自身经济条件指定还款时间
不便之处	虽然这种还贷方式比较灵活，但不是所有银行都支持
适合人群	适合月收入不稳定的贷款申请人

图 8-9　按期付息还本方式的特点

8.3.2　银行贷款，3 大方式即可凑足额度

不少人在银行办理买房贷款时会出现付足了首付款，贷款额度却不够了的情况，这是由多重原因导致的，有放贷银行的原因，也有贷款申请人自身的原因，还可能有所买住房的原因。

下面为大家具体分析影响房贷额度的因素。

(1) 银行贷款额度告急。 近年来房贷利率不断上升，2018 年 2 月全国首套房贷款平均利率为 5.46%，而 2017 年 2 月首套房贷款平均利率为 4.47%，上升 22.15%。随着国家资金政策逐渐缩紧，利率将进一步上升，贷款额度将更加紧张。

现在有大量的人有买房需求，有的是自住，有的是投资，还有的是想资产保值。无论目的如何，这些人大多不是全款买房，而是向银行贷款买房，

这便导致银行房贷额度越发紧张，很多人今年申请的房贷，要等来年才能放款。

（2）**房贷首付比**。贷款买房一般需支付总房款的30%作为首付，然后根据购房者的工资收入和年龄计算贷款期限和贷款额度，通常房贷额度不能大于房款总额与首付款的差值。

现在很多年轻购房者是由父母帮忙凑足首付，其自身收入水平并没有很高，因而导致房贷额度不够。

（3）**还贷能力**。贷款申请人的还贷能力与其月收入密切相关，对此放贷银行有系统的还贷能力系数作为参考，计算公式为：还贷能力系数＝贷款人月收入/贷款月供。贷款申请人的还贷能力系数越高，银行审批下来的贷款额度就越大。

通常银行要求贷款申请人支付的月供为其月收入的50%左右，一些人急于买房，经常会在月收入不高的情况下去选择月供比较高的贷款，常常导致贷款额度不够。

（4）**二手房房龄**。贷款申请者申请购买二手房的贷款时，放贷银行在审查阶段会考察该二手房的房龄，房龄越短越好，房龄短不仅能让贷款更容易通过审批，还能增加额度。

一般放贷银行要求贷款购买的二手房房龄在20～25年之间，如果房屋质量比较好，放贷银行相关政策又比较宽松，可放宽至30年。也有的银行审查比较严格，要求二手房的房龄要在10～15年之间。

（5）**个人征信**。银行会查看贷款申请人的个人征信，特别是无抵押的个人信用贷款，对贷款申请人的个人征信更是重视。一般放贷银行会考察贷款申请人2年内的信用卡征信记录和5年内的贷款征信记录，审查比较严格的放贷银行还会考察更早之前的个人征信记录。贷款申请人如果有连续3次或累计6次逾期的严重不良信用记录，贷款申请就很可能被拒。就算不被拒，贷款额度也会被降低。

如果房贷额度不足，该如何凑足呢？下面就为大家介绍3种比较常见和实用的方法。

1. 组合贷款

申请组合贷款是比较常用的凑足房贷额度的方法。所谓组合贷款，就是指如果某人符合个人住房商业性贷款的申请条件，同时又缴纳了住房公积金，就可以在申请个人住房商业性贷款的同时申请个人住房公积金贷款。

组合贷款的基本申请流程如图8-10所示。

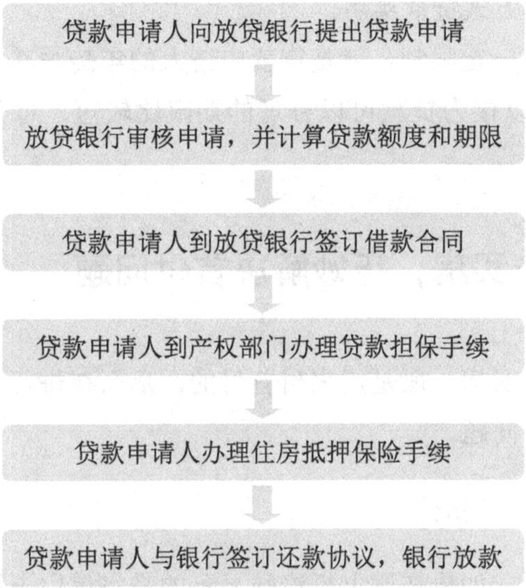

```
贷款申请人向放贷银行提出贷款申请
          ↓
放贷银行审核申请，并计算贷款额度和期限
          ↓
贷款申请人到放贷银行签订借款合同
          ↓
贷款申请人到产权部门办理贷款担保手续
          ↓
贷款申请人办理住房抵押保险手续
          ↓
贷款申请人与银行签订还款协议，银行放款
```

图 8-10　组合贷款基本申请流程

从上述流程可以看出组合贷款的弊端，那就是手续复杂，审批时间长，并且也不是所有银行都支持组合贷款。

2. 楼盘合作银行

部分银行的放贷审核比较严格，可能会因为贷款申请人个人征信报告中不小心产生的一次信用卡逾期记录而降低放贷额度，也可能因为放贷银行的风控政策而造成贷款申请人的放贷额度下降。这时贷款申请人与其花费大量时间和精力去寻找降低贷款额度的原因，或者试图与放贷银行进行沟通，不如直接换一家银行申请房贷。

如果贷款申请人所购买房屋楼盘有合作银行，在这些银行贷款，额度不仅不会下降，还可能得到利率优惠。

3. 接力贷款

接力贷款就是某人为贷款所购房屋的所有权人，而这个人父母中的一方与其共同作为借款人。简单一点说，就是贷款所购得的房子属于贷款申请人，但房贷由贷款申请人与其父母中的一方共同承担。

在这种方式下,贷款申请人的月收入与其父母中的一方的月收入大于或等于房贷2倍月供,就可以提高房贷额度。目前很多家庭条件不错的年轻上班族都是通过这种方式贷款买房。

这种方式也有一定限制,就是贷款申请人的年龄与其房贷的期限之和不能大于70年,所以接力贷款可以办理的期限比较短,每月还贷的压力也比较大。

8.3.3 信用卡买房,巧妙解决首付问题

用实体信用卡买房一般是用来付首付的,那么在进行此项操作时,我们还要了解以下几个问题。

1. 无法分期,也没有积分

银行方面表示,如果在刷卡机终端显示的是将信用卡用于购车、购买车位、批发业务等类型的消费,是无法申请账单分期的。因此,用户在使用信用卡贷款买房之前,要全面考量自己的经济能力,避免盲目刷卡,不然要是在短时间内无法还款,就可能会对个人信用造成恶劣影响。而且,对于买房这类利润较低的业务,银行是不提供信用卡积分的,用户在刷卡买房时要注意这一点。

2. 二手房无法刷卡交首付

一般来说,二手房的首付需要通过银行转账方式支付,就算要用信用卡也要取现才可以,而且有的地区对信用卡支付首付款有政策限制,并不通用。

3. 退款时间长

用实体信用卡交首付和定金之后,也有可能因为各种原因取消购房,开发商退款是耗时较长的,一般要长于一个月。而且用信用卡贷款买房风险比较大,不可避免会产生套现的嫌疑,更严重的还有可能会影响用户的信用额度,其他的消费也会受到限制。

8.3.4 信用记录，贷款买房不能这样做

信用贷买房的一些误区也是大家需要了解和规避的。这些误区主要总结为以下 3 点。

（1）**多张信用卡一起刷**。房子的首付款和汽车首付款不同，额度一般比较高，如果额度不够，最好不要用几张信用卡一起刷。较为保险的方法是刷两张额度比较大的信用卡，以免产生套现嫌疑。

（2）**不了解刷卡手续费由谁承担**。用户在使用信用卡买房之前，最好要了解清楚手续费是自己承担还是房地产开发商承担，以免造成纠纷和遗留问题。

（3）**临时额度申请**。如果两张额度较大的信用卡仍然无法满足首付要求，可以向银行发出临时提额申请，前提是确保账单能够按时还清。

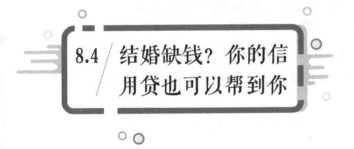

8.4 结婚缺钱？你的信用贷也可以帮到你

很多人在买完房、车之后，会面临结婚问题，但在结婚之前，房屋装修也是一笔比较大的花费，一般在 5 万～ 10 万元。

一套普通的 180 平方米的新房装修费用大概需要 16 万元多。虽然比不上买房的花费，但数十万的费用也不是普通人可以一下子就轻松拿出来的，所以不少人在装修时也会选择使用贷款来缓解资金压力。以下将从 5 个方面向大家介绍如何利用信用贷解决住房装修问题。

8.4.1 个人信用贷款，保持良好征信记录

个人信用贷款是家装贷款的不错选择，因为贷款额度不是特别大，所以

只要申请人个人信用记录良好，申请起来不会太难。并且现在也有一些银行与装修公司合作，推出了不少专门针对房屋装修的个人信用贷款产品。

图8-11所示为平安银行推出的装修用个人信用贷款。

图8-11 装修用个人信用贷款

该信贷产品是平安银行专为工薪阶层设计的一款装修贷款，贷款申请人最多可申请到50万元贷款额度。该贷款的申请条件也比较宽松（如图8-12所示），很适合工薪族。

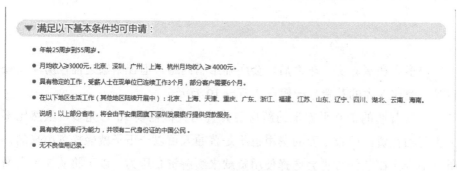

图8-12 装修用个人信用贷款申请条件

8.4.2 个人消费贷款，主动申请提供证明

个人消费贷款是指放贷银行为贷款申请人合理购物消费或服务需求提供

的个人贷款服务，这类贷款会指定消费用途，要求专款专用。常见的个人消费贷款有住房、汽车、一般助学贷款等。个人消费贷款一般具有4个特点，如图8-13所示。

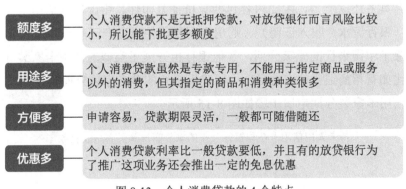

图8-13　个人消费贷款的4个特点

8.4.3　信用卡家装分期，操作简单额度可观

家装相对于房子来说价格要低很多，比较适合办理信用卡分期业务。不少发卡银行就推出了信用卡家装分期服务，如中国银行的爱家分期，如图8-14所示。

图8-14　爱家分期宣传海报

中国银行爱家分期的申请条件：申请人为当地常住居民，年龄18～55周岁之间，有稳定的职业和经济收入，信用良好，无不良信用记录，提供购房合同或房产证信息。除此之外，客户还需要提供一些资料证明自己的信用良好并具备还款能力，主要内容包括身份证复印件、中国银行信用卡、财产证明（银行流水、收入证明）、购房合同复印件或房产证复印件。

除了中国银行的爱家分期，其他银行也开展了类似的信用卡家装分期业务，比如有招商银行的家装易、中国建设银行的龙卡家装分期等。

信用卡家装分期申请步骤如图8-15所示。

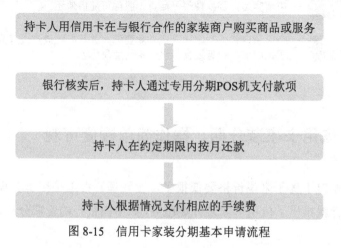

图8-15　信用卡家装分期基本申请流程

8.4.4　京东家装白条，便捷的免息分期服务

除了个人信用贷款、个人消费贷款和信用卡家装分期之外，当下比较流行的还有网络虚拟信用贷款，比如京东的安居贷款，不仅包括家装服务，而且还包括租房业务。京东家装白条申请条件：一是20～55周岁的中国公民；二是信用记录良好；三是家装房产需要是本人或者家庭名下房产。申请步骤也很简单，具体如图8-16所示。

京东家装白条进行提前还款如果一次性还清，不会收取剩余的手续费，只收取还款当月的手续费。用户申请了家装白条之后，如果确认了合同，是无法更换商户的，但可以试着与商户沟通，取消订单后重新申请；如果没有确认合同，可以联系想要更换的商户，然后京东会与商户直接对接。

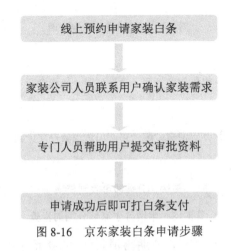

图8-16 京东家装白条申请步骤

8.4.5 苏宁家装分期，一站式解决家装难题

苏宁的家装分期也十分优惠，主打"三零分期"，具体内容为12期免息、免首付、免手续费。图8-17所示为苏宁金融的主页，上面展示了各种信用借贷信息，而家装分期也是其中的重头戏。

图8-17 苏宁金融主页

苏宁家装分期不仅给予了用户优惠，而且申请过程也比较简单，具体步骤如图8-18所示。

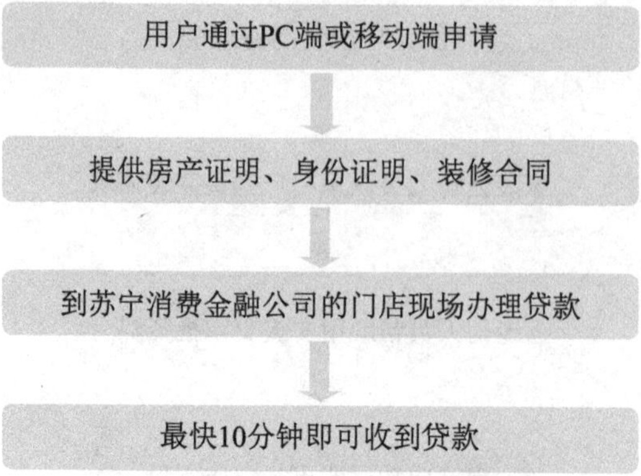

```
用户通过PC端或移动端申请
          ↓
提供房产证明、身份证明、装修合同
          ↓
到苏宁消费金融公司的门店现场办理贷款
          ↓
最快10分钟即可收到贷款
```

图8-18 申请苏宁家装分期的步骤

需要注意的是，该项家装分期需消费达2400元才可申请，并且如果由夫妻双方共同申请，能获得更高的贷款额度，最高可达到40万元。

第9章
个人贷款,如果还缺钱,这些方式可以帮到你

前面章节主要向读者朋友介绍了信用卡的各种用法或技巧,那么在日常生活中,如果还遇到缺钱的情况,本章的内容能为你排忧解难。

本章将向大家介绍商业贷款、公积金贷款以及个人信用贷款等相关内容。

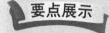

- 商业贷款:价比三家,选择利率最低的
- 公积金贷款:如果允许,应用最大化
- 个人信用贷款:试试你的信用值多少钱

9.1 买房的商业贷款：价比三家，选择利率最低的

如今房价居高不下，很多年轻人需要购房。但对于其中的绝大多数来说，上百万的资金不是一笔小数目，所以绝大多数人在买房时都会选择贷款。

而在没有住房公积金的情况之下，大多数人只能选择商业贷款，通常情况下，能够提供住房贷款的都是当地的各大银行。众所周知，银行与银行之间是有竞争的，因此建议大家，在贷款买房之前应充分了解各大银行的优惠政策，货比三家，选择一家实惠的银行。

办理购房商业贷款，各大银行的贷款流程不尽相同，但通常会经过以下6个步骤。

（1）借款人到贷款银行办理借款申请，并提供贷款申请资料；

（2）贷款银行审核通过之后，出具贷款意向书，借款人领取贷款需要填写的表格；

（3）借款人凭借贷款意向书签订购房合同；

（4）借款人与银行签抵押合同并将自筹资金存入贷款银行；

（5）到产权部门办理"房屋他项权证"和"房地产抵押确认书"，然后办理担保手续；

（6）贷款银行将贷款和贷款人的存款一起转入售房单位账户。

以上为银行商业住房贷款的基本流程，其他细节步骤以各银行为准。接下来，以各大主流银行为例，带领大家了解各银行的利率政策。

9.1.1 中国工商银行的住房贷款

在中国工商银行申请个人住房贷款应具备以下 3 个条件。

（1）贷款人是具有完全民事行为能力的自然人；

（2）年龄为 18（含）～ 65（含）周岁；

（3）无不良信用记录，并具有良好的还款意愿。

贷款可以用于购买房地产开发企业依法建造、销售或预售的住房。贷款最长期限为 30 年，并且贷款人的年龄和贷款期限之和不能超过 70；最高贷款金额可以达到所买住房市场价值的 70%，在贷款过程中银行不会收取其他费用。

中国工商银行的个人住房商业贷款有 5 种灵活的还款方式，如图 9-1 所示。

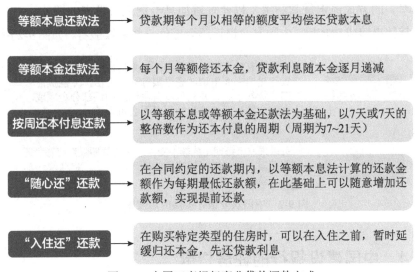

图 9-1　中国工商银行商业贷款还款方式

9.1.2 中国银行的住房贷款

中国银行的个人一手住房贷款用于贷款人购买一手个人住房，单笔贷款额度不能超过所购住房价值的 70%，人民币贷款的最长期限不能超过 30 年，外币个人住房贷款期限不能超过 8 年。

中国银行的个人住房商业贷款有 3 种还款方式，即一次性还本付息、等额本息还款和等额本金还款，大家可以根据自身情况选择还款方式。

当借款合同生效之后，如果贷款人拥有了资金来源，可以提前向中国银行提出部分或者全部还款的申请。

9.1.3　中国农业银行的住房贷款

中国农业银行一手住房贷款用于借款人购买首次交易的住房，贷款期限最长不能超过 30 年，贷款最高额度不能超过所购住房成交价格的 80%。中国农业银行的贷款利率在中国人民银行的基准利率上下浮动 15%。

中国农业银行可以采用规定利率、浮动利率或者固定加浮动利率（即混合利率）的方式锁定贷款利率，以此规避加息给贷款人带来的还款压力。

贷款申请成功之后，中国农业银行还会提供一些后续服务，如图 9-2 所示。

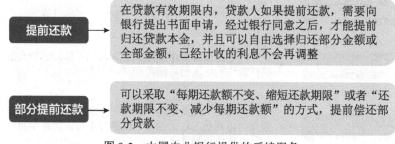

图 9-2　中国农业银行提供的后续服务

9.1.4　中国建设银行的住房贷款

中国建设银行的个人住房贷款，凡是在中国具有居留权并具有完全民事行为能力的中国公民和外国人都可以申请。

中国建设银行的贷款期限不能超过 30 年。关于贷款金额，中国建设银行以贷款人所购住房面积大小提出了两种方案，即：自住住房的套型建筑面积在 90 平方米以下的，最高可以贷房屋成交价格的 80%；自住住房的套型建筑面积在 90 平方米以上的，最高可以贷房屋成交价格的 70%（剩余部分即为所购房屋的首付）。

9.1.5　交通银行的住房贷款

交通银行一手房按揭贷款用于购买首次交易的住房，有住房公积金商业性组合贷款和纯商业性住房贷款两种贷款形式。

交通银行的贷款期限最长 30 年，贷款额度可以达到房产价值的 80%。

交通银行住房贷款具有如下 4 大特色。

（1）**节省贷款成本和费用**。尽量减少贷款人的贷款成本和利息支出。

（2）**丰富的配套贷款产品**。交通银行有装修贷款、e 贷通等产品可供选择。当一手住房贷款逐步归还之后，会有新的抵押额度，此时借款人便可以再次办理其他贷款。

（3）**灵活多样的还款方式**。支持等额本金、等额本息以及分阶段还款等多种还款方式。

（4）**方便贴心的贷后服务**。交通银行在贷款之后会给用户提供便捷的还款、贷款提醒服务，以及贷款变更服务。

9.1.6　招商银行的住房贷款

招商银行的住房贷款期限最长 30 年，贷款额度可以达到房产价值的 70%。招商银行有一个特别的服务，即"直客式"流程。

"直客式"流程是指既可以使用银行贷款，又能享受一次性付款折扣，在此基础上还可以享受利率优惠。

但这种福利不是人人都能享受的，需要满足一定的条件：借款人为招商银行私人银行客户、钻石卡客户、金葵花客户和信用卡白金卡客户，或借款人为公务员、医生、教师、事业单位员工，或者经过招商银行认定的优质客户也可以申请。

9.1.7　兴业银行的住房贷款

兴业银行的个人一手住房贷款用于购买初次交易的商品住房，并以此（所购房产）作为抵押担保向银行进行贷款，具有还款宽期限、随薪供、双周供等功能供用户选择。

贷款期限和中国工商银行一样，最长30年，贷款人年龄和贷款期限之和不能超过70。首付款比例不能低于30%，实施利率在中国银行规定的基准利率上下浮动。

9.1.8 中国民生银行的住房贷款

中国民生银行的一手住房按揭贷款要求申请人在购买住房时，先将首期房款交清，其余部分由中国民生银行支付，并将所购得房产作为抵押，分期还本付息。贷款期限最长30年，贷款人年龄和贷款期限之和不能超过70，最高借款金额可达所购房产成交金额的80%。

9.1.9 浦发银行的住房贷款

浦发银行的个人住房商业贷款最长期限30年，要求贷款人的年龄在贷款到期时不超过70周岁。

在浦发银行进行个人住房商业贷款，可以享受还款方式多样化、自由选择扣款日期、调整还款方式和贷款期限以及"及时语"温馨短信提醒等服务。

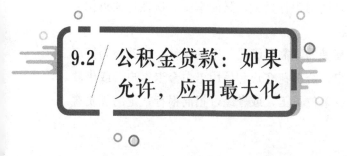

9.2 公积金贷款：如果允许，应用最大化

住房公积金是指国家机关、国有企业、城镇集体企业、外商投资企业、城镇私营企业及其他城镇企业事业单位及其在职职工缴存的长期住房储金。职工缴存的住房公积金和职工所在单位为职工缴存的住房公积金，是职工按照规定储存起来的专项用于住房消费支出的个人储金，属于职工个人所有。

职工离退休时本息余额一次付偿，退还本人。

住房公积金贷款是指由各地住房公积金管理中心运用职工以其所在单位缴纳的住房公积金，委托商业银行向缴存住房公积金的在职职工和在职期间缴存住房公积金的离退休职工发放的房屋抵押贷款。

9.2.1 住房公积金贷款的好处

公积金贷款不仅可以用于新房贷款、二手房贷款、自建住房贷款和房屋装修贷款，还可用于商业性住房贷款转公积金贷款等。

公积金贷款是大多数人首选的贷款方式，除了其低首付低利率之外，还有以下好处。

（1）贷款额度高，年限较长，还款灵活，可以根据自身情况选择还款方式。

（2）有公积金管理中心给出一个最低还款额，在月还款额不少于这个最低还款额的前提下，贷款人可以根据自己的经济状况，自行选择每月还款额的还款方式。

（3）公积金贷款不仅可用于购买新房，还可用于购买二手房。

9.2.2 住房公积金贷款和商业贷款的区别

住房公积金贷款相对于商业贷款，具有利率低、还款方式灵活等优点，其缺点是手续复杂，审批时间长。

住房公积金贷款和商业贷款有如下3个区别，购房者可结合自身情况选择适合自己的贷款方式。

（1）**从利率来看**。公积金贷款5年期以下利率固定为3.75%，5年期以上利率为5.25%。商业贷款利率基准为6.15%，各银行可以根据各地情况上下浮动，因此在商业贷款中，各银行的利率不一样。

（2）**从贷款额度来看**。公积金贷款一般不会超过100万元；商业贷款可以根据所购住房情况和个人资质而定，没有明确的上限。

（3）**从还款方式来看**。公积金贷款还款方式非常人性化，可以自由还款，还可以设定每月的最低还款额，这些都是商业贷款无法比拟的。

9.2.3 各地公积金的额度

住房公积金贷款也是有一定额度限制的。

（1）贷款金额不能超出个人还款能力。贷款总额＝（借款人每月缴存额/借款人公积金缴存比例＋借款人配偶每月缴存额/借款人公积金缴存比例）÷2×12（月）×借款期限。

（2）受个人住房面积限制。当你购买第一套自住房产时，公积金贷款额度不能超过所购房产价值的 70%。

（3）和配偶的公积金挂钩。贷款人以及其配偶必须具备偿还本息后，月平均收入不低于当地居民最低生活保障能力。除此之外，申请公积金贷款还需要满足月还款/月收入不大于 50%。

以下是部分地区公积金贷款的最高额度，供大家参考。

北京：首套最高贷款为 120 万元，第二套最高贷款为 80 万元。

上海：首套最高贷款，个人为 60 万元，家庭为 100 万元；第二套最高贷款，个人为 40 万元，家庭为 80 万元。

广州：首套最高贷款，个人为 60 万元，家庭为 100 万元；第二套最高贷款，个人为 60 万元，家庭为 100 万元。

深圳：首套最高贷款，个人为 50 万元，家庭为 90 万元；第二套最高贷款，个人为 50 万元，家庭为 90 万元。

天津：首套最高贷款为 60 万元，第二套最高贷款为 40 万元。

南京：首套最高贷款，个人为 30 万元，夫妻为 60 万元；第二套最高贷款，个人为 30 万元，夫妻为 60 万元。

杭州：首套最高贷款，个人为 50 万元，夫妻为 100 万元；第二套最高贷款，个人为 50 万元，夫妻为 100 万元。

武汉：首套最高贷款为 50 万元，第二套最高贷款为 50 万元扣减首次公积金贷款后的差额。

成都：首套最高贷款，个人为 40 万元，家庭为 70 万元；第二套最高贷款，个人为 40 万元，家庭为 70 万元。

长沙：首套最高贷款为 60 万元，第二套最高贷款为 60 万元。

郑州：首套最高贷款为 60 万元，第二套最高贷款为 40 万元。

石家庄：首套最高贷款为 60 万元，第二套最高贷款为 60 万元。

西安：首套最高贷款，个人为50万元，夫妻为75万元；第二套最高贷款，个人为50万元，夫妻为75万元。

合肥：首套最高贷款，个人为45万元，夫妻为55万元；第二套最高贷款，个人为45万元，夫妻为55万元。

9.2.4 公积金贷款需要的费用

个人住房有很多种类型，比如商品房、现住房、二手房、无产权房以及拍卖房。房屋类型不同，贷款时所需收取的费用也是不一样的，具体情况如图9-3所示。

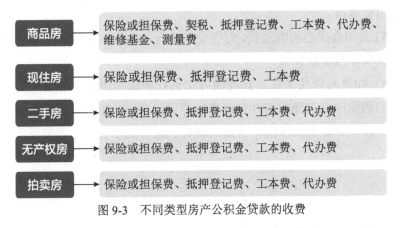

图9-3 不同类型房产公积金贷款的收费

上图中需要缴纳的费用适用于商业贷款与公积金贷款。各项收费是有一定标准的。

保险或担保费：纯公积金贷款为贷款额×相应费率×贷款年限；组合贷款为房款总额×相应费率×贷款年限。

契税：房款总额×1.5%。

抵押登记费：贷款额×1.5%（不超过200元）。

工本费：商品房纯公积金贷款为160元，组合贷款为170元；其他房屋类型纯公积金贷款为80元，组合贷款为90元。

代办费：纯公积金贷款为200元，组合贷款为250元。

维修基金：建筑面积×40元/m^2。

测量费：建筑面积×0.19元/m^2。

9.2.5 新房办理公积金贷款的流程

公积金贷款比银行商业贷款手续复杂,其基本流程如下。

(1)贷款人到银行提出书面申请,填写住房公积金贷款申请表并提供相关资料。

(2)如果贷款申请资料齐全,银行会及时受理审查,并且报送到公积金中心。

(3)公积金中心会负责审批贷款,并将审批结果通知给银行。

(4)这时候,银行会通知申请人办理贷款手续。贷款人(夫妻双方)和银行一起签订借款合同以及其他相关合同,并将借款合同等手续再次上报公积金中心复核。

(5)公积金中心核准之后,划拨委贷基金,由银行按借贷合同约定按时、足额发放贷款给贷款人。

(6)如果是以住房作为抵押的方式进行担保,借款人还需要到房屋所在地区的房屋产权管理部门办理房产抵押登记手续,抵押合同由夫妻二人签字生效;以有价证券质押的,借款人将有价证券交由管理中心或受委托银行保管。

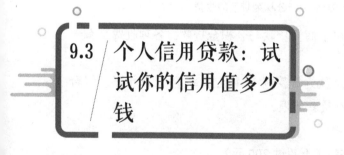

9.3 个人信用贷款:试试你的信用值多少钱

除了商业贷款,还有个人信用贷款。所谓个人信用贷款,是指银行或其他金融机构为信用良好的借款人提供的不需要担保的贷款。个人信用贷款是当下适用人群比较广泛的一种形式,因为它具有申请手续简单、放款快、还款方便等特点,比如支付宝的花呗和借呗就是很受欢迎的个人信用贷款。

9.3.1 了解这些，玩转花呗不在话下

花呗全称蚂蚁花呗，是蚂蚁金服旗下的网络借贷平台，是阿里巴巴旗下的信用支付手段，也是网络虚拟信用卡的一种，其使用范围广泛，是网上购物的好助手。

花呗在支付宝中是比较热门的应用，对于平时使用支付宝作为主要支付手段的人群，使用到蚂蚁花呗的情况会比较多。

（1）淘宝购物消费。无论是天猫还是淘宝，都可以使用花呗。如果平时偏向于在淘宝天猫上购物消费，那么使用蚂蚁花呗将会是不错的支付选择。

（2）外卖点餐消费。除了在淘宝天猫购物消费外，一些日常生活的琐碎花费也可以用蚂蚁花呗来完成支付，比如外卖点餐。

（3）滴滴出行消费。便捷的手机支付不仅改变了我们的购物习惯，我们的出行习惯也随着移动互联网和手机支付的快速发展而发生了很大变化。

支付宝内有滴滴出行小程序，为我们解决了打车难、找零难这两个难题。可以使用蚂蚁花呗来支付车费。

（4）商旅购票消费。在手机支付功能无比强大的今天，人们如果有远途的商务出行或旅游出行需求，再也不用花费精力和时间前往出发站点或代售点去排队购票，在手机上就可以完成购票消费。

商旅出行时，如果目的地路途较远，人们通常会选择搭乘飞机，而如果要购买机票，使用手机购票APP在线完成支付购买会是个很不错的选择，目前大多数手机购票APP都支持使用支付宝完成支付。

如携程旅游APP，用户可以在"支付方式"界面选择支付宝为支付方式。只要在支付宝"确认付款"界面，将"花呗"设置为付款方式，即可用花呗为此次购票消费付款。

此外，火车票、高铁票甚至长途汽车票也可以使用相应的手机购票APP在线购票，而这些APP大多数也同样支持使用支付宝中的蚂蚁花呗完成付款。

（5）电影购票消费。除了机票、车票等票务消费可以使用花呗进行支付外，电影票等很多娱乐消费，以及很多线下商家也可以使用花呗。

了解蚂蚁花呗的用途之后，提升花呗的额度才是重头戏，以下"卡王"总结了几个花呗提额的小技巧。

1. 提升总资产，展示扎实的财力

不管是哪一种信用产品，想要提升信用额度，展示足够的个人财力往往是好方法之一。因为足够的个人财产是还款能力的保证，额度授信方往往愿意给那些个人财产丰厚的人更高的信用额度。

对于想要提升蚂蚁花呗额度的人来说，展示个人财产也是很管用的，因为蚂蚁花呗依附于支付宝APP，所以在决定额度分配时，所参考的个人财产自然是蚂蚁花呗用户支付宝APP中的资产，包括蚂蚁花呗用户的支付宝余额和在支付宝中购买的理财产品，蚂蚁花呗用户绑定在支付宝中的银行卡中的资产是不算的，因为支付宝并不能主动去查看用户绑定银行卡中有多少钱。

余额宝中有资金管理和心愿储蓄两大理财服务，涉及用户的工资和还贷等个人经济生活的更深层次，所以比起支付宝余额中的资金，余额宝中的资金对蚂蚁花呗的额度提升更有帮助。

用户通过支付宝APP主页面的余额宝快速入口便可方便地进入余额宝界面，没有使用过余额宝理财服务的用户，可以在此设置资金管理和心愿储蓄两类理财服务。

2. 绑定更多信息，增加账户可靠性

个人信息的完整度也会影响到蚂蚁花呗的额度。用户个人信息越完整，可以获得的蚂蚁花呗额度也就越高。

支付宝APP绑定个人信息一般有以下几种方式，如图9-4所示。

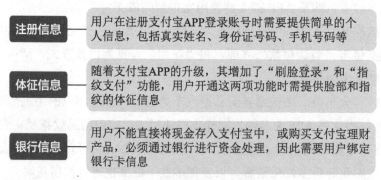

图9-4　支付宝APP绑定信息

以上个人信息都是基本信息，一般使用支付宝有一定时间的用户都会绑定这些信息，要完善全部的个人信息还需要另外的更多操作，此处不再赘述。

3.线上支付生活费用，提升活跃度

蚂蚁花呗是一种网络信用借贷产品，可以看作是网络信用卡，像银行信用卡提额中的多刷卡提额技巧一样，多使用蚂蚁花呗进行线上支付自然也是可以提升其额度的。

用户有比较多的线上支付记录能让蚂蚁花呗官方认为，该用户具有较强的消费能力和较高的消费热情，这类用户一般都是放贷方比较喜欢的，其可以获得的蚂蚁花呗额度也自然要比线上支付记录较少的用户多。

想要用线上支付来提升蚂蚁花呗的额度，生活缴费是个很好的选择。比起其他消费类的线上支付，使用蚂蚁花呗进行生活缴费不仅可以增加线上支付记录，还可以表明用户有稳定的个人住所，从而能够获得蚂蚁花呗后台更高的信用评价。

在支付宝的"全部应用"界面可以找到"生活缴费"一项，用户进入生活缴费页面后选择好缴费项目和完成相关信息填写后，只需在最后支付时选择花呗为付款方式，即可完成蚂蚁花呗生活缴费。

4.购买理财产品，大力支持客户端

在支付宝中购买理财产品也能有效提高蚂蚁花呗的额度，因为用户在支付宝中购买理财产品时，支付宝方面也能获得一定的中间收益。

但是需要注意的是，购买的理财产品要达到一定数额后才会对蚂蚁花呗提额有帮助，一般都要在5万元以上，数额越大效果越显著。

支付宝中有4种理财产品，通过支付宝中的"财富"界面，用户可以查看理财产品的持有情况。

如果用户没有购买过理财产品，那么直接点击理财产品名称便可进入相应的详情界面了解购买。

5.设置支付方式，支持信用消费

蚂蚁花呗虽然可以看作一种网络信用卡，但其与一般信用卡还是不一样的，没有空卡风险便是蚂蚁花呗与一般信用卡的一大不同之处。

空卡是指持卡人频繁将信用卡中的额度刷光，这样发卡银行会认为持卡人有套现嫌疑，从而对空卡信用卡进行封卡处理。

蚂蚁花呗只能用于支付宝支付，很多消费都是产生在淘宝购物和生活缴费上，所以套现风险比较小，不存在空卡风险。

相反，如果蚂蚁花呗用户频繁将花呗额度用光，还款记录良好，那蚂蚁花呗方面会认为用户的花呗额度可能不够用，就会给用户提升额度。

所以频繁使用淘宝购物的蚂蚁花呗用户可以多用花呗支付，多刷一些花呗支付记录，以助于花呗提额。另外，将花呗设置为支付宝中的第一优先支付方式能省去不少麻烦。

6. 爱心捐赠，轻松提升芝麻信用分

芝麻信用是蚂蚁金服旗下的第三方信用评价机构，在民间的第三方信用评价机构中属于比较有公信力的一个，也是支付宝体系中重要的一环。一般只要支付宝用户的芝麻信用评分比较高，其在支付宝中进行的各项金融活动也会比较顺利。

同时，在芝麻信用中评分较高的蚂蚁花呗用户也容易获得较高的花呗额度，所以提升芝麻信用评分也是提高花呗额度的一种行之有效的方法。而提升芝麻信用评分有一个捷径，那便是爱心捐赠。

芝麻信用中的爱心捐赠并不是直接捐款，而是通过免押金牌进行捐赠，所以需要用户有一定的芝麻信用还款记录，不能是刚开通芝麻信用的信用白户。

并且芝麻信用中的爱心捐赠项目是有名额限制的，所以想通过爱心捐赠来刷芝麻信用评分的用户要注意爱心捐赠的刷新时间。

7. 发红包互动，结交信用好的朋友

随着微信红包的火热表现，与微信支付竞争的支付宝也推出了红包功能，以前的支付宝红包多是用在商家与消费者之间的，但其实支付宝中还有好友互发红包的功能，只是因为支付宝的社交属性比较弱，所以这一功能经常被人忽视。

经常与支付宝好友交流互动，特别是在经济上互动，有助于支付宝用户蚂蚁花呗额度提升。

一般支付宝用户与其支付宝好友最常进行的经济互动就是转账和发红包，在支付宝中的好友聊天界面可以找到这两个功能。

在支付宝的"全部应用"界面也能找到红包功能，如图9-5所示。单击"红包"选项，即可进入红包界面，在此可以选择发送3种类型的红包给自己的支付宝好友，如图9-6所示。

图9-5　"全部应用"界面

图9-6　红包界面

9.3.2　花呗的提额技巧

花呗提额有以下几个技巧。

1. 按时还款，额度提升不用愁

花呗的还款方式主要分为3种。

（1）**已出账单还款**。虽然蚂蚁花呗使用起来很方便，但也是需要还款的，若用户逾期还款会产生相应的逾期利息，计算公式为：逾期利息＝逾期金额×0.05%×逾期天数。而且，逾期记录会对信用产生不良影响，因此，对每个月的已出账单进行及时还款是十分重要的。

（2）**未出账单还款**。若用户想提前还蚂蚁花呗上的款项，还可以使用提前还款功能。

（3）**账单分期还款**。蚂蚁花呗也能分期还款，用户每个月有一次申请分期还款的机会，申请分期还款的时间为每月的 1 日至 9 日，并且申请成功后无法取消。但若当前处于逾期状态，则不能进行分期申请操作。

蚂蚁花呗分期还款的计算规则：每期还款总金额＝每期本金＋每期手续费。其中，每期本金＝可分期还款本金总金额÷分期期数，每期手续费＝可分期还款总金额×分期总费率÷分期期数。蚂蚁花呗的分期期数有 3 期、6 期、9 期和 12 期，这 4 个期数对应的费率分别为 2.5%、4.5%、9.5% 和 8.8%。

2. 快速提升额度，"卸载"是关键

蚂蚁花呗用户如果想要快速提升花呗额度，还有一个经验，就是卸载支付宝 APP。用户在卸载支付宝 APP 之后再重新下载安装，花呗额度就能得到提升，虽然不知道是什么原因，但十分有效。

需要注意的是，此方法短时间内频繁使用会无效，并且用户在卸载支付宝 APP 前花呗中不能有欠款，否则不仅没有提额效果，反而还会降低额度。

3. 这样用花呗，你的额度只跌不涨

蚂蚁花呗的额度是动态的，会随着用户在支付宝的支付情况和具体行为而波动变化，所以想要提升蚂蚁花呗的额度，不仅要掌握相关的提额技巧，还需要注意规避会导致蚂蚁花呗额度下降的行为。下面介绍 6 种常见的会导致蚂蚁花呗额度降低的行为：

（1）手机号码频繁更换，不稳定的表现。
（2）网购不主动收货付款，信用被怀疑。
（3）打车随意取消订单，严重不守信。
（4）经常变换购物地址，征信不可靠。
（5）不与好友互动，动态无法监测。
（6）没有绑定信用卡，消费能力不高。

9.3.3 借呗与花呗有异曲同工之妙

蚂蚁借呗是支付宝推出的一款信贷产品，也是信用支付的表现形式，虽然它与蚂蚁花呗同在支付宝名下，但功能有所差异。蚂蚁花呗专注于线上购物，不能取现，用于其他消费；蚂蚁借呗则属于现金借贷，可以取现，也可

以购买任何形式的商品。

本节主要介绍蚂蚁借呗的申请、使用、提额等方面的知识。

1. 蚂蚁借呗的申请

申请蚂蚁借呗需要满足一定的条件，较为重要的就是芝麻信用分达到600分以上，如果没有满足这个条件，就需要坚持芝麻习惯，尽力完成芝麻任务来提升芝麻信用分。坚持芝麻习惯具体可从按时缴纳水电、煤气、物业费用，多与信用良好的朋友来往，有计划地消费等方面做起。

而完成芝麻任务则需要从绑定企业邮箱、查看公积金、绑定职业信息、录入车辆信息等方面做起。

信用是一点一滴积累而成的，重在平时的习惯和行为，网络虚拟信用卡的申请也是如此。如果平时的购物行为或者信用出现了问题，就有可能影响到信用的升值，进而导致无法开通信贷服务。

如果你的芝麻信用分达到600分以上，那么就基本符合了申请蚂蚁借呗的条件。借呗放款速度很快。在用户申请借款后，可以选择将资金放在不同的地方，而放款位置不同，其放款速度也不尽相同，具体内容如图9-7所示。

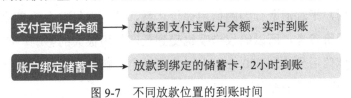

图9-7　不同放款位置的到账时间

2. 蚂蚁借呗的使用

蚂蚁借呗的使用主要分为借钱和还钱两大部分，因为蚂蚁借呗属于现金借贷范畴，因此消费方向比较自由，线上线下均可使用。下面主要从借钱和还钱两个方面介绍蚂蚁借呗的使用步骤。

（1）借钱。在蚂蚁借呗上借钱的步骤比较简单，主要是弄清楚借钱的一些细节，比如借款金额、借款时间、收款方式等。

（2）还钱。蚂蚁借呗的还款期限一般为12个月，还款共分为两种类型，一种是按时还款，一种是提前还款。

提前还款需要注意一点，如果你是长期借款用户，提前还款，系统不会收取手续费；如果你是短期借款用户，就需要支付一定的手续费，具体情况以页面显示为准。因此，用户可以根据自己的情况决定是提前还款还是按时还款。

3. 借呗提额的4个要点

蚂蚁花呗有一段时间的免息期，可以看作是一种网络信用卡，但蚂蚁借呗就纯粹像贷款了，没有免息期，也不管资金多少，从借去的那一刻就开始计算利息。虽然有如此大的不同，但蚂蚁借呗的提额技巧在某些方面和蚂蚁花呗非常相似。

（1）**芝麻信用分，借呗提额的重要依据**。申请蚂蚁借呗需要满足一定的条件，较为重要的就是芝麻信用分达到600分以上，如果没有满足这个条件，就需要坚持芝麻习惯，尽力完成芝麻任务来提升芝麻信用分。坚持芝麻习惯具体可从3个方面做起，前面已经说过，此处不再重复。

而完成芝麻任务则需要从完善个人信息开始。个人信息界面包括学历、工作、住房等在内的多项详细信息。用户补充越完整，能够获得的芝麻信用初始评分越高。

信用是一点一滴积累而成的，重在平时的习惯和行为，芝麻信用就是记录支付宝用户平时消费行为的信用评价体系，其为支付宝中的多种金融服务提供信用评价参考，所以蚂蚁借呗也受到芝麻信用很大的影响。比如支付宝用户的芝麻信用分达到600分以上，才可以申请蚂蚁借呗，而蚂蚁借呗的提额，更是与芝麻信用评分紧密相关。

（2）**支付宝行为，频繁适当的完美平衡**。支付宝用户的支付行为也会影响其蚂蚁借呗的额度。想要提升蚂蚁借呗的额度，需在使用支付宝进行支付时做到以下几点，如图9-8所示。

多在天猫淘宝消费	天猫和淘宝与支付宝同属阿里公司，用户在天猫和淘宝平台的消费有迹可查，蚂蚁借呗也不会太担心用户将借款用于不法途径
消费的同时购买理财产品	借呗贷出的资金不仅可以用于网购支付和生活缴费，还可以用来购买理财产品，用户每月用于消费和理财的资金比例最好为5∶1

图9-8 有助于蚂蚁借呗提额的做法

蚂蚁借呗不能像蚂蚁花呗一样在支付宝付款方式界面中显示，用户在蚂蚁借呗中的借款将被直接划到用户指定账户，所以其理论上是可以用于任何消费的。

（3）网商APP，余利宝存钱是妙计。余利宝是支付宝继余额宝之后推出的又一面向大众的理财产品，余利宝由网商银行和天弘基金联手打造，主要面向个人、小微企业和个体经营者。

余利宝和余额宝基本相同，只是余利宝更适合闲散资金较多的商户，它是支付宝为了将小额用户和大额用户分开管理而诞生的。

所以支付宝用户开通余利宝，在余利宝中存钱，既能证明自身有足够的资产，又比购买其他理财产品灵活。同时，蚂蚁借呗也愿意给在余利宝中有较多存款的用户提额。

（4）绑定信用卡还款，拖延还款是大忌。蚂蚁借呗同样可以通过绑定信用卡来提升信用评分，只要用户绑定的信用卡按时还款，没有不良逾期记录，信用评分就很容易提高，到时候申请蚂蚁借呗提额也会比较轻松。

但需要注意，同一支付宝账号最多不要绑定超过3张信用卡，否则蚂蚁借呗方面会认为用户还款压力过大，负债率过高，反而不利于蚂蚁借呗额度的提升。

第10章

善用征信，你会越来越值钱，也会越来越有钱

在信用卡使用过程中，一部分人会因为个人不良信用记录导致房贷利率提高，严重者甚至会遭遇拒贷。因此，掌握查询征信记录的方法和学习维护自己的信用记录至关重要。

"卡王"将在本章告诉大家如何善用征信。

- 真相抵达，有关个人征信的那些秘密
- 不良记录，让你的信用价值从100万元跌至0
- 万一失信，这些方法可以补救
- 金科铁律，避免这些伤害自己的行为

10.1 真相抵达，有关个人征信的那些秘密

随着社会信用体系日渐完善，我们对个人信用越来越看中，而个人信用也逐渐成为社会大众必须一生去守护的财富之一。

无论是向银行贷款买房、买车，或者只是单纯地申请信用卡，任何银行都会连接中国人民银行征信中心，来查看你的信用档案。

个人征信与信用额度密不可分，信用记录越好，信用额度越高。如果你的信用价值已经达到了100万元，但没有去用心经营个人征信，那么很有可能你的信用价值会一路下跌，甚至回到最初额度。

信用是一个长期积累的过程，一蹴而就是不可取的，也是不现实的。在本节内容中，"卡王"将带领大家一起了解有关征信的"秘密"。

10.1.1 首先了解个人征信的基本信息

如果你想提升信用额度，成功实现从1万～1000万元的突破，那么良好的个人信用记录是必不可少的。

个人征信到底包括哪些内容呢？根据经验，"卡王"将其总结为如图10-1所示的几部分。

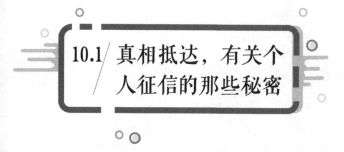

图 10-1　个人征信的主要内容

第 10 章
善用征信，你会越来越值钱，也会越来越有钱

"个人征信的具体内容呈现出来是怎样的呢？"在多次操作之后，"卡王"发现主动查询征信的时候，平台会根据你选择的不同信用信息类型，自动提供相应的内容。展示内容主要包括以下几种。

1. 个人信用信息提示

个人信用信息提示是直接通知你的一种方式，这很像提纲挈领地告诉你问题所在。也就是告诉你是否存在贷款、逾期或者透支超过 60 天的记录，这种方式的信息内容非常简短，如图 10-2 所示。

中国人民银行征信中心温馨提示：
征信系统中既没有您最近5年内的贷款和贷记卡逾期记录，也没有准贷记卡透支超过60天的记录。
（以上根据 　　　　 您在个人征信系统中的信息加工而成。）

图 10-2　个人信用信息提示内容

2. 个人信用信息概要

个人信用信息概要相比于个人信用信息提示的内容要详细得多，但是相比于个人信用报告要简单一些。个人信用信息概要包括了信贷记录、公共记录与查询记录，但是内容较为简短。图 10-3 所示为个人信用信息概要的内容。

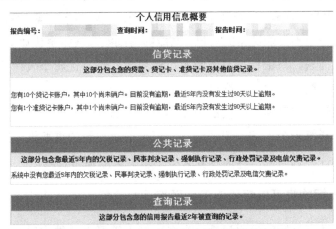

图 10-3　个人信用信息概要的内容

3. 个人信用报告

个人信用报告的内容是最详细的，也是我们的主要查询对象。个人信用报告第一栏是报告编号、查询时间以及报告时间，第二栏是持卡人的基本信息，包括姓名、证件类型、证件号码以及婚姻状况等。

在个人信用报告中，根据个人情况不同，可以查看到的内容也不同，而且如果经常与银行打交道，特别是经常和银行产生信贷关系，在个人信用报告中可以看到的相关信息就更多。

一般可以查看的各项内容都非常详细，比如查询记录，你可以看到机构查询记录的明细，以及个人查询记录的明细。

10.1.2 优质信用，为贷款做好铺垫

优质的信用能够对个人生活产生多方面影响，不仅是获得 1 万元、10 万元甚至上百万元的信用额度，而且还能对自己和身边人的信用产生好的影响。在信用积累方面"卡王"想和大家谈谈自己长期以来得到的 3 点感悟。

1. 个人信用优质，贷款买房不成问题

银行调查用户的征信记录，一般是以家庭为单位的，因此个人征信与家庭信用是分不开的。我有个朋友结婚两年了，前阵子琢磨着向银行申请贷款买房，结果因为丈夫的信用记录有污点，被银行拒绝了。由此可见个人征信有多么重要，如果那位朋友平时注意维护自己及家庭成员的信用，也就不会出现这样的情况了。

良好的信用不仅能够帮助自己，也能够帮助家庭获得更优质的银行服务。对于每个人而言，与银行打交道是不可避免的。维持优质个人信用的好处，会在未来的长期生活中逐步体现。

在已经建立完善信用制度的国家，流传着这样一句话——"要像珍惜自己的生命一样维护个人的信用记录"，可见信用记录的重要性。随着信用管理体系的完善，我们每个人都有必要尽早累积良好信用记录。

2. 不需要抵押物也可以轻松申请大额度

如果你拥有良好的信用记录，那么可能不需要你提供物质抵押品，就能

够获得银行的贷款。良好的信用记录如同"信誉抵押品"，不同信用度的用户可以获得的资源是不同的。

"卡王"在一开始没有累积信用记录的时候，能申请到的信用卡额度也是少得可怜的。但当"卡王"用心良苦地经营了自己的个人征信之后，银行的态度不一样了，贷款额度也开始逐步上升，信用的价值是看得见的。

信用度不同而产生的差别待遇，最明显的表现就是银行贷款。如果你的个人征信有不良记录，那么即使银行同意贷款，也会调高利率。如果你拥有长期良好信用，就不需要多付出这些资金。毫不夸张地说，一份良好的信用报告就是个人的一笔无形资产。

3. 积累信用需要多与银行互动

信用积累不是一天两天的事情，越早建立良好的信用记录，越能够对以后的生活产生帮助，而"卡王"认为最简单的方法是与银行发生借贷关系，比如在银行申请办理一张信用卡或一笔贷款。

同时，信用记录也可能会出错，比如因系统错误、人工操作失误而导致信用报告出错，虽然是个例，但还是存在的。如果遇到这种情况，切记及时修改。

作为一个想要提升信用额度的用户，不向银行借钱，或者没有历史信用记录并不是一件值得认可的好事。因为没有信用记录，银行就失去了一个判断申请人信用状况的便捷方法。试想，一个没有信用记录的用户怎么会对大额资金产生需求呢？如果我是银行，我也不会轻易同意提供可观的信用额度给这样的用户。

10.1.3 征信查询，支撑信用的审查

作为"经济身份证"，个人信用记录越来越重要。我从一开始的不了解个人征信是什么概念，到后面通过不同渠道查征信、读征信以及用征信，得出一个经验：信用需要经营，要从基础做起。这个基础不仅包括了解什么是征信，而且还包括怎么查询征信。

我们除了做好自身，让信用记录尽可能好看之外，还需要通过征信查询，实时检视自我的信用状况。只有了解自己的信用，才能更好地实现信用价值。

关于征信查询，有两点经验分享给大家。

1. 查询征信之前，这些资料知识不能不知道

根据《征信业管理条例》和《国家发展改革委关于中国人民银行征信中心服务收费标准有关问题的批复》，从 2016 年 1 月 15 日开始，用户个人可以到银行柜台查询自己的信用报告，每年的前两次不收费，之后每查询一次收费 10 元。

如果用户使用电脑或手机进入中国人民银行征信中心进行自主查询，那么平台不收取查询费用，而且次数不限。用户在全国不同地区都可以通过营业厅或者网络进行查询，因为个人信用信息基础数据库的网络是覆盖各地的。

在查询征信时，我们需要提供一些可以验证个人信息的资料，在未得到本人授权的情况下，别人是无法查询你的征信的。

本人查征信需要准备的材料：

● 本人有效身份证件原件和复印件，并留有效身份证件复印件备查。

● 本人如实填写的《个人信用报告本人查询申请表》。

代理人查征信需要准备的材料：

● 征信查询委托人和代理人的有效身份证件原件和复印件，并留有效身份证件复印件备查。

● 委托人授权查询委托书。

● 代理人如实填写的《个人信用报告本人查询申请表》。

2. 征信查询，这 3 种方法可以轻松搞定

征信查询渠道多样，操作起来也比较快捷，我们可以根据自己的喜好和需求来选择查询方式。

（1）**银行柜台查询，传统不失稳妥**。传统方式是去银行柜台查询个人信用报告，需要本人携带自己的有效身份证件原件以及复印件，并填写《个人信用报告本人查询申请表》。

（2）**自助机查询，不求人的妙招**。可以携带本人的二代身份证（其他有效证件暂时无法查询），在自助机上查询个人信用报告。这种查询方式每个版本仅限查询一次，而且只能用于本人办理，无法代办查询。

通过自助查询机查询需要注意以下事项：

第10章
善用征信，你会越来越值钱，也会越来越有钱

- 应距离自助机半步左右，目光对准摄像头拍照，确保取景框可以出现完整的头像。
- 当成功查询到个人信用报告后，应审核查对报告页数，并及时取走身份证。

（3）互联网查询，方便且快速。 在网络上自主查询个人信用记录非常容易，下面展示查询记录的具体步骤，同时分享我的一些心得。

步骤01 进入中国人民银行征信中心的"核心业务—互联网个人信用信息服务平台"页面，单击右上角"注册"按钮进入注册页面，根据系统提示输入相应的信息，然后提交，如图10-4所示。

图10-4 注册页面

步骤02 注册成功，会得到一个激活码和查询码。收到激活码后，需要再次进入中国人民银行征信中心的"核心业务—互联网个人信用信息服务平台"页面，单击右上角"登录"按钮进入登录页面，如图10-5所示，输入信息进行登录操作。

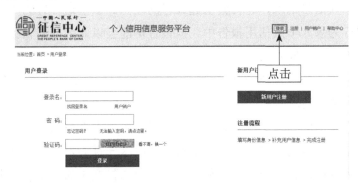

图10-5 登录页面

步骤03　成功登录后，单击左侧的"信用报告查询"按钮，进入页面，选择身份验证方式，并输入获得的查询码。随后按照要求即可获取个人信用报告。

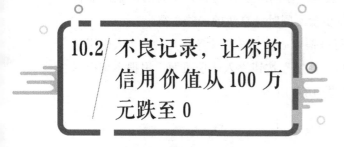

10.2 不良记录，让你的信用价值从100万元跌至0

现代社会高度信息化，很多个人信息会以数据形式储存在政府或相关机构的数据服务器中，其中个人信用记录是很关键的一项。

个人信用记录伴随人的一生，因此不良的信用记录也会影响人的一生。信用卡持卡人要时刻关注个人信用记录情况，谨防不良信用记录产生。

下面为大家介绍3种容易产生不良信用记录的情况。

10.2.1　频繁查询征信，引起银行怀疑

虽然说信用卡持卡人要时刻关注个人信用记录情况，但也不要过于频繁地去查询个人信息记录，这样会引起银行的注意。虽然这一行为不会被当成不良信用行为录入个人信用报告中，但银行可能会以此为判断依据，拒绝频繁查询者的某些信贷要求。

图10-6所示即为某网友因频繁查询个人征信而被银行拒绝房贷申请，在天涯论坛发表的求助贴。

因为没有明确的条文规定频繁查询个人征信为不良信用行为，也很少有人会在短期内频繁地查询个人信用记录，所以这一行为带来的影响通常不会被大多数人重视，就连很多时常和个人信用记录打交道的信用卡持卡人也常常会忽略这一点。

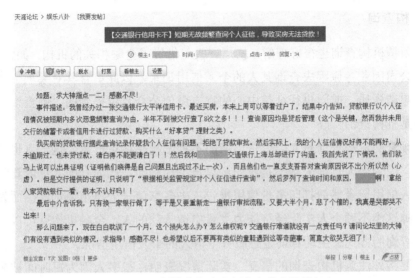

图 10-6　因频繁查询个人征信房贷申请被拒

但是因频繁查询个人征信带来的不良影响可比人们想象中要严重得多，就连央行征信中心的官方微信公众号中也提醒人们个人信用报告出现硬查询次数越多，今后找金融机构贷款可能越难。

由此可见，频繁查询个人信用记录这一问题是该引起重视的，特别是常与个人信用记录打交道的信用卡持卡人。

一般查询个人信用记录有两种情况，一种是个人查询；另一种是机构查询，下面分别作具体分析。

1. 个人查询

个人查询很好理解，就是人们查询自己的信用记录。人们关注自己的信用记录，自主查询自己的信用记录本无可厚非，但为什么会成为借贷机构拒绝信贷的原因呢？分析这一点时，我们需要换位思考。

俗话说"不做亏心事不怕鬼叫门"，某人频繁地查询自己的信用报告，就显示出这个人很担心自己的信用情况。人们一般在要借款时才会去查询自己的信用记录，并打印出来作为给借贷机构的信用证明，而某个人频繁地查询自己的信用报告，就表示其可能急需借款，向多家借贷机构申请了借款，一般银行会认为这类人借贷违约风险很高。由此不难理解，为何个人查询过于频繁会导致借贷申请被拒。

2. 机构查询

所谓机构查询也很好理解，就是一些与借贷或金融相关的机构，如银行、借贷公司因业务原因去查询某人的个人信用记录，以此审查其对某项金融业务的申请资质。前面央行征信中心的官方微信公众号中提到的"硬查询"指的便是机构查询。

频繁的机构查询对人们信贷申请的不利影响往往更严重，这一点也不难理解。因为个人查询的频率是我们可以自主控制的，比如有的人可以查询一次个人信用记录然后打印多份信用报告，去多家信贷公司申请贷款。而为了筛选掉这类不顾个人实际经济能力大量申请贷款的人，金融机构就可以利用机构查询的方式去主动查询金融服务申请人的个人信用情况。

要格外注意机构查询的情况。实际情况表明，很多人因为短时间被多家金融机构查询了个人信息记录而导致信贷被拒。多次"硬查询"记录，可以让诸如银行和信贷公司之类的金融机构推断出申请人可能有多次申请贷款行为，由此认为这个人目前急需资金，而这类申请人一般在金融机构看来违约风险是十分高的。

对于信用卡持卡人来说，一般在以下两种情况下，最容易出现个人查询过于频繁的问题。

（1）办理多张信用卡。 信用卡用户出于理财需求，会办理多张信用卡，而如果用户短时间内向多家银行申请办理信用卡，就会在这段时间内被多家银行查询个人信用记录，该用户的个人信用记录就会出现短时间多次被"硬查询"的情况。这种情况在信用卡新手中十分容易出现，因为他们刚接触信用卡，迫不及待地想运用学习到的信用卡理财知识大展身手。

（2）个人信息被盗用。 如果某人的个人信息被不法分子盗取，不法分子为了在失窃人采取挂失等防范措施之前谋求最大的不当利益，往往会在短时间内利用盗取来的个人信息进行大量的贷款申请，从而导致失窃人的个人信用记录中短时间内出现多次"硬查询"记录。

从这一点来看，个人信用报告中的"硬查询"记录不仅能帮助金融机构筛选掉可能具有高违约风险的金融服务申请人，还能帮助个人信用记录持有者减少因个人信息被盗用而造成的损失。

通常个人信用报告的查询记录每3～6个月便会刷新一次，如果有信用卡用户因为个人信用记录被频繁查询而出现金融服务申请被拒绝,可以过3～6个月再去申请。最好不要一过3个月就再次申请,因为有的金融机构的申请系统会直接拒绝3个月左右的重复申请。

10.2.2　不当使用信用卡,留下信用污点

有了信用污点不仅不光彩,而且会给申请大额贷款带来麻烦。现在个人信用报告除了可用于找银行申办房贷、办信用卡等业务,还在多个领域有重要作用。信用记录几乎涉及个人每一项重大经济活动,如果没有良好的个人信用记录,很多事都办不成。

因此信用卡持卡人"抹掉"不良信用记录的想法可以理解,如果强行把信用污点删去,那么诚信历史就是不忠实、不客观、不完整的,也不利于全面、客观、准确地评价记录的对象。因此,信用卡持卡人用卡时需要注意以下一些细节,以避免因自己的疏忽而产生信用污点。

1. 利用信用卡借取现金

"我以为信用卡提取现金和刷卡消费是一样的,都有一定的免息期。谁知道,我只取了1000元钱,一天之后手续费加利息就有11元。"孙小姐后怕地告诉朋友,"幸好我只取了1000元,刚开始我还打算取现1万元。"

近日,孙小姐正在筹办婚事。"前些天,我去一家影楼联系婚纱照,时间和价格都谈好了,但缴纳定金时,影楼的POS机不能用,刷不了卡。"

于是,孙小姐只好前往银行网点,用信用卡借取了1000元现金,缴了定金。回到单位后,孙小姐无意中听到同事说,"信用卡借取现金和刷卡消费是两码事。提取现金不仅需要收取利息,而且利率还不低。"

孙小姐随后拨打银行电话咨询,"不问不知道,一问吓一跳"。银行方面告诉孙小姐,"提取现金没有免息期,银行每天收取万分之五的利息,同时每借一笔钱,还要收取3%的手续费。"

不同银行的信用卡需还款金额并不一样,而且信用卡取现要交预借现金利息、手续费以及手续费的利息3笔费用,其计算方法如表10-1所示。

表 10-1 华夏银行和中国银行信用卡取现还款金额计算方法

收　　费	华　夏　银　行	中　国　银　行
手续费	1000 元 ×3%=30 元	0 元
利息	（1000+30）元 ×0.05%×20 天 =10.3 元	1000×0.05%×20 天 =10 元
最终还款额	1040.3 元	1010 元

据调查，目前除了中国工商银行、中国建设银行、广东发展银行等少数银行对溢缴款取现免费外，绝大多数银行会收费，收费标准大多在 0.5%～1% 之间，最高的达到 3%，其中还有多家银行收费"上不封顶"。

在利率方面，统计发现，各行对于信用卡取现的利率基本都是每天 0.05%，计息时间从交易日起，到清偿日止，而且按月循环计算复利，就连取现时产生的手续费也要按日收取利息。信用卡取现要支付相当于 18% 的年息和一定手续费，不是万不得已最好不要取现。

不论是自动还款的客户，还是通过其他形式还款的客户，在取现后，一般会发现其后续 2～3 期的账单上产生循环利息的情况。因此，建议持卡人最好不要用信用卡取现，取现后应该直接将钱存入信用卡中，并且多存入一小部分，最大限度避免循环利息不断产生，尽快还清取现利息。

2. 存钱过多或重复还款

淘宝店主肖某遇到一件烦心事。肖某的生意伙伴要还他一笔 10 万元的货款，根据对方指定的银行肖某报了一个账号，到银行一查才发现，由于疏忽，肖某报的竟然是信用卡账号，而这张信用卡还没有用过，都不知丢到哪去了。

肖某问银行该怎么办，银行给出解决方案：先挂失，再补卡，再将钱消费掉或者提取现金。

肖某按照银行的建议，先花费 50 元挂失信用卡，又补了一张新卡。肖某发现，通过新卡提取这笔钱时，银行却还要按照 0.5% 的标准收取手续费，最低 2 元，最高 50 元，说是溢缴款提取手续费。肖某有点郁闷，"为什么没有跨行，也没有跨城，将自己卡里的钱取出来还要收这么高的手续费呢？"

很多人分不清储蓄卡（借记卡）与信用卡（贷记卡）的区别。信用卡有别于储蓄卡的地方，一是可以透支；二是存款无利息，取款要收费。不仅仅是透支取款要收费，就连取出溢缴款（多还款的钱，实际上是自己的钱，不是银行的钱）也要收费。

用户办理信用卡时，必须多了解相关知识，特别是它的收费情况，以免在使用过程中产生不必要的费用。

3. 销卡不进行定时检查

"想还钱，却没有还钱的办法，只能听任信用卡欠款如'滚雪球'般越滚越大。"客户王先生如此表达他的无奈。由于单位工作需要，他申请了一张公务消费卡，在离职之际将此卡还给单位。为保险起见，他还致电中国银行信用卡中心撤销了该卡。

岂料，7年后他在央行征信中心查询个人信用状况时，发现自己居然已向中国银行欠款160多元。致电中行，他才被告知当年一笔40元的挂失费，辗转7年已成了"阎王债"。

王先生虽然对40元的挂失费存有异议，但仍有意愿偿还该笔费用。因此他致电中行信用卡中心，服务人员表示，由于该卡的有效期已满，卡片作废，账号已销，因此，不能直接向此账号存款。

事实上，问题的关键在于银行是否故意纵容客户欠费，以贪图利息。王先生表示，自离职之后，中行从未以书面或者口头方式向其催讨过该笔欠费；而他手中的另外两张中行借记卡和信用卡一直使用正常，这足以证明中行从未失去与该客户的联系途径。

对此，中行上海信用卡中心客服人员答复，2009年起中行曾给王先生发送过手机短信"若有欠款，请及时偿还"。王先生表示，该短信并无明确催款金额和卡号，不应构成有效追收。

有法律专家表示，银行在之后是否有效催讨该笔欠费是关键。根据我国民法通则：民事权力的诉讼时效为两年，诉讼时效从知道或理当知道权力被损害时起计算。该信用卡于王先生离职后发生挂失欠费起，中国银行未正式向客户追收欠费及利息，直至客户从央行征信中心获悉此事。显然，该笔债权已过诉讼时效。

此前，广州佛山中级人民法院曾有案例：银行以12年前拖欠的信用卡透支利息0.27元为由，12年后向客户催讨累计利息627.37元。对此，法院一审二审均判定，客户仅需支付原告银行的0.27元，驳回了银行的其他诉讼请求。

央行征信中心方面也指出，个人信用记录是银行发放贷款的重要依据，个人不妨每年检查一次个人征信，以免在不知情的情况下被不良机构"下套"。个人可带上本人有效身份证件原件和复印件，亲自到当地人民银行征信部门提出申请。征信中心会在2～3天内，免费向个人提供本人的信用报告。如发现自己的征信记录中有信息与事实不符，应立即向征信机构和商业银行提出，若查实是机构错误，征信机构和商业银行会及时处理和更正。

需要注意的是，信用卡注销后，信用卡磁条上的信息还存在，如果被不法分子搜集到个人信息，重新向银行提交新信用卡的申请，就会产生被盗刷的危险。因此，对于注销的信用卡要做剪卡处理。更重要的一点是，信用卡销卡并不等于销户，销卡是注销不用的信用卡，但客户信息仍然存在。因此，为了保障个人信息安全，注销信用卡之后，最好再向银行客户中心申请注销账户。

4. 过度透支后找人代还

一些持卡人因刷信用卡过度导致透支，不能及时还款（产生滞纳金等）。于是，"替你还钱"的小广告就出现了，并成为时下不少信用卡中介一项热门的赚钱业务。在网上搜索"代还信用卡"，有数万条相关信息，大部分都是出自信用卡中介。这些中介被冠以"××信用卡中心""××科技公司"等头衔，有的直接称提供"信用卡代还"，有的则称"养卡""信用卡维护"等，大多中介还同时提供信用卡套现等服务。

"卡王"根据其中一条"替你还钱"小广告上提供的电话号码，拨通了一家"×信用卡代还中心"的电话。

"任何时间都可以办理，只要你带上身份证和信用卡就行。"听完讲述后，该中心一工作人员表示，他们只收少量手续费，比如1万元以下，100元就可以搞定。还款量大的，还可以优惠一些。

"那具体怎么操作呢？""卡王"询问道。

"这个你不用管，我们替你还就是了。"该工作人员说，代还之后，不仅不会影响信用额度，相反还可获得一定数量的积分，信用度也会越来越高，"如果是老客户的话，自然可便宜。"

最后，见"卡王"有些心动，该工作人员又说："节后业务比平时好得多，昨天就办理了十多笔，如果你需要，我们可以优惠一点，只需要几分钟时间就能办好。"

"替你还钱"是如何实现的呢？"卡王"特意就此问题咨询了银行的朋友。"从表面看，持卡人通过代还偿还了卡内欠款，而且不用偿还利息，其信用记录也良好。但是，事实上只是暂时不用还款，实际债务仍然存在。"

"替你还钱"整个过程就如同一个鸡蛋在几个空篮子里轮流放，确保银行催款时，某个篮子里有鸡蛋就行。"替你还钱"业务的流程是这样的：中介机构先用自己的现金替持卡人将欠款还上，让信用卡显示正常还款；随后，再通过刷POS机等虚假消费方式把卡上相应额度的现金"套"出来。这样，持卡人的信用记录就正常了，而现金转了一圈还是中介机构的。

"这有点类似于信用卡刷卡套现的行为。""其实，信用卡代还属于违法行为。"对于代还业务的合法性，业内人士表示，一旦被查出，持卡人将受到法律法规制裁，因为代还后，一旦出现无法还款的现象，就会给发卡银行带来风险。

根据央行和银监会《关于防范信用卡风险有关问题的通知》等有关规定，信用卡持卡者恶意套现、捏造购物事实且数额巨大构成犯罪的，将移送司法机关处理，最高可被判处无期徒刑。

据"卡王"了解，"替你还钱"虽然在一定程度上替持卡人还上了最低额度的欠款，但其中也暗藏不少风险。比如，中介公司在进行最大额度消费后就此消失，持卡人便会遭受损失。由于目前从事此类业务的中介大多是非正规公司，因此发生此类事件的概率较高。

5. 信用卡随意借给他人

在郑州一家企业做文案的杨先生，随便就把信用卡借给了别人。因为杨先生自己不怎么使用信用卡，而好友经常找他借钱，为了省事，杨先生就把信用卡给了好友，并提醒他刷完之后记得及时还款。

时间一长，杨先生就把这件事情给忘了。直到有一天接到银行的催款电话，他才意识到问题的严重性。"银行告诉我，我已经超过3个月没有还款，消费金额加上利息和滞纳金总共欠了银行3万多元，如果再不还款，他们就准备通过法律途径来解决。"这下可把杨先生给急坏了，赶紧打电话找那个朋友，还好，对方只是出差去了外地，没能及时还款，并不是故意欠账。

记住，无论多长时间逾期未还，银行都会将信息记录在持卡人的信用报告里。以后持卡人要到银行贷款、申请信用卡，极可能会被拒绝，或者以高于市场的利率才能获得贷款。如果被银行认为是恶意逾期不还，除了按规定罚重息外，银行还会向个人做出追讨赔偿，个人须承担刑事责任。持卡人作为第一责任人，即便是刷卡行为不属于持卡人，也有义务偿还欠款。所以，杨先生可先把信用卡的钱还上，再去找朋友追偿，假如朋友恶意欠款，他可以报警。

如果手中信用卡较多，或是根本不需要信用卡，建议及时去银行注销，因为即便是开通不用，信用卡也是有年费的。

持卡人将信用卡租借给他人的行为存在巨大风险，一旦借卡人因非法套现、放高利贷触犯法律，持卡人必将受牵连甚至成为共犯。如果信用卡被利用从事其他违法犯罪活动，将给持卡人带来更多麻烦。持卡人不能为了牟取蝇头小利，将信用卡租借给他人，要知道以任何形式出借信用卡都可能给自己的财产和信用带来风险。

6.还款时不注意银行动态

目前，消费者通常使用存折或银行卡等关联账户归还住房贷款，在贷款合同最后还款日前几天才往存折或银行卡里存钱，这样很容易在加息后出现少还款的情况。如此一来，不仅会在信用报告上留下不良记录，还将影响持卡人今后贷款或办理信用卡。

在贷款利率上调的时候，个人住房贷款利息也会增加，有些粗心的消费者仍按原金额支付月供或分期，还款不足，从而造成欠息逾期。建议有房贷的消费者，在每次利息调整之时，及时查询自己的应还款金额，确保能准时、足额地缴纳月供。

（1）**贷款利率变动在什么情况下可能会影响到个人的信用记录？** 贷款利率上调，增加了借款人每月的应还款额，但借款人因不知道等原因未能及时增加月还款金额，其信用记录就会受到影响，因为所有未能足额、按时还款的信息都会被记录在个人信用报告中。

个人信用报告是对过去行为的客观记录。一般情况下，界定个人贷款是否逾期的关键是贷款合同约定的"结算应还款日"，无论本息，都应在该日期前按合同约定金额归还，否则即为逾期。

（2）**因银行利率变动造成负面记录后该怎么办？** 近日，曾先生十分着急，他还车贷时，因银行利率调整连续8次少还1～20元，在人民银行留下不良记录,导致其办理其他业务受阻。

通常情况下,这种情况需要曾先生本人与贷款银行协商解决。一般来说,贷款合同里都会约定还款方式,并且注明遇到利率调整怎样还款,建议曾先生先看看贷款合同里是怎样约定借贷双方责任的,再与贷款银行交涉。

(3)如何避免因利率调整、月还款额变动给自己造成不良记录? 对于这种情况,贷款人要注意与商业银行签订的贷款合同中的利率条款,如果采用的是浮动利率,还款利率会随基准利率变动而变动,这时要特别留意央行利率调整的消息,如果签订合同后至次年的1月1日,中国人民银行上调了贷款利率,则商业银行将从次年1月1日起按最新贷款利率计收利息,从而会引起月还款额发生变化,这时,每月还款时不妨往存折或银行卡里多存入一些钱,以免由于储蓄账户资金不足而影响到个人信用记录。

7. 没有与银行保持好联系

如今的年轻人,受花样繁多的营销影响,在几大运营商之间更换手机号码越来越频繁。持卡人手机号是银行向其第一时间发布"情报"的途径,因此换号后一定不要忘记及时告知银行更改信息,以免影响办理相关业务。

不少持卡人称自己更换信用卡预留手机号码时,在多家银行遭遇不同的繁琐程序。"卡王"对多家银行进行了调查,发现各家银行并没有统一的操作方法,规矩也不尽相同。

一般而言,变更信用卡手机号码大致有电话更改和银行网点现场更改两种途径。在"卡王"调查的多家银行中,有11家银行可以通过客服电话或者银行网点更改个人信息。有少数银行例外,如:中国光大银行流程略微繁琐,只能持信用卡以及身份证去网点办理,无法通过客服电话更改;招商银行恰恰相反,网点无法办理,只能通过电话或者网络更改。

另外,如果使用办理信用卡时预留的手机号码拨打银行客服电话,办理变更手机号码的业务,有9家银行可以当即更新生效,有3家银行则是延时生效的。中国银行、招商银行、浦发银行,分别为电话审核通过后5小时、次日24:00时和3天生效。

通过客服电话更新手机号,银行通常依据之前办理信用卡预留电话进行身份确认。当持卡人预留电话无法使用时,部分银行要经历更为复杂的操作过程进行客户身份确认。例如,广东发展银行需持卡人到营业网点进行变更申请，耗时6～10个工作日；华夏银行需要拨打电话进行身份确认，5～7个工作日后生效；交通银行的申请流程比较曲折，需要去网点办理，而且生效时间还是不确定的。

　　不少人发生不良信用记录是因为家庭住址变更、手机号码变更等原因没有收到银行对账单或还款通知，结果造成逾期还款。因此，当个人基本信息，如家庭住址、手机号码变更时，切记要尽快通知与自己有业务关系的金融机构。

　　不仅是变更电话号码，很多在外租房的持卡人在搬家之后也容易忘记向银行申请更改账单投寄地址，导致信用卡消费明细单落入他人之手，给自己的隐私甚至财产安全带来隐患。

8. 没有保护好个人资料

　　钟先生上班时接到一个自称是办信用卡的营销电话，对方表示只要他办理中国建设银行信用卡，即可得到某电影票作为礼品。当时，钟先生正准备月底去看这个电影，因此对这一办卡"送礼"活动颇感兴趣。

　　"我原本以为就像在地摊上办信用卡，填好申请合约就能拿到电影票了。"发卡营销员告诉他由于最近办卡地摊受到"清理"，很难在市中心摆，所以发卡采用电话营销方式。营销员会将信用卡申请合约寄给钟先生，让他填好后回寄，等银行审批通过后，钟先生就能得到作为礼品的电影票了。

　　细心的钟先生向中国建设银行网点咨询是否有这一"办卡送礼"活动，网点工作人员表示近期并未听说。随后，钟先生又拨打了中国建设银行信用卡中心的客服热线，工作人员也告知他没有办信用卡送电影票的活动。这令钟先生觉得接到的所谓电话营销发卡在"搞花头"，当发卡营销员再次打电话过来时，钟先生即质问他究竟是不是中国建设银行的员工，对方发现情况不对，支支吾吾挂断了电话。

　　钟先生对此愈加怀疑，并且了解到自己的朋友最近也遇到了电话营销发卡的情况，虽然在申请合约上填好个人信息资料并附上身份证复印件回寄，但迟迟没有收到电话营销员承诺赠送的礼品，相当于是被"钓鱼"了。

　　发卡营销员利用送礼来"钓鱼"的情况比比皆是，尤其是在电话营销发卡中。以前客户都是在地摊上或银行现场办卡，一手填资料一手拿礼品，但是电话营销发卡通常都是等客户办卡通过审批后再送礼品，因此出现部分营销员向客户口头承诺的礼品不能兑现的情况。

还有一种发卡"钓鱼"的情况更恶劣：目前各家银行散发在外的信用卡申请合约很容易得到，一些不法分子打着银行名义在外找客户办卡，实际是在套取客户的个人信息资料，然后冒用客户名义办信用卡恶意透支。从上述案例看来，钟先生很可能就是碰到了这种情况。

另外，据"卡王"从信用卡业内人士那里了解，大多数发卡营销员是以外包形式工作，并不享受银行正式员工的福利待遇，他们为拿到提成经常实施各种违规行为。

例如，不同银行的发卡营销员为完成指标，会互相交换甚至购买客户信息资料，因此屡屡有客户投诉莫名其妙"被办卡"。一位银行工作人员解密道："信用卡营销员的主要收入是计件提成，固定底薪很少，发卡送给客户的礼品基本是营销员自己掏腰包购买的，随着发卡提成减少，部分营销员为降低成本就想出了利用送礼'钓鱼'发卡的主意。"

毫无疑问，个人信息是个人隐私的重要内容，保护个人信息不被泄露和滥用，是保护隐私的一部分。然而，人们对保护个人信息的关注程度远低于保护其他个人隐私，有些时候、有些场合往往不把个人信息当作个人隐私来对待，发生随意泄露个人信息的事件还不以为意。

在此提醒大家，日常生活中务必要谨慎保管身份证、信用卡账号、密码等个人资料，防止被不法分子利用；当自己的通讯地址、联系方式变更时，一定要及时通知银行，以免重要信件被他人截留。

由于居民身份证和身份信息被盗用情况越来越多，给当事人信用档案造成不良信用的情形也屡见不鲜。为此，持卡人要尽量做到以下几点。

（1）**不要轻易将身份证件借与他人**。在向他人提供身份证复印件时，最好在身份证复印件有文字的地方标明用途，同时加上"再次复印无效"字样。

（2）**慎重填写各类身份信息表格**。加强个人信息保护应该从自身做起，比如，在网上不要随意填写自己的身份信息，应该选择安全防范能力较强的网站存储重要个人信息；在马路上接受市场调查，或者在商店里填写贵宾卡时，要留个心眼，不要随便将自己的重要资料泄露给他人。

（3）**不要随意丢弃实名火车票**。铁路部门表示，实名制车票最好不要随意处置，丢弃之前可将二维码、身份证号码和姓名等部位涂黑或者粉碎处理，以免泄露个人信息。

（4）快递收件单上的个人信息要撕干净。 对于喜欢网购的消费者来说，下订单网购是常事，但不少消费者可能还未意识到，一张小小的快递单，很可能已经将个人信息完整地泄露了出去。因此，消费者填写快递单时，个人信息应"能省则省"；收到快件后，应及时处理姓名、电话号码、地址、订单号等信息，或直接销毁快递单据。

（5）自动提款不必要回单。 虽然银行回单很小，功能简单，但只要是消费者发生的业务内容，都会在上边显示，包括存款账号、户名、产品名、金额、余额等，即便是最普通的个人活期账户取款回单，信息种类也有十多项。不法分子在获得回单之后，很可能通过技术手段窃取密码，继而伪造银行卡，套取账户内的钱款。

每次存完钱或者取完钱之后最好选择不打印回单，包括在柜台办业务也一样。如果打印了回单，必须妥善保存，用完之后彻底粉碎。

10.2.3 盲目套现，征信的最大禁忌

需要使用现金，但是信用卡提现额度不够怎么办？不少用卡人会采用信用卡套现的方式解决问题，即利用网络交易平台、POS机刷卡等手段，制造虚假消费换取现金。比起提现当天起计息，套现可以利用银行的免息期来缓解燃眉之急。

山东济南市某公司销售经理李某，以他人作担保，在中国工商银行济南市分行办理了一张牡丹贷记卡，信用额度为1万元。李某在3个月内先后10余次使用这张卡透支提取现金消费，透支金额为7250元。

之后，中国工商银行多次向李某催收这笔欠款，但他一直未还。半年后，银行向公安机关报案。警方依法传唤了李某。他对透支和未按规定还款的事实供认不讳，并于第二天就向银行退还了透支的本金和利息。

半年后，法院开庭审理认为，李某使用信用卡透支后，自收到催收通知起3个月内仍不归还透支款，属恶意透支，侵害了金融管理秩序和银行财产权利，已构成信用卡诈骗罪。鉴于李某系初犯，认罪态度较好，被传唤后已积极归还透支款和利息，且犯罪情节轻微，判处其犯信用卡诈骗罪，但免于刑事处罚。

恶意透支是指持卡人以非法占有为目的，超过规定限额或者规定期限透支，并且经发卡银行催收后仍不归还的行为。按银行规定，信用卡在一定期限内可以有一定限额的透支，个别人总喜欢使点"小聪明"，以为超过规定限额或者规定期限不还钱没什么，上述案件提醒人们：不要恶意透支，否则可能遭到法律的制裁。

用卡套现对于持卡人和商户都存在很大风险。虽然持卡人通过套现拿到了钱，减少了利息支出，但终究需要还款。一旦超过免息期，还要追加偿还免息期内的透支利息和逾期滞纳金。另外，倘若持卡人通过中介机构套取资金，不仅要支付较高的套现手续费，还可能造成个人信息泄露，存在被盗刷的风险。

信用卡套现是违法行为，一旦持卡人的套现行为被发现并列入信用报告"黑名单"，将承担个人信用缺失的风险，今后向银行借贷将非常困难。对于提供套现服务的商户，除了承担法律风险，还面临受理伪卡、遭持卡人恶意挂失等风险。

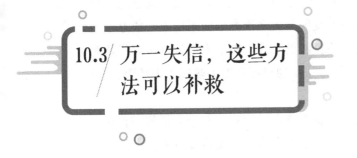

10.3 万一失信，这些方法可以补救

信用卡记载着持卡人详细的用卡信息，是构筑个人信用记录的平台。一旦产生信用污点，对未来申请房贷、车贷、个人商业贷款甚至求学、就业都会有很大影响。那么，持卡人该如何摆脱个人信用污点呢？

10.3.1 "卡王"教你如何规避征信中的污点

首先我们要了解失信的原因，从而尽量避免发生失信的情况。"卡王"在本小节中写了一些实际案例，希望能帮助读者更好地理解征信的重要性与规避信用污点的方法。

1. 产生信用污点的主要原因

一般来说,逾期还款最容易产生不良信用记录,但并非所有逾期还款都会影响信用。总的来讲,信用污点产生的原因有以下3个方面。

(1) **个人原因**。一般情况下,主要是由于个人消费后忘记还款产生的。正常情况下,如果持卡人连续3次逾期还款,或者累计6次逾期还款,那么你的信用就有污点了。事实上,如果持卡人不想影响自己的信用记录,只要还款金额能达到最低还款额就可以。各家银行最低还款额大致都是总金额的10%。

在最后还款日,持卡人没有将最低还款额还上,各商家不需要上报,逾期记录会自动进入中国人民银行征信系统。就算逾期一天,都能在系统里看到。不过,各银行对逾期还款的评价不同,有的银行将逾期条件设得较宽,即使超过最后还款日,只要在下一个账单日之前还上欠款,也不算逾期,不会作为不良记录。有的银行还设定了信用逾期的级别,如逾期1～30天为一级;31～60天为二级;61～90天为三级。级别越高,说明问题越严重。

另外,如果在个人信用报告中发现某人多次办卡而不用卡,或办卡后就把卡销掉,也会引起银行对其资信评级的关注,持卡人向银行申请贷款时可能遭到拒绝。处理睡眠卡最稳妥的方法是通过银行服务热线查询是否有开通,及是否有透支利息产生。

如果有类似恶意套现、提供信息不真实等记录,对个人征信伤害更大。还有一些特例,如朋友借用你的身份证去办卡,透支后没有还上,那么不良记录就会记在你的信用报告里。

按揭贷款没有及时按期还款,哪怕是延期一天都算违反约定,连续3次逾期还款或累计6次逾期还款的个人都可能被记录在案。

(2) **银行原因**。有时候,由于银行系统原因,会误记个人不良信用。例如,贷款利率上调后,银行仍按原金额支付月供或分期,无意中产生了到期无法划账还款的情况,而造成用户产生不良信用。

另外,国家助学贷款由商业银行发放,自发放之时,商业银行就将这些信息报送到了个人信用数据库中。无论贷款人毕业后在哪个城市工作,如果不按时归还国家助学贷款,就违背了借款人借款时与金融机构建立的按期还本付息约定，在个人信用报告中就会形成不良记录，影响个人将来的经济金融活动。

（3）他方原因。 这种情况很多了，比如自己的身份证被别人用了去办理信用卡，产生信用污点；有的人通过第三方公司代还信用卡欠款，结果第三方公司没有及时还款。

因为身份证遗失后被不法分子冒用，造成身份证主人被公安机关网上通缉和关押的事件时有发生。所以持卡人必须谨慎、妥善保管好个人有效身份证件，努力做到：妥善保管好各种有效身份证件（包括各种可以证明身份的证件）及其复印件，不要轻易将这些身份证件借给他人。

除了最常见的信用卡透支、个人按揭贷款逾期还款外，一些生活缴费未按时处理和为他人作担保等行为都有可能影响个人信用。新版个人征信报告显示，如本人有过欠税、民事判决、强制执行、行政处罚或电信欠费等情况，报告中或将有所陈列。这意味着，以后水电煤气或固话欠费，以及为第三方提供担保，而第三方没有按时偿还贷款等情况，也会被纳入不良信用记录。

2. 信用记录不会伴随终生

"银行征信系统的不良信用记录并不是一份'黑名单'。"业内人士表示，个人征信记录只是一个数据库，真实客观地记载客户的信用记录，不做任何评价。

在"卡时代"，刷卡消费、贷款买房已深深嵌入大众生活习惯中。而与之俱来的，是信用风险的叠加。过期不还、额度透支等现象，造成经济纠纷频发，信用存档也就成了对应的掣肘举措。在新上线的央行新版个人征信报告系统中，个人信用污点的封存时间缩短，只保留5年，这也意味着信用污点不再伴随终生。

当然，信用记录也只是银行参考的一个因素而已，不同的商业银行有不同的标准，但肯定不会因为有不良信用记录而"一棒子打死"。可能有的客户因为记录中显示曾有一笔贷款逾期还款而无法申请按揭，但也有人虽屡屡延期还款，却仍能顺利得到房贷，并享受优惠利率。

信用污点不会伴随终生，先前出现的污点没有办法消除，只能从现在起多加注意，重新建立起自己的良好信用记录。

3. 还款余额宁可多一点

2019年3月，张某收到了自己上个月的信用卡对账单，上面显示共欠款5050元。他在到期还款日还了5000元，大意地把50元零头漏掉了。4月的对账单寄来时，账单上显示的本期应还利息是20元，账单日是4月6日。张某计算了一下，发现银行并不是按照自己欠的50元来计算利息的，而是按4月对账单上所有的欠款5050元来计息的。

俗话说"天下没有免费的午餐"，银行对于在到期还款日尚未偿还的债务，收取的利率通常是日息0.05%，也就是说，年化利率高达18.25%，超过当前5年期以上贷款利率3倍还多。如果持卡人到期没有全额还款，就不能享受"免息还款期"待遇，银行不但不会免息，而且会按照所有应支付额，从消费日开始，以0.05%的日利率计收利息。

吃了一堑的张某在当月的还款日4月16日全额缴清了账单，但事情还没有结束。7月份，张某的账单上又出现了一笔15元的循环利息。张某再次向专业人士咨询，得知这笔钱是从4月账单生成日到16日还款前产生的利息，因为持卡人收到对账单的时间往往滞后于账单生成日，其间欠款仍然在贡献着利息，而张某对此一无所知。

还款时，如果记不清零头，最好能查一下，宁可多还一点（最多就是溢缴部分损失点活期利息，也没多少）。千万不能差一点，差一点不但要付出高额利息，还得产生信用污点。

4. 花钱也无法删除信用污点

央行新版征信系统上线后，大众对"不良记录只展示5年"一说的理解产生了分歧，甚至有持卡人以为5年前欠的钱可以不还了，也不会影响自己的信用记录。

其实，所谓不良信用记录不伴随终生的说法不太严谨。举例来说，某"老赖"10年前欠银行贷款3万元至今未还，以为如今的信用报告只展示5年内的不良记录，就可以不还这3万元贷款了，这种想法是错误的。如果"老赖"的贷款一直不还，那么他新版的信用报告内仍然会详细显示这笔逾期贷款的情况，并且这种超过5年的逾期是相当严重的，银行肯定不会再批给他任何贷款。

持卡人需要知道一点：《征信业管理条例》规定的不良信息记录保存期限为 5 年，只是说 5 年前已经还清的逾期记录不再出现在信用报告内而已。

一不小心留下了信用污点，轻则申请不到信用卡，重则办不了房贷等各项贷款。那有没有办法消除个人信用污点呢？

"听说现在不良信用记录可以删除，不知道是不是真的。"陈先生问他的朋友。最近他在办理第二套房贷时被银行拒绝了，原因是他的第一套房贷有多次逾期还款的不良信用记录。眼看房子就要被别人买走，陈先生听说现在有中介公司可以帮人删除不良信用记录，网上一查果然有很多类似的信息。中介宣称，给钱就能帮助消除不良信用记录，每条报价 3000 元到 1 万元不等。陈先生很想试一试，于是请他的朋友探探虚实。

他的朋友在网上搜索发现，一些网站打出了消除不良信用记录黑中介的广告，于是拨通电话号码，与其中一家公司取得了联系。

"你先到人民银行打一份自己的信用报告给我，半个月左右就能帮你清除不良记录。费用是 5000 元，先付一半，删除成功后再付另一半。"黑中介说。他的朋友询问如何操作，黑中介称，"我们能搞定银行内部，银行打报告就可以删掉记录了。我们已经做了很多笔了，全部都能搞定。"他的朋友随后走访了银行人士，得到的答案是"这很可能是诈骗，个人信用记录有严格的管理流程，要修改没那么容易"。

据介绍，征信系统客观、如实记录个人信用活动，对真实反映企业和个人信用状况的历史数据，无论是报送数据的商业银行，还是征信中心，都无权更改或删除。但是，央行设置了异议处理处，如果商业银行确实由于录入或者数据错误导致个人信用记录出现了不应该有的污点，则可向央行异议处理处出具报告反映，经严格审查属实，方能进行修改。商业银行违规修改征信数据，央行将会对其进行处罚。

如果是个人申请央行处理，则需个人持本人有效身份证件原件及复印件，到中国人民银行征信中心、各分中心或县支行征信管理部门提交《个人信用报告异议申请表》。中国人民银行征信中心在接到《个人信用报告异议申请表》后会迅速完成异议信息的确认工作，如果异议信息经核查确实有错，将予以更正，并会通知申请人领取异议回复函。

个人信用信息基础数据库的网络覆盖全国各地，无论在哪里，都可以到所在地的中国人民银行支行、征信分中心查询。个人信用报告中的很多信息都是个人的敏感信息，是不能让别人随便查、随便看的。任何机构或个人如果想查看当事人的信用报告，必须首先获得当事人的书面授权。

5. 销卡不会消除信用污点

在上海某外企上班的孙某某这两天为自己的信用卡逾期坐立不安，由于前阵子特别忙，之后又出了趟差，他忘记了给信用卡按时还款。因为孙某某正在银行排队办理房贷，他很担心这次逾期给银行留下不好的印象，影响到自己的住房按揭贷款。

很多持卡人与孙某某一样，担心自己有了信用"污点"，想着如何才能尽快补救。另外，还有一些持卡人误认为，信用卡出现逾期后，只要销卡，个人信用报告中的逾期记录就会一起消失，这是一种完全错误的想法。

个人征信系统明确规定：对于记录在册的逾期，任何人都无法进行更改。但是，对于银行来说，考察一位持卡人的信用状况，最近的还款记录远比几年前的还款记录更有参考价值。因此，如果持卡人想对之前产生的逾期还款进行补救，正确的做法是"继续使用这张信用卡，并且坚持按时还款"。换言之，即用最新的良好的还款记录刷新个人信用报告，这才是最好的办法。

对此，"卡王"特意整理了以下几个要点，帮助持卡人维护好信用记录。

（1）**变更信息须及时通知发卡银行**。在个人信息（手机号码、居住地址等）发生变更后，应及时通知信用卡发卡银行，以便准确接收对账单和银行其他通知，保证按时偿还各种欠款。

（2）**刷卡时谨慎使用信用卡进行交易**。尤其是在陌生的地方使用信用卡时，应留意商户是否为可信赖的商户，以避免损失。另外，持卡人切勿参与各种违法和欺诈交易，以免给个人信用带来不可挽回的损害。持卡人尽量在可信赖的网站进行安全的网上购物，并且安装银行提供的各种安全产品，保护自己的信用卡信息不被网络不法分子盗取。

（3）**经常关注信用卡的使用状态**。持卡人需要经常核对信用卡状态，避免卡片被盗而产生欠款。

（4）**刷卡消费时要"量入为出"**。持卡人要建立理性的消费观和良好的理财习惯，在消费能力范围之内合理使用信用卡，避免过度消费。信用卡里的钱并不是免费资金，所以在使用信用卡时一定要区分"需要"和"想要"，避免因无法偿还欠款而产生不良记录。

（5）长期不使用的信用卡可销户。有些银行对不发生交易的卡片也会定期收取年费，并计入持卡人的应还款项。持卡人如果未按时偿还这些年费，会被记入个人信用记录。因此，对长期不使用的卡片，建议及时销卡。

6. 必须做到远离信用污点

5年前，刚大学毕业参加工作的王某，遇到了一家银行的工作人员上门推销信用卡，他没多想就办了一张，信用额度为5000元。

在农历新年前一个月，王某顺利地拿到了信用卡，然后在商场买了电视机等家电，两三天就把信用额度用完了。当时，王某每个月的工资只有3000元左右，在以最低还款额还了第一个月的欠款以后，他的经济便接不上了。一直拖欠了大约半年时间，最后在银行再三催债的情况下，王某找朋友借钱把信用卡欠款还了。

但是，使用这张信用卡让王某付出了代价。在买房时，王某找银行申办房贷，多家银行均以"曾出现恶意拖欠"为由拒绝了他的申请。王某悔不当初："当时没有保护个人信用的意识，让我至今都很后悔。"

前段时间，王某急需向银行申请个人消费贷款，再次专门去查询自己的个人信用报告。拿到报告后，他发现5年前发生的信用卡欠款记录已经消除了。

如今，信用记录越来越受到持卡人的重视，使用信用卡的时候，避免信用污点是每位持卡人必须做到的。

大部分持卡人的信用污点都不是故意而为，有相当一部分是因为工作繁忙、一时疏忽忘记还款而无意造成的，有的是因为不了解信用卡的使用规定而造成的。为了不让信用记录产生污点，"卡王"特意整理了以下几个要点。

（1）**开通自动还款功能**。可以将同一银行的信用卡与借记卡绑定，通过办理信用卡自动还款协议实现自动还款。一旦信用卡到了最后还款日，银行就会自动从借记卡活期账户里全额扣除欠款。记得借记卡里要留有足够的存款，保证能扣款成功。

（2）**开通账户余额提醒**。定制银行信用卡账户余额短信提醒服务，每月提前知晓还款金额和最后还款日。有的银行不用定制就有这项服务，但有的银行需要定制才可以。

（3）**手动设置备忘录提醒**。在手机里设置每月定时提醒备忘录或闹钟提醒，催促及时还款。

（4）利用手机或账本记账。 有手机的持卡人可以在手机中安装一个专门的记账软件，这类软件通常都会有信用卡记录功能。另外，也可以为信用卡准备一个小账本，清楚地记录自己啥时候需要还款，这种方法尤其适合信用卡比较多的卡友。

（5）利用其他暗示的方法。 比如，可以让父母每个月定期提醒自己，或者在家里最醒目的地方张贴提醒贴。

信用卡给人们的生活带来了很多方便，不管出于什么样的理由，持卡人都应该珍惜自己的信用，尽量保持一份干净的个人信用记录。

10.3.2 不良信用记录如何消除

所谓不良记录，指在个人征信记录中出现"/""*""N""C""G"以外的信息，如数字等。

- "/"代表未开立账户。
- "*"代表本月没有还款历史，即本月未使用。
- "N"代表正常。
- "C"代表结清销户。
- "G"代表结束。

信用信息是对客观发生过的实际情况的记录，是客观的，可靠的。但征信的使用具有一定的关联性，征信的关联性就要求对所关联事件的实质进行探究。所以在解读征信报告时既要尊重客观，更需究其根本。

1. 不良记录的处理方法

"卡王"的朋友小李最近为买房的事情一直在忙活。2019年国庆长假后上班第一天，还没踏进办公室大门，就听小李在里面狂乐，"哈哈，我的房贷终于下来啦！"还以为什么喜事，房贷获批不是很正常的事吗？

细问才知，原来两年前小李因信用卡过期几个月忘了还款，被留下了不良信用记录，原以为会终生受影响，没想到在钻研了各种政策、规则后，小李总结出一套方法，不仅抹去了不良记录，连房贷也获批了。

细细打听，小李有3招秘诀。

第10章
善用征信，你会越来越值钱，也会越来越有钱

（1）用好记录抹去坏记录。 按照目前的相关政策，只保留最近24个月的个人信用情况，就是说，虽然有不良记录产生，但只要在之后2年内保持良好记录，就能抹去不良记录。

（2）及时还清欠款和利息。 每个持卡人都必须为自己犯下的错买单，虽然0.05%的日利息有点高，但这是"自救"的代价。

（3）不要轻易注销信用卡。 小李当年是因为某银行信用卡还款逾期而留下的不良记录，还清后虽然额度降到零，但他却没有选择销卡。只要没有销卡，银行就必须仍按月向人行更新相关情况，即使额度为零，该月信用情况仍为"*"，即表示当月没使用。

如果信用卡出现逾期还款的坏账记录，还款后不要马上销户，避免信用记录中的逾期还款记录没有修复的机会，长久影响自己的信用状况。正确的做法是正常使用这张信用卡，用两年时间，修复好信用记录之后再进行销户处理。

这是因为所有的信用记录在征信系统中都有一定的保存期限。

目前国家规定金融机构不得披露、使用自不良信用行为或事件终止之日起已超过5年的个人不良信用记录以及自刑罚执行完毕之日起超过7年的个人犯罪记录。一般情况下，金融机构更加关注两年内的信用记录。

有很多人担心自己信用报告中出现不良记录，会长期影响自己的个人信用。其实个人信用报告中有了不良记录，只能说明个人出现了未能按合同约定履行义务的事实，并非就此全盘否定个人信用。不良记录与信用并不能完全画等号。

最终我们在和金融系统合作的时候能否通过审核，关键还是商业银行说了算。中国人民银行征信中心只是提供个人信用报告，供商业银行审批贷款申请时参考。

如果我们确实有了不良记录，首先要避免出现新的不良记录；其次是必须尽快采取相应的措施加以修复，重新建立良好的个人信用记录。如果先前只是偶尔出现了逾期还款行为，之后都是按时足额还款，就可以证明自己的信用状况正逐步在向好的方向发展，这时候银行在具体的借贷关系中也会重新予以评估。

如果已经出现被银行拒绝的情况，那就需要利用任何和其他金融机构信贷来往的机会，比如使用银行信用卡或者获批贷款，有意消费并且坚持做到

按时还款，从点滴开始，从小金额开始，重新累积自己的信用记录。

个人应当在日常生活中注意养成良好的意识和习惯，从根本上避免因出现不良记录而给自己造成的不利影响。首先，以诚为本，恪守信用，树立良好的信用意识；其次，妥善安排有关信贷活动，并做好关联预警提示工作。选择合适的还款方式，采取有效的提醒措施，确保每笔贷款和信用卡欠款都按时还款。

2. 哪些信用污点可删除

某国有银行到"卡王"的单位去办理信用卡业务，针对公司员工推出了一些优惠，比如可现场免费办理一张理财金卡，而且这张卡转账汇款均免费，无论是本地还是外省。而平时办这张卡，则需要缴费 800 元。

听到有这么好的事情，很多同事都办了这张卡，隔壁办公室的刘华也想办一张，可是银行工作人员却拒绝了他。原来，刘华有多次违约的信用记录，尽管刘华一再解释都只是忘记还款这样的小事，但最终还是没办成卡。

信用卡没办成倒也罢了，结果还弄得单位同事人尽皆知，虽然大家对他的调侃并没有恶意，但刘华还是觉得"哑巴吃黄连，有苦说不出"。

"你明知道办理信用卡要看诚信记录，而且也知道自己有不良信用记录，为啥不去消除呢？""卡王"问刘华。

"这个也能消除？"刘华充满怀疑地反问。

"当然可以，因为你的不良记录仅仅是几次忘记还款，而且后来都补上了，所以并不是恶意的、性质严重的。有几种情况的不良记录产生后是可以通过与银行协商消除掉的。""卡王"告诉他。

"卡王"从中国建设银行、中国农业银行、中国工商银行等机构了解到，因为不良记录产生的原因各不相同，如果有不良信用记录的市民申请贷款，他们要看申请人产生不良信用的原因是善意还是恶意，如果是因为利率调整、出差、手机号码更换无法接收银行短信等原因造成的逾期还款，他们都会根据相关政策对持卡人做重新评估。

其实，像刘华这样的非主观恶意造成不良信用记录者大有人在。对于这类持卡人，有以下 4 种情况可向银行申请消除不良信用记录。

（1）小金额欠款没还造成不良记录。 以前没有启用"容时容差"还款制度时，也是可以通过客服热线与银行协商"宽限几日"的。现在大多数银行都推出了容差还款,比如在 5 元或是 10 元以内的零头忘还,那么银行是免收罚金和滞纳金的,但是不良记录还是会有。持卡人需要注意的是,信用卡和贷款是不一样的,只要持卡人还了最低还款额之后就视同正常还款,不会上征信系统。一般来说,最低还款额为账单金额的 5% 或者 10%。另外,对于零头欠款引起的不良记录,有银行可以为客户出一份相关说明。

(2)**未缴年费引起的不良记录**。目前,部分银行对于年费欠费的行为并不上报征信系统,但也有银行仍然要上报。对于这种情况只要与银行协商,一般来说是会宽容的。

(3)**被盗刷引起的不良记录**。如果客户信息是被人盗用、冒用的,那么客户应该向公安机关报案,并且到银行填写否认办卡或是贷款声明书。同时,银行会启动最长 3 个月的调查处理期。一旦确认持卡人申诉事件属实,银行会立即修改其征信记录。

(4)**特殊情况造成的不良记录**。比如战地记者或武警、医护人员,因为突发情况,需要去战区、疫区、地震现场等,连续几个月不能回来,并且那些地方既不通信也不通邮,这些人员可能会延迟信用卡还款。只要是有特殊原因,相关部门能给开具证明,银行均可以修改客户征信记录,甚至对于产生的利息滞纳金也会给予减免。

正确使用信用卡,及时全额还款,可以提高持卡人的信用记录和信用额度,所以要保持良好的信用,关键在于持卡人平时的注意。即使出现了不良信用记录,也不要紧张,按照正确的方法去做就可以消除,不会影响到未来的信用贷款。

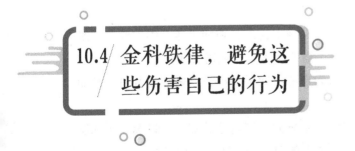

10.4 金科铁律,避免这些伤害自己的行为

不良信用记录会对人们的诸多经济生活行为产生不利影响。同样的,良

好的信用记录也会对人们的诸多经济生活行为产生积极的影响。

下面"卡王"为大家总结、介绍6个维护个人征信的方法。

10.4.1 避免信贷逾期，为信用留下良好记录

现在人们贷款的方式非常多，买房有房贷，买车有车贷，这类信贷通常需要支付首付款，然后每月固定还款，所以人们一般都会尽量避免还款逾期情况发生。

但对于一些社会福利性信贷，人们往往就没有那么上心了。比如国家助学贷款，这种贷款是国家为了帮助普通高校贫困学生而采取的一项助学措施，国家助学贷款由商业银行发放，任何符合申请条件的学生都可以申请到，不少学校也有相关的宣传。

从银行发放贷款之时，就将贷款者相关信息报送到了个人信用数据库中。信用记录一旦产生，无论持卡人毕业后在哪个城市工作，只要不按时归还助学贷款，就违背了借款人向金融机构借款时签订的合约，长时间后就会在个人信用报告中产生不良信用记录，持续影响个人将来的经济金融活动。

国家助学贷款的申贷人在学校读书时不需要支付贷款利息，并且在申贷人毕业后还有两年的还款宽限期，部分贷款者不清楚国家政策，认为国家助学贷款是不需要利息的，从而造成了逾期还款的情况。

事实上，国家助学贷款也是一种商业贷款，是要盈利的，贷款者在学校就读期间不需要还款，毕业参加工作后开始正式还款，其中就包括利息，就读期间之所以连利息都不用还，是因为国家全额代还了利息，我们称之为"贴息"。

而部分贷款者在毕业后并不一定能马上找到合适的工作，因此政策又给了两年的还款宽限期，这两年之内不需要还本金，但需要还贷款利息。

很多贷款学生不清楚政策，认为在两年宽限期内也不需要还利息，从而产生了逾期还款的不良信用记录。

所以贷款人在申请个人信贷时一定要充分了解还款规定，以及相关的国家政策，避免出现逾期的情况，在个人信用记录中留下不良记录。

10.4.2 不随意做担保,避免意外发生留瑕疵

随着社会信用体系的成熟和完善,人们可以越来越轻松地申请到个人信贷,一些本不具备完全申请资质的人,也可以通过担保制度成功申请到个人信贷。

目前有 5 种常见的担保方式,如图 10-7 所示。

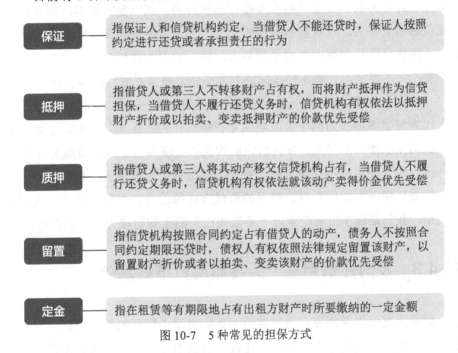

图 10-7　5 种常见的担保方式

为他人进行担保是一种具有较大风险的行为,因为某人如果需要他人的担保才能申请到金融服务,通常就证明金融机构对该申请的风险评级极高,认为申请者没有独立承担风险的能力。所以信用卡用户在为他人进行担保时,不仅要依法签订担保合同,保证将风险降到最低,还要注意避免以下几种情况。

(1)**人情担保**。不少人都是出于人情原因替他人担保,这些担保人往往碍于情面,对被担保人缺乏相应的资信调查,或者明知被担保人没有相应的资信,还盲目签订担保合同,最后导致自己从担保人变成债务人。

通常担保人与被担保人都比较熟悉,认为被担保人是可信的,但很多担保骗局都是从熟人下手,因此担保人需切记"防人之心不可无"的道理,不

要进行人情担保,盲目签订担保合同。

(2)非自愿担保。担保是建立在自愿基础上的,不少担保人可能因为上级领导干部的行政命令去担保,担保合同的具体内容没有与担保人协商,而是由上级领导干部指示,这样的担保合同即使没有出现违约风险,也极易发生纠纷。

(3)贿赂担保。这种担保在担保骗局中十分常见,不法分子通常会以各种礼品好处为诱饵,诱导担保人签订担保合同,再以签订合同后的各种好处收益迷惑受害人,让其被利益冲昏头脑,不能及时发现漏洞,最后察觉被骗时,往往已经从担保人变成了债务人。因此担保人需切记"天下没有免费的午餐",不要因为一些不切实际的利益引诱,就盲目签订担保合同。

(4)无知担保。对担保行为,我国有专门的法律——《担保法》进行规范,具有代为清偿债务能力的个人或组织才有资格作为担保人,政府、医院、学校等机构无法作为担保人,并且这些机构的相关法人也不具备担保人资格。

在为他人担保时不仅要了解自身是否有资格作为担保人,也需审查被担保人的资信情况、担保期限、担保的责任方式等信息,不要抱着"贷款和我没关系,我只是帮个忙盖个章办下手续而已"的无知想法去签订担保合同。

10.4.3 及时还信用卡,为提额度打下好基础

想要提高信用卡额度,最重要的不是完成发卡银行的某些指标,如多刷卡、多用积分,银行最先审查,也是最重要的指标是信用卡用户是否有逾期还款的不良信用记录。

所以对信用卡用户来说,及时还款才是最关键的,信用卡用户要清楚自己所持有的信用卡的具体还款日期。

特别是持有多张信用卡的持卡人,更要清楚每一张信用卡的还款日期。对于平日事务比较繁忙的信用卡用户,可以开通账户自动功能来为自己分忧。

约定账户自动还款是目前较安全的一种还款方式。约定账户还款,要求信用卡持卡人在其需要还款信用卡的发卡银行开立一个作为还款账户的活期账户(储蓄结算账户或借记卡账户),然后与银行签订相关协议,将还款账户与信用卡相关联,持卡人保证信用卡还款日期内还款账户中有足够的金额,

银行会在信用卡还款日自动从还款账户中扣除相应金额。

约定账户自动还款方式并不需要持卡人亲自还款，银行将自动扣除，很省心。

"全额还款"和"最低额还款"两种选择是在持卡人与银行签订约定账户还款协议时需要选择的，建议持卡人选择"全额还款"选项，这样可以完整享受信用卡免息期。

如果选择"最低额还款"选项，那银行只从还款账户扣除最低还款金额，剩余的还款金额便不再享受免息还款待遇。

开通约定账户还款功能后，持卡人要注意约定账户中是否有足够的还款金额，还款金额不足银行便不能成功扣款，约定账户还款功能就不能发挥作用了。建议持卡人将自己经常使用的账户作为还款账户，以确保约定账户还款功能可以正常发挥作用。

约定自动还款功能的设置十分简单，信用卡用户在手机银行上就可以轻松完成。

还有一点注意事项，开通约定账户还款功能后，持卡人就不要再使用其他方式进行还款了，以免造成双重还款的情况。而信用卡内多余的存款不仅不计算利息，而且支取现金还要支付手续费。

10.4.4 不忽视睡眠卡，让个人征信更加完善

睡眠信用卡一般是指申请下来后没有开通的信用卡，在"卡王"的个人信用报告中就显示有一张睡眠信用卡。

这种睡眠信用卡的记录会持续存在，信用卡信息中明确显示为尚未激活。对于这类信用卡，用户可能就需要支付一定的年费。"卡王"是在2011年获得该信用卡的，长达5年的时间没有注意到这张信用卡。如果信用卡要收取年费，那么5年的年费也得数百元人民币。

除了这种未激活的信用卡，还有一种睡眠信用卡是指用户申请之后使用了一段时间就没有再使用的信用卡。大多数银行刷卡6次左右就可以免除次年年费，但有的银行或特殊卡片却要求刷卡次数高达18次。在这种情况下，睡眠卡产生的年费问题非常严重。

睡眠卡的出现与银行和用户个人有直接关系。用户最好不要申请太多信用卡，以免刷卡次数不达标而产生年费。

10.4.5 严控透支额度，避免个人信用度降低

信用卡的最大优势在于可以透支，最大缺点也在于可以透支，尤其是年轻人不考虑后果，经常大额透支信用卡周转资金渡过难关。

持卡人需要善于控制信用卡额度的透支，为信用卡提额打下良好基础。以下是控制信用卡额度透支的3个建议。

1. 尽可能降低透支消费情况

控制购物欲望是降低透支情况的主要方式，一定要根据自己的实际情况来安排信用卡的透支额度。

对于已经产生透支的信用卡，一定要按时还款，避免再次使用信用卡进行冲动消费，直到将欠款全部补齐。为了避免冲动消费，可以将信用卡放在家中，不要携带出门。

2. 养成良好信用卡透支习惯

一定要注意不要成为"卡奴"，申请信用卡是为了获得更多、更优质的服务，而不是被信用卡所控制。

在日常生活中，要根据个人情况，尽量避免一些奢侈品和非理性消费，合理地对开销进行规划，保证信用卡透支额度在信用卡可用额度的一半以内，确保还款金额在个人还款能力范围内。

在透支信用卡时，最好将信用卡对应的消费账目记录下来，或者通过第三方平台自动记录，及时总结，让整个消费过程控制在自己能够承受的范围之内。

3. 向银行争取更高可用额度

信用卡额度越高，可以享受的服务越多，卡内可用的周转资金也越多，所以应该努力地向银行争取更高的可用额度。

要想达到这个目标，首先是在申请信用卡时要提供详细的资产证明，然后在长时间用卡过程中要保证用卡质量，多用信用卡进行消费，利用提额技巧进行提额，这样信用额度才会慢慢提升上去。

使用信用卡理财也是一个重要方面。持卡人在每月还清信用卡账单之后，在有结余的情况下，可以实施一些基金的小额理财计划，让个人资金逐渐累积起来，这样也有利于今后信用卡提额。

10.4.6 善用提醒功能，及时还清各种款项

提醒还款功能是很多与信用卡相关的平台都具备的。"卡王"习惯使用邮箱提醒功能。每个月信用卡账单会自动发送到邮箱，并在邮箱的信用卡管理界面中出现，而邮件发送到邮箱时也会收到提示信息。

在网上银行中，一般可以为信用卡账户设置余额短信提醒服务，也可以直接将储蓄卡与信用卡绑定，开通自动还款功能。提醒的最终目标是确保按时还款，不会出现逾期。

银行信用卡账户的余额短信提醒服务，能够在每个月提前告知还款金额和最后还款日。该项服务功能部分银行需要主动开通，而部分银行只需要用户绑定信用卡即可。